湖南科技学院国学丛刊

周建刚 著

中国佛教史考论

中国社会科学出版社

图书在版编目(CIP)数据

中国佛教史考论 / 周建刚著. —北京：中国社会科学出版社，2019.4

ISBN 978-7-5203-4263-6

Ⅰ.①中… Ⅱ.①周… Ⅲ.①佛教史—研究—中国 Ⅳ.①B949.2

中国版本图书馆 CIP 数据核字(2019)第 061533 号

出 版 人	赵剑英
责任编辑	韩国茹
责任校对	陈　晨
责任印制	张雪娇

出　　版	中国社会科学出版社
社　　址	北京鼓楼西大街甲 158 号
邮　　编	100720
网　　址	http://www.csspw.cn
发 行 部	010-84083685
门 市 部	010-84029450
经　　销	新华书店及其他书店
印　　刷	北京君升印刷有限公司
装　　订	廊坊市广阳区广增装订厂
版　　次	2019 年 4 月第 1 版
印　　次	2019 年 4 月第 1 次印刷
开　　本	710×1000　1/16
印　　张	17.25
插　　页	2
字　　数	281 千字
定　　价	78.00 元

凡购买中国社会科学出版社图书，如有质量问题请与本社营销中心联系调换
电话:010-84083683
版权所有　侵权必究

《国学丛刊》总序

近年喜读之文，有欧阳行周《讲礼记记》，谓："公就几，北坐南面，直讲抗膝，南坐北面。大司成端委居于东，少司成率属列于西。国子师长序公侯子孙自其馆，太学师长序卿大夫子孙自其馆，四门师长序八方俊造自其馆，广文师长序天下秀彦自其馆。其余法家、墨家、书家、算家，辍业以从，亦自其馆。没阶云来，即集鳞次，攒弁如星，连襟成帷。"以为学者讲学当如此也。

予 2003 年 8 月来校，2005 年 7 月建立濂溪研究所，2011 年 1 月傅宏星来校，10 月建立国学研究所，2015 年 12 月本校决定创办国学院，2016 年 5 月周建刚、彭敏陆续来校，9 月国学院进驻集贤楼，第一届国学精英班学生 13 人入学。

其时本校陈弘书记撰有《集贤楼记》，刻石楼头，指示："无文物，不大学。无人文，不大学。无特色，不大学。无大师，不大学。无精神，不大学。"予窃私缀一言曰：无著作，不大学。于是有编纂《国学丛刊》之议。

第一辑共得《晚周诸子学研究》《钱基博国学思想研究》《中国佛教史考论》《先秦诗文"舜帝意识"研究》《宋代湖湘诗人群体与地域文化形象研究》五种。

乃略记缘起，以为总序。

张京华
2017 年 1 月于湖南科技学院国学院

序

潘桂明[①]

人类社会的每一个进步都与文化交流密切相关。文化交流的最高表现，相当于不同思维形式间的相互碰撞和吸收，可以落实到文化的核心即哲学领域。

从古希腊到近现代，西方哲学家们的问题意识都非常清晰，各个时期都有相对集中论辩的哲学问题，所以出现了像文德尔班《哲学史教程》那样的以问题分类为线索的哲学史著作。相对于此，中国哲学发展阶段并不明显，讨论范围相对比较狭小，并且有持续内向化的倾向，最终选择了以"心性"作为核心议题。

自西周初年确立以血缘等级秩序为基础的礼仪制度起，传统哲学在大部分时段里，都围绕着如何为社会整体性和谐展开形而上的辩护，为现实政治秩序的合法性给出理论证明。哲学史上有多个所谓"学术思潮"出现，如诸子学、经学、玄学、佛学、理学、朴学等，其中多数与各个时期社会政治秩序的需求相关。其实"学术思潮"不属于哲学问题的分类，如汉代经学、清代朴学谈论的不是哲学问题，相反是为了消解真正的哲学问题。基于血缘礼仪秩序对思想的长期垄断，人们始终找不到哲学的突破口，不得不转向内心的"境界"抒情，其实这是一个"不可说"的神秘领域；在缺乏上帝信仰的社会环境中，谈论"境界"不仅显示出人生的无奈，而且意味着主动躲避灵魂的拷问。

哲学家及其哲学（以概念、范畴、命题形式表达的系统思想）是哲学史研究的主要对象。如果按照黑格尔所说，哲学思想只能从"哲学著

[①] 作者简介：潘桂明，苏州大学哲学系教授，博士生导师。

作本身"① 去找的话，中国哲学史的撰写就颇难进行，因为传统文化系统中专门阐述哲学思想的著作相当稀少。但是如果我们扩大视野，不再拘泥于诸子之学、魏晋玄学和宋明理学，就将发现确实还有很多未经发掘的哲学史资源。

当代部分中国哲学史研究者开始意识到，中国哲学史不只是儒家的社会政治史和伦理学说史，它的基本内容应由儒、释、道三家之学构成。在不少学者撰著或编写的《中国哲学史》中，已经自觉地把释、道两家之学也纳入了研究对象。在这方面，任继愈主编的《中国哲学史》（及《中国哲学发展史》）具有比较典型的启发意义。任先生明确指出，对中国哲学的理解不应片面地停留在儒学层面上，中国哲学史也不应该仅仅是儒家思想史或经学演变史。他说："我与哲学界几位前辈的不同在于，我认为在中国文化中，佛教、道教、儒教，这三教的影响和关系，不能不予以重视。"② 又说："中国哲学史成为一学问，必须有一个知识的基础，而且知识要成系统，它才成为一个学科。系统要完备，它的涵盖面要大，没有这个东西，不能成为独立的学科。"③ 他对中国哲学核心精神的揭示，是通过长期学术活动而不断深化的，其中有一条贯彻始终、十分清晰的脉络，那就是综合和比较研究儒、释、道三家之学，使之成为知识"完备"的"系统"。

任继愈还认为，传统儒家虽然有系统的伦理说教，但是严重缺乏哲学思辨传统，所以当佛教哲学由本体论转向心性论时，儒家完全失去应对的能力。时至唐朝，"儒教在抽象思维方面的造诣远远落后于佛、道两教"，"到了宋朝，吸收佛、道二教的合理成分，正式建成完整的儒教思想体系"。④ 所以理学的本质不是批判二教，而是吸收它们的心性修养理论以充实自己的学说体系。早在任先生主编的四卷本《中国哲学史》中，已经出现了有意识地将三家之学予以融贯的理念；至主编《中国哲学发展

---

① 黑格尔：《哲学史讲演录》第1卷，贺麟、王太庆译，商务印书馆1959年版，第114页。
② 任继愈：《维护科学的尊严》，《竹影集——任继愈自选集》，新世界出版社2002年版，第243页。
③ 任继愈：《觉悟了的群体才能推动社会——任继愈对话集》，人民日报出版社2009年版，第154页。
④ 任继愈：《唐代三教中的佛教》，《任继愈禅学论集》，商务印书馆2005年版，第102页。

史》时，进而以佛、道两家思想为核心专设"隋唐卷"，并在该卷"绪论"中指出，佛、道在隋唐时期建立完整的心性学说，在哲学思想上有很多创见，学术水平远远超过儒家，相反儒家则墨守成规，"典籍整理尚停留在结集水平"。为什么？就是因为传统学术界往往以儒家为正脉嫡传，致力于传述儒家学者的思想，所以整个唐代只有韩愈、李翱、柳宗元、刘禹锡进入哲学史，而这些学者其实并非哲学家，他们的思想也无法与同时代佛、道哲学相提并论。所以，如果我们"打破传统习惯，不抱儒家为正统的偏见，按历史实际情况考察隋唐哲学思潮，儒家以外还有佛、道两家。佛、道两家的社会影响及理论造诣均超过儒家。……特别是佛教，在哲学理论上更有其独到处"。他甚至认为，在禅宗大师之外，"如果把佛教其它宗派的大师和道教学者都列举出来，唐朝的哲学界实在是一个群星灿烂的时代，比过去任何一个朝代都丰富、充实"。[①] 他把儒、释、道三家学说视为中国传统文化三大支柱，并试图将佛教哲学思想纳入中国哲学发展主流内进行考察，其结果是极大地丰富了中国哲学研究的范围，拓展了中国哲学史研究的视野。

由于众所周知的原因，学界长期不敢涉足佛、道等宗教哲学领域，逐渐与之生疏乃至隔绝，并最终遗忘了佛、道哲学存在的历史事实。哲学史研究成为对儒家的道统回顾，拒绝探索汉代儒学至宋明理学变化的逻辑依据，无法给出（解释）理学概念、命题的前提条件。在完成魏晋玄学的讨论之后，许多哲学史著作将南北朝隋唐几百年间的哲学思想一笔带过，直接进入宋明理学的阐述，以为这几百年由于儒学的衰落，整个民族不再有哲学思考，当然也就不可能出现重要哲学家。更有甚者，为了表彰儒家思想的传承久远，把理学的概念范畴以及命题系统回归到孔孟儒学，其实这种学术方式是不值得提倡的，因为它从根本上否认了哲学史的真实存在。

先秦儒学与宋明理学是两个很不相同的哲学思想形态，不在一个理论水平和学术层面上，若要对两者之间的差别及其原因作出真正有效的解释，只有从六朝、隋唐这数百年间的佛、道哲学及其演变过程中去追寻，从该历史时期的哲学思维形态、哲学命题建立和范畴概念阐释的形而上学

---

① 任继愈主编：《中国哲学发展史·隋唐卷》之"绪论"，人民出版社1994年版。

中去探索。哲学史的研究必须重视不同哲学思维形态之间的相互交流、渗透和融合过程及其具体细节，如果因为知识缺陷而放弃现存哲学史资源的探索，忽视哲学史学术基础及其学理背景的研究，这样的哲学史研究必将失去实际意义，往往成为个人情绪的宣泄或群体意识的申诉。基于知识背景、知识结构、学术风尚等多方面的原因，这种现象至今仍然没有得到明显改善。

名词概念必须先行界定并得到普遍承认，才能加以谈论和使用。言说要有衡量标准，标准指的是普遍性，也就是符合逻辑规定。某些儒家学者为了争取话语权，往往放弃逻辑表达，所说多半属于内心感受，并把它美化为"道德境界"。这样做的结果，就是取消言说的标准，无法与不同意见者平等论辩，往往借助非学术因素迫使对方认同己说。说到底，这些学者在言语使用中采用了潜在的标准（自许的"真理"），即放弃普遍性原理，不允许公开拟议。经常看到有人义正词严地说，解读传统经典不可采用逻辑的方法、分析的方法，因为传统哲学具有"特殊性"优势，这等于是说我们必须在抛弃普遍原则之后才能理解传统，也相当于把传统文化看作与人类普遍法则不相容的系统，所以我们不需要承认普世价值，也不需要承认普世伦理。可以想见，否定逻辑标准后的"理性"将会导致什么后果。看来，我们在谈论具体问题之前，先要弄清"是什么"，即先把思维的逻辑层次厘清。

传统中国没有纯粹意义的宗教信仰及其宗教生活，作为没有纯粹宗教信仰的民族，中国人往往被视为世故的民族。在印度佛教传入的早期，中国不仅出现了相对纯粹的宗教信仰和宗教生活，而且也带来了超越的精神追求，以及由精神追求衍生的宗教哲学。这是"中西"文化交流史上的重大事件。

佛教哲学是佛教的核心部分，陈嘉映在谈到基督教哲学时说："神学之所以能成为一门学问，主要得力于哲学，因为只靠综述教条是不能够成其为学问的。基督教大神学家奥古斯丁、阿奎那诸人皆深受希腊哲学的影响，同时也是中世纪最突出的哲学家。"[①] 佛教两千年来在中国的传播，同样依赖它高度的哲学理论水平。佛教哲学的对象并非鬼神系统，它以人

---

① 陈嘉映：《白鸥三十载》，复旦大学出版社2011年版，第82页。

的精神"解脱"为终极目的，所以关注的是个体的精神生活。在早期中国佛学的某些体系中，较多地接受了印度大乘佛学的思辨传统，对知识或存在问题产生了浓郁的兴趣，因而在哲学思辨领域获得空前成就，达到传统儒学不可企及的高度。佛教哲学虽然有别于世俗哲学，但是它所阐述的相似本体论、认识论、道德学说、逻辑思想都与世俗哲学具有同等的价值，在概念思辨方面并不亚于西方哲学。在六朝至唐代中期的多数佛学系统中，出现过不少值得敬仰的宗教哲学家，他们以超越的精神追求展开深入的哲学思考，这些思考带有强烈的真理揭示的目的，因而所创的哲学体系也往往不乏严密的逻辑论证，在同时代的哲学思想界为儒、道两家人士刮目相看，成为他们竭力仿效和吸收的对象。特别需要提到的是六朝的般若学、中观学思想，隋和唐前期的天台学、三论学、唯识学、华严学，以及创立这些学说的大师罗什、僧叡、僧肇、道生、智𫖮、吉藏、玄奘、窥基、法藏等。这些佛教哲学的大师，以及他们所创的哲学体系，最有资格成为中国哲学史研究的主要对象。铃木大拙曾指出："天台宗智𫖮大师是佛教的一位伟大哲人"，他与法藏"无论在中国或整个世界看来，都属顶层的人物"；"即使列在世界最伟大的思想家之林，亦毫无愧色。"[①] 作为佛教学者，智𫖮不仅是我国历史上的伟大哲学家，也是世界性的伟大哲学家、思想家；智𫖮的佛教哲学思想，不仅属于中国，而且属于全世界，是人类精神生活的宝贵财富。傅伟勋也曾指出，智𫖮等佛教哲学家，理当具有"世界性的最高地位"。[②] 今天我们重新认识智𫖮等学者的佛教哲学，给予客观公正的评价，对于重建中华民族的自信，弘扬优秀文化传统，无疑具有重要意义。至于玄奘，正如石峻所指出的，中世纪中国最有影响力的学者不是孔子、朱熹，而是玄奘。玄奘从印度回来之后，有3000人在其研究计划之中，所以"没有任何一个知识分子可以与其相比"，"如果要真正了解中国传统文化，像玄奘这样的知识分子必须了解"。[③] 上述看法绝非空穴来风、无的放矢，而是有着足够事实依据的，可惜未能引起哲学史研究者的重视。

---

① 铃木大拙：《禅：敬答胡适博士》，载张文达等编《禅宗：历史与文化》，黑龙江教育出版社1988年版。
② 傅伟勋：《从西方哲学到禅佛教》，生活·读书·新知三联书店1989年版，第306页。
③ 转引自杜维明《对话与创新》，广西师范大学出版社2005年版，第126页。

唐代中叶之前的佛教思想以哲学思辨见长，各个学派或宗派都专注于概念、范畴的阐述以及命题的建构，牢固地确立起该时代哲学思想的主流地位。六朝佛教哲学的开放形态，以及贵族士子的文化自觉，为隋唐佛教哲学的繁荣奠定了坚实基础，而佛教哲学的繁荣又为儒、道两家的反省提供了丰富的资源。在经历了唐初两次佛道论争之后，佛教再度获得在形而上哲学思辨方面的突出地位，为唐代佛教宗派理论体系的建立作了铺垫；天台、三论、唯识等宗派的系列概念、范畴和命题，从哲学理念、思辨传统、思想风格等各个领域对道教学者、儒家学者产生了影响。比如，智𫖮通过对一心三观、圆融三谛、一念三千、性具善恶等系列哲学命题的辨析，向人们展示了高度的哲学思辨水平，以及对概念、范畴的诠释能力；吉藏通过对"三论"文本的悉心研究和系统阐释，重现了龙树中观学派理论的哲学辨析精神，概念思辨的深度远超同时代的世俗哲学；玄奘在印度唯识学研究的基础上，与窥基共同创建唯识学哲学体系，在细致入微的意识、意识活动分析基础上，厘清了唯识今学的基本概念、范畴，向人们展示了一个纯粹学者的抽象思维水平和哲学体系建构能力。毫无疑问，他们对丰富和发展传统哲学思想作出了巨大贡献，他们提出并阐述的概念、范畴、命题极大地丰富了古代哲学思想的宝库，具有他们所处时代学术文化的典范意义。相对于儒家学者而言，这些佛教学者对于哲学体系的建构，多数表现在比较完整的理论著作中，如僧肇的《肇论》、智𫖮的《摩诃止观》、吉藏的《中观论疏》、玄奘的《成唯识论》等，都能系统地展示各自的哲学构思和逻辑规范。

哲学本来就是贵族式的学问，通常只有精神贵族才有闲暇，也才有自由思想的冲动。对于多数儒家学者而言，往往忙于应付官场事务或人际交往，既无足够的闲暇提供深度思考，也不会遭遇足以引发惊异的事物，更不可能拥有自由思想的空间，所以他们很难在哲学思维领域获得较高建树，这也正是传统哲学相对薄弱的重要原因。与儒家学者相比，佛教学者则具备哲学思考的基本要素：闲暇、惊异以及自由空间，他们不仅借助印度大乘佛教提供的思维路径，从哲学思辨角度对概念、范畴予以界定，不断提高哲学抽象思维和逻辑分析能力，而且拥有充分的时间参与译场或其他场合的论辩，在论辩中消化旧学获取新知，并通过著书立说构建各自的学术体系。尤其在罗什介绍和发展中观学派之后，内地佛教学者更有机会从中观学派的"遮诠"方式中得到启发,迅速摆脱固有的传统思维方式,掌握和运用反思性、批判性的思维,把佛学的核心精神建立在形而上学和逻辑分析的基础上。至少在六朝至唐代前期的哲学界,阴阳五行的观念及其相关讨论几乎彻底被排斥了,儒学主要经典的地位一落千丈,名士与名僧联袂登台相互辉映,儒学衰颓之势已不可阻挡,代之而盛行的是"中道"的思维方式;那些把握了中道思维的学派或宗派,在当时的学术论辩中往往所向披靡。

正是在佛教思想传入之后,触发了儒家和道家学者的问题意识,以应对"夷文化"佛教哲学的严厉挑战,从而使传统哲学的面貌发生了重大变化。哲学家(思想家)们的思考范围、思考对象、思维方式有了很大的改变,在提出新的范畴、概念和命题的同时,开始意识到理论证明的必要性,无论儒家学者还是道教学者都对"一般性"或"普遍性"问题表示出兴趣,哲学的概念思维进入学术讨论的多个领域,最终促成宋代理学家"理"范畴的提出。

古代佛教学者的哲学思辨成果对哲学史的全面影响,绝对是一个不可回避的严肃问题。任继愈在《汉唐时期佛教哲学在中国的传播和发展》一文中指出:佛教哲学属于中国哲学史的有机组成部分,"是中国哲学史中古时期的主要思潮。佛教哲学不搞清楚,对于中国哲学史中间(魏、晋、南北朝、隋、唐)近八百年的思想斗争也会讲不清楚。而且佛教哲学对宋、明理学有直接的影响"。甚至可以说,"研究中国佛教哲学思想史,也就是研究中国哲学史"。[①] 在《唐代三教中的佛教》一文中他又说:"佛教对上层知识分子、文化人,充分利用其抽象理论思维影响,发挥其宗教哲学理论优势,建立理论体系,在理论上丰富了中国哲学史的内容。佛教理论学说与中国哲学史的发展相呼应,发展了本体论、心性论,深化了中国哲学。"[②] 至少我们现在已经清醒地认识到了,佛教中的佛学部分其实是以概念思辨为核心的哲学思想,就抽象理论和逻辑思维的水平而言,它比儒、道两家更有理由成为哲学史的精髓部分。所以任继愈还曾指出:"仅仅从哲学思想体系而论,三教中佛教最为完整,它提出了中国哲

---

① 任继愈:《汉唐佛教思想论集》,人民出版社1994年第4版,第30页。
② 同上书,第71页。

学发展中的核心问题。……在哲学理论上更有其独到处。"① 为此，哲学史研究不应抱儒家正统之偏见，而更应注重哲学理论的建树、哲学体系的完整性，以便对发展哲学事业作出实际贡献。

部分长期从事儒学研究的学者，从传统学术认知角度出发，习惯性地以儒学为中国哲学的核心甚至全部。或因道家乃中华民族早已有之的学问，所以在感情上允许儒、道合论，这就很容易排斥佛学对中国哲学的贡献。事实是，佛教自传入中国内地，即被迫开始了"中国化"的进程，逐渐与儒、道等传统民族文化接近并融合，它在传述印度佛学精神的同时，加入了大量汉文化因素，参与了汉文化观念的建设和改造，实际上与印度佛学原旨渐行渐远，相反与中华传统文化及其思维原则日益接近，并逐渐演化为与儒、道并列的文化传统，最终成为传统文化的组成部分。因此我们不必简单地与古人取相似的见解，视佛学为外来学说而加以排斥，否则将永远停留在"夷夏之辨"的认识阶段。

依据陈寅恪在冯友兰《中国哲学史》下册的审查报告中所说："华夏民族所受儒家学说之影响，最深最巨者，实在制度法律公私生活方面，而关于学说思想之方面，或转有不如佛、道二教者。"中国哲学史不应该是一部儒家思想演绎史、儒家政治学说史或儒家道德说教史，而很有必要重视对佛、道哲学的考察。如果从另外一个角度看，儒家学者缺乏知识论兴趣，对系统的理论阐释（组织体系、逻辑论证）不愿着力，故少有原创性哲学著作，但是他们的世俗进取精神和形而下表达方式，在获得相应话语优先权之后，又对佛、道哲学始终具有强大的消解作用。试以佛学与理学的关系予以说明。

理学与佛学的关系大致包括两个方面，即佛学的概念思维和体系建构（系列论题的组织和结构、命题论证的系统性和完整性）如何影响理学形上思维和体系建构；以传统儒学基本观念（社会政治、伦理道德原则，性善论指导下的道德修养）为内核的理学如何改造佛学的出世理念，使佛教放弃对现实人生的批判精神，接受儒家的政治理念和伦理说教。理学决非对先秦儒家的"归正"，回到孔孟时代，它所确立的哲学形而上学及其系列范畴、命题，是在对佛、道的信仰形式予以批判，却又吸收它们的

---

① 任继愈主编：《中国哲学发展史·隋唐卷》之"绪论"，人民出版社1994年版。

思辨精神的基础上实现的。经历了将近千年之久的"中国化"过程，佛教在宋代已完全融入中国文化传统，我们今天就更没有必要因宋儒的"排佛"言论而误解理学精神与佛、道哲学思维的真实关系。

梁启超很早就注意到了佛教哲学的历史贡献，包括在宋明理学形成中的重要作用。他说："六朝隋唐一段的哲学史全靠佛教思想做中坚"，"现在有许多人感觉做中国道术史的困难，以为三国到隋唐实在没有资料。其实，哪有一个这么长的时代而没有道术之理？他们把这时代省去，中间缺了一部分，还哪里成为道术史？再则，这部分工作如果落空，宋明哲学——第二主系思想——的渊源如何看得出来？所以认真做中国道术史的人，应当对于第一旁系——佛教——加以特别的研究"①。他的意思是说，虽然在儒家为主流的传统文化中，佛学属于被排斥的"旁系"，但是从学术研究角度上看，应该采用"主系"的方法去认识佛学。

任继愈对理学做过深入研究，他强烈意识到佛教哲学对理学的深刻影响。他曾说，佛教"其唯心主义的论证、逻辑分析、心理分析，严密细致，辩证法思想也相当丰富。正是由于佛教的输入，才使得中国的宋明理学改变了它的面貌，完整地构造了儒教的思想体系，它的哲学解答虽然是错误的，但是它提出了问题，迫使人们进一步寻求正确的答案"②。这与他所说的中国哲学"深层次的问题清理得不够，还要继续清理，我们责无旁贷"③，可以相互印证。李泽厚也明确指出佛教哲学与宋明理学的关系，如他说："宋明理学消化了佛家，才达到新的高度。"④ 如果不正视佛教哲学对理学家的多重深刻影响，宋明时期哲学形态可能是另一番景象，至少没有理由"达到新的高度"。

这也就意味着，若要真正弄清宋明理学，必须先弄懂佛教哲学；若要弄懂佛教哲学，必须先行建立问题意识。问题意识是学术活动的前提，与此相伴随的是理性精神。理性虽然有待完善和补充，但它仍是当今世界的基本价值尺度。部分善于从历史学角度思考哲学问题的学者，总是希望我

---

① 梁启超：《中国历史研究法补编》，《饮冰室合集》第 12 册，中华书局 1989 年版。
② 任继愈：《觉悟了的群体才能推动社会——任继愈对话集》，人民日报出版社 2009 年版，第 244 页。
③ 任继愈：《继承古代，开创现代》，《竹影集》，新世界出版社 2002 年版，第 57 页。
④ 李泽厚：《该中国哲学登场了？》，上海译文出版社 2011 年版，第 79 页。

们拿出理学家吸收佛教哲学的具体、直接的"证据",即理学家们亲口承认取自佛学的"直接史料"。这显然不是哲学研究的方法。理学家多半以批判佛、道的方式表达思想,而事实上却大量吸收或运用佛、道思想,这是颇为诡异的文化现象,但又是一个不争的事实。

或以为否认理学对佛教哲学的吸收,可以体现儒家文化传统的纯正性,表达研究者的民族文化情感,这显然不是一种开放性的学术态度。儒家哲学主要是以传统经学的注疏形式表达的,由此而决定了它的浅显性和局限性,缺乏哲学思考的深度。先秦儒家学说的演变可以分为两个阶段:汉代经学,它主要以宇宙观形式出现;宋明理学,它以义理阐述作标榜,核心则是心性形而上学;在这两个阶段之间,是佛教哲学和道教哲学的繁荣时期,出现中道实相论和涅槃佛性论等多种理论系统,成为两汉经学向宋明理学转化的重要思想资源。与西方哲学史鲜明阶段性、问题域不同的是,虽然两个阶段相互之间存在延续性,但是缺乏开创性和突破性,主要原因在于三家之学没有激烈冲突,没有引发根本性断裂。

佛教的哲学思想如何影响程朱理学,而程朱理学又如何决定宋明佛教哲学思想的演变趋势,这是一个问题的两个方面,需要从儒、释两家相似的思维方式、理论形态、心性原理、精神修养等方面寻找答案,从维护王权统治的意识形态角度予以解释。由于儒家思想研究与佛教哲学、道教哲学研究之间长期处于隔阂状态,致使这个问题的克服难以获得理想的结果;更由于意识形态方面的原因,促使这种隔阂越来越严重,"唯物主义"与"唯心主义"形成根本对立,学术研究变成情感路径训练。

基于学界对佛学、佛教思想、佛教哲学与佛教、佛教信仰、佛教教义等概念差别的模糊认识,在主流哲学史的研究领域中,没有将佛教哲学视为哲学史的重要内容。虽然已有部分"中国哲学史"著作涉及佛教哲学,但是往往只是作为形式之点缀而已,更不用说辨明佛教哲学与儒、道两家思想的相互影响和内在联系。为了深化传统哲学的研究,对佛教哲学的全面深入考察愈显重要,也只有通过全面深入考察,我们才能更清楚地认识"三教"的内在关系,更深刻地了解宋明理学何以成立,其哲学形态和核心精神何以如此。进一步说,我们在指出佛教的形上追求、思维特征、概念命题、精神修养对儒、道两家影响的具体内容和复杂过程的同时,还需要揭示儒、道两家思维又如何改造了佛教的般若学中观学派思维,使之最终屈从于儒家意识形态、伦理道德观念，导致佛教向如来藏系统的涅槃佛性学说的转化，使心性问题的讨论最终也成为佛教哲学的核心内容。"三教"关系既是一个历史课题，但更是一个哲学史课题。作为历史课题，需要以儒学为主流处理；作为哲学史课题，则有必要将佛教哲学置于核心位置。

理学的基本命题可以归纳为两个，即"理一分殊"和"性即理"，多数理学家似乎更感兴趣于"性即理"命题。促成这个命题成立的，并非儒学一家之功，而是基于儒、释、道三家之学的共襄。从儒学的角度说，是基于重建民族传统文化的需要。由于自身形而上思维的先天缺陷，儒学不得不在批判佛教出世精神的同时，借助和模拟佛教思辨哲学，提高儒家学者的理论思维能力，建立起自家哲学思辨体系；同时还要以传统文化的名义，通过伸张学术的"民族性"，对道教哲学的范畴概念予以吸收。这样做，最终都是为了证明政治权力的合法性，即专制王权统治的合理性。科举制下的多数儒家学者都会意识到有这个必要。

细究起来，"理一分殊"和"性即理"虽说是两个命题，但实际上都源自《大乘起信论》的一元化思维模式。《起信论》要阐述的根本原理是"一心二门"，所谓"依一心法，有二种门。云何为二？一者心真如门，二者心生灭门。是二种门皆各总摄一切法。此义云何？以是二门不相离故"[①]。这个根本原理是对"体用不二"精神的集中表述，相当于说本体界的"真如门"与现象界的"生灭门"同归于"一心"，为此"一心"所摄，而此二门又"不相离"，相互摄入，且"各总摄一切法"。这种表述虽然在逻辑上有明显的漏洞，但是颇为传统佛教学者所认同。与此同时，"众生心"属体用关系中的"体"位，具有"三大"，而"三大"中又有体大与相大、用大之别，这同样在逻辑上存在着矛盾。《起信论》之所以这样说，只是要阐述一元的哲学原理，表达一元的思维方式，即"体"既是自身、同时又不离"用"；而"用"既是"体"的三大之一，则必归属于"体"。这就是"体用不二""即体即用"的思维原则。在《起信论》的作者看来，真如是唯一的，但可以"依言说分别，有二种义"，所以有"如实空"真如和"如实不空"真如，前者指向"究竟显

---

① 真谛译：《大乘起信论》，《大正藏》第32册。

实"（真如之本体），后者指向"无量性功德"（真如之妙用）。"如实空"表述心真如门，"如实不空"表述心生灭门，真如之体与无量性功德（妙用）构成"一心"之二门，二门又同归于"一心"。可见，在"一心二门"原理的阐述中，包含有相似于本体论（真如之体湛然不动）与本原论（由本原论导出宇宙发生论和万物化生论）、本体界与现象界的和合原理。"一心"（或曰"众生心"）既是真如之体，又具足真如门和生灭门。因此"一心"就具有了双重功能，它既是现象世界得以成立的最终原因，又是众生获得解脱的根本保证。所谓"一心"总摄一切法，既指真如门摄一切净法，生灭门摄一切染法，又指真如门与生灭门因不相离而共摄染、净一切法。从概念思辨的角度而言，这些说法毫无逻辑性可言，充满了话语权力的诉求意识，但又具有很强的亲和力和感染力。

在《起信论》中，"一心"或"众生心"是一个根本范畴，它既指向宇宙万法、现象世界之体，具有绝对的超越性，相当于"真如"之义，所以是摩诃衍之法体；又涵摄全部宇宙万物（现象世界），具有现实的针对性，甚至可以贯通于个体心性。心真如门和心生灭门虽然并立，但它们都由"众生心"开出，是"众生心"的一体两用。所以，《起信论》的成立是哲学史上的一个重要事件，它以独特的文本形式表达了系统的哲学思想，意味着继承并完善了一元化的思维方式。印顺认为："理性与事象，精神与物质，都含摄在一心——众生心里，这是绝对的唯心论。把理性与事象，物质与精神，都统一于众生心，为本论的特色。"[①] 说《起信论》代表一种绝对唯心论，是就这种一元的思维方式而言的。

基于体用不二、即体即用的哲学思维方式，心性"本觉"之说便成为其中必有之义。如果依此对照理学的"理一分殊"和"性即理"命题，可以推断两者之间存在着思维方式上的必然联系。这就是说，与《起信论》把"一心二门"思维原则落实到心性"本觉"的方式相一致，理学家通过"理一分殊"这种具有本体论色彩的理论阐释，正是要为它的心性理论及其道德修养进行铺垫，所以最终也要落实到心性"本觉"原理上，这种"本觉"原理表达于"性即理"或"心即理"之中。

在程朱哲学系统中，虽然对后一命题有所偏重，但是有感于天台、华

[①] 印顺：《大乘起信论讲记》，《妙云集》上编之七，正闻出版社1998年版，第22页。

严的哲学思辨，所以还未曾发展到极端状态。比如，他们受华严"一真法界"范畴的启发，主张以"体用一源，显微无间"或"极高明而道中庸"表达对宇宙人生的认识。朱熹借用华严"月印万川"说，在表述"理一分殊"命题时，以传统"太极"范畴作掩护，将佛教有关"理事无碍""黄花翠竹"乃至"无情有性"等学说，一一窃为己有。"理一分殊"既得益于"一真法界"，但又给出了宋代儒者的新解。"分殊"之"理"是为"理一"，它以"太极"予以表示，提出要以传统哲学范畴取代佛学范畴的想法。"极"的意思是"至极"，"太极"是指"理"的总汇。在朱熹那里，"太极"具有严格的道德属性，所以用它来解释"理一分殊"，表达与"一真法界"抗衡的态度。因此，理学真正落实"极高明而道中庸"，是在"理一分殊"确立之后。而"理一分殊"的确立，使理学家们更自觉地意识到，对佛学的借鉴、吸收和改造，不仅是可能的，而且是有必要的；只要做到"下一转语"，佛学就是理学家的思想工具。

陆王心学则明确提出"心即理"，大谈"良知"呈现，不再回避与佛学的密切关系（尤其与禅宗心性直觉的联系）。"致良知"学说在思想史上的地位，在于重新确立人的悟道主体。具有"虚灵明觉"性质的"心"便是"良知"，它既是人们体悟的对象，又是悟道的心性主体，具有即体即用的一元特征。以"虚灵明觉"来表述"本然之良知"，显然没有摆脱《楞严经》和《圆觉经》的思想影响，因为《楞严经》的"本然性"指向"本觉妙明""妙明真心"，而《圆觉经》的"圆觉"概念说的就是"圆明灵觉""圆明觉性"，这相当于阳明心学中的"良知"概念。就理论形式上说，按照《起信论》即体即用思维原则，本然性与现实性、本体界与现象界相即不二，但在事实上悟道主体与所悟之道存在距离，阳明学说的重心既然要突出良知主体，所以就有必要落实在"致良知"上。王守仁认为，学问的根本就在于"致良知"，也就是对良知的体悟（直觉），通过体悟而把握"良知"，即进入"人己内外，一齐俱透"的境界。如此说"致良知"，实际上就是悟道主体本质的自我实现。这意味着，阳明心学的核心也是"复性"，但是已与程朱理学有所区别，即因禅宗"顿悟"思想的渗透，更重视当下的直觉体悟。宗密曾通过详尽诠释《圆觉经》，将《起信论》的思维方式落实到华严禅的建构中。他把神会"顿悟"禅学的核心精神概括为"寂知指体"四字，意谓"空寂之知"便是心体，空寂体上自有灵知。"寂知指体"是一个体现即体即用的命题，"寂"即寂灭，指向空寂之体，故名"指体"；"知"是空寂体上的用，故名"寂知"。空寂体上如何有知？此知又如何归之为体？这只能用"一心二门"原理予以说明，即只有从体一不二的思维角度方可得解。对宗密"寂知指体"说的回顾，也许能联系到王守仁"四句教"的佛学背景。

由程朱之"性"而至陆王之"心"，虽然同出于《起信论》"一心二门"之"众生心"，但是毕竟重心有所不同，即前者在于向"体"的回归，以为现实有待超越，形而下需要升华为形而上（相当于"生灭门"向"真如门"的转化）；后者在于对"用"的强调，以为当下之"用"即在"体"上，所谓"工夫即本体"，"良知"本质特征便是即体即用（相当于"生灭门"即"真如门"）。这也就是说，在心性学说方面，由于程朱系统的思维方式与天台止观比较相近，所以一定程度上保留了为善去恶的修养路径（天台止观虽有"无明即法性"之说，但以当下之"无明"绝非"法性"予以限制，认识到悟道主体与所悟之道存在距离）；而阳明系统则全面引入禅宗思维方式，将"心"升华为"良知"，建立以"良知"范畴为中心的思想体系，以为理想人格的实现就是当下体悟自己"良知"。

由此可以看出，自《起信论》到《楞严经》，再到《圆觉经》，展示了一种完整的思维模式。[①] 如果对上述学术史背景缺乏了解，意味着对宋明理学不会有真切的认识；无论断代哲学史还是哲学通史，都无法回避学术史背景的考察。佛教哲学是研究中国哲学的学者必须面对的，想要在不经意间跨越这条坎是一种自欺欺人的做法。无论如何，六朝至隋唐的佛教哲学是不可侥幸逾越的，在佛学影响下的同时代道教哲学也是不可逾越的。不正视这个历史事实，中国哲学史的研究注定难以取得实质性进步。

自胡适、冯友兰著述"中国哲学史"以来，部分学者已经意识到佛教哲学的历史地位，但是意识形态造成某些人的认识偏差和知识缺陷，固化了他们片面的知识结构，使他们在研究中容易产生偏见，忽视（或视而不见）佛教哲学的客观存在和巨大影响，以所谓"民族文化自觉"为堂皇理由，视佛教哲学为"西方"文化对"传统"文化的破坏。这种看

---

① 参考吕澂《中国佛学源流略讲》，中华书局1979年版，第203页。

法实际上与宋明理学家没有区别，都是以"夷夏之辨"的心态来对待学术问题的。

胡适当年因缺乏佛学知识训练，不得不停下《中国哲学史》下册的写作，他决意弄明白佛学，并花大量时间在禅宗思想的研究上。在《菩提达摩考》发表时，胡适特意用了副标题"中国中古哲学史的一章"，以表示禅学也是中国哲学史的一个部分。据任继愈回忆说，冯友兰在撰著《中国哲学史》时，"关于佛教的那一章，他自己就不满意，道家也基本上没有提到"[①]。在冯友兰晚年撰写《中国哲学史新编》的时候，就有意识地弥补了这个缺陷，不仅增加了论述篇幅，而且重申了佛学是哲学的意见，他说："佛教的教义是哲学，对于后来的中国哲学及中国文化的发展有很大的影响"；"佛学是作为佛教理论基础的哲学体系。佛学接触到哲学各方面的主要问题"[②]。显然这是一种真诚可敬的学术态度。当然就系统性方面来说，他对佛学的阐述还存在很大的欠缺。

汤用彤对佛学则自始至终都十分重视，贺麟对此曾作过高度评价，他说："写中国哲学史最感棘手的一段，就是魏晋以来几百年佛学在中国的发展，许多写中国哲学史的人，写到这一期间，都碰到礁石了。然而这一难关却被汤用彤先生打通了。……他一扫认中国哲学的道统在孟子以后，曾经有过长期失传的偏狭的旧说。他认为中国哲学自来就一脉相传没有中断。即在南北朝隋唐时代，当佛学最盛、儒学最衰时期，中国人并未失掉其民族精神。外来的文化只不过是一种偶然的遇合、外在的刺激，而中国人则利用之、反应之、吸收之，以发扬中华民族精神，并促进中国哲学的新发展。"[③] 汤用彤所著《汉魏两晋南北朝佛教史》（1938年）实际上是一部风格鲜明的六朝哲学史，在很大程度上弥补了这个时期哲学史研究的不足，至今仍然具有哲学史写作的典范意义。在《汤用彤先生和他的治学方法》一文中，任继愈分析道："汤先生研究并讲授西方近代哲学史，讲授印度哲学、魏晋玄学，无形中充实了佛教史的研究。他讲授欧洲大陆理性主义，重点在斯宾诺莎、笛卡儿，讲授英国经验主义，重点在洛克、

---

① 任继愈：《觉悟了的群体才能推动社会——任继愈对话集》，人民日报出版社2009年版，第118页。
② 冯友兰：《中国哲学史新编·中卷》，人民出版社1998年版，第599、601页。
③ 贺麟：《五十年来的中国哲学》，上海人民出版社2012年版，第35、36页。

休谟、贝克莱。……他经常采用双方对比的方法。""讲授中国佛教史，也经常采用与西方近代哲学的概念、范畴对比的方法。他还对我说过，越是研究中国哲学，越要了解欧洲的哲学和印度的哲学。……因为范畴、概念，每一个民族，都有它的特点，不能忽略了这些特点；同时作为认识论，人类的推理，认识外界，又有它一般性、共同性的因素。如果不是这样，我们中国人就无法了解亚里士多德的逻辑学，印度的因明之学也传不进中国来。"还说，研究哲学而缺乏理性精神，就无法弄清文化学术"变迁之迹"以及"变迁的理由"。[①] 任继愈的中国哲学史研究正是继承了汤用彤的理性精神，并以这种精神对待和处理佛教哲学。他晚年回顾说："我是研究中国哲学史的，研究到汉魏以后就研究不下去了，遇到了障碍，这个障碍就是佛教。……可是宋明理学家都是搞佛教的，所以我决定要开始研究佛教。"[②] 从任继愈的上述观念中，我们可以体会到前辈学者的学术自觉，以及他们追求真理的坚定信念和认真态度。

菲利普·尼摩在所著《什么是西方——西方文明的五大来源》中，将西方中世纪基督教的思想变化（《圣经》的伦理学与末世学、11—13世纪的"教皇革命"）视为近代文明的根源，这与韦伯《新教伦理与资本主义精神》所说有相似之处。西方学者的哲学研究比较重视中世纪基督教哲学的价值，现代西方学者的哲学史著作，几乎都用很大篇幅阐述中世纪基督教哲学，唯独半个多世纪以来的中国哲学史研究，普遍不重视佛、道教哲学的研究，甚至作为批判对象而象征性罗列若干人物，成为孤立的、缺乏前后关联的独白。宗教哲学知识的普遍贫乏或意识形态的强力支配，导致这种局面的延续和发展。事实上，即使不从宗教哲学的角度考虑，佛、道学说也并非纯粹意义上的神学，恰恰相反充满了对宇宙构成、世界本质问题的假设，以及世俗人生问题的探讨。

那种认为哲学应当终结或消解的思想，是西方学者基于对传统形而上学的反思，这对形而上学相对薄弱的中国哲学而言，似乎还不是一个适当的话题。在物质与精神之间、形上与形下之间，人类始终需要作出理性的

---

① 任继愈：《皓首学术随笔·任继愈卷》，中华书局2006年版，第262、263页。
② 任继愈：《觉悟了的群体才能推动社会——任继愈对话集》，人民日报出版社2009年版，第215页。

辨析。伴随着科学技术的进步，人类的物欲急速膨胀，精神则呈现堕落趋势，在精神向物质屈膝的过程中，意义世界遭到权力的蔑视，信仰被世俗利益所颠覆。在一个相对缺乏意义追求和真实信仰的中国文化体系中，形而上学及本体论都处于有待熟习的阶段。历史事实表明，在伦理修养或道德境界问题上喋喋不休，往往与纯粹哲学思维原则相背离，却与话语权力追求有着密切的关联。

真正的学术进步应该建立在对未知领域的探索上，没有必要如数家珍似地重复那些众所周知、耳熟能详的历史事实。中国哲学史的研究需要将重心转向未知或知之不多的领域，转向对提高民族思维、发展民族文化更有意义的领域。炫耀自家珍宝（多数未必就是珍宝），容易堕入对循环论证的奖赏，有可能导致严重的资源浪费；若以此而排斥异质文化或不同思维方式，乃是一种缺乏文化自信的表现。

周建刚教授长期致力于儒家学说思想探索，在相关人物及其思想研究方面作出过突出贡献，但他从不满足于已有的成就，不断扩大着自己的学术研究领域，其中包括把佛教思想的系统考察纳入中国哲学史总体规划之中。《中国佛教史考论》是他近十年来对佛教思想研究的具体成果，"考论"时间跨度较大，涉及人物和思想面广，这是相当难能可贵的。从儒学研究转向佛学兴趣，在原先不甚熟悉的领域投入了大量精力，在其中展示出一种真正的学术风格，这种风格反映了他从容淡泊而又勇于探索的精神状态。在《中国佛教史考论》出版之际，系念近二十年来的学术切磋和交流，建刚教授希望我能发表一点看法。至于我，也十分愿意表达对他的学术活动的肯定和支持，所以不揣浅陋谈了以上一些想法。

潘桂明　2019 年 4 月

目 录

前言 佛教与中国文化和社会 …………………………………（1）
第一章 佛教与中国传统社会 …………………………………（8）
  第一节 黄梅"东山法门"与中国佛教的山林化传统 …………（8）
  第二节 水西寺与唐宣宗
    ——《嘉庆泾县志》中的"唐宣宗出家说" ……………（17）
  第三节 唐宋时期的寺院茶筵、茶会和茶汤礼 ………………（25）
  第四节 禅僧、文人和政治家
    ——明清史料文献中的道衍禅师形象 …………………（34）
第二章 佛教与中国知识分子 …………………………………（48）
  第一节 罗含《更生论》与南北朝佛教"形神之辩" …………（48）
  第二节 何承天与"衡阳论辩" ………………………………（53）
  第三节 宗炳"结宇衡山"与《明佛论》 ………………………（65）
  第四节 王船山的佛教观 ………………………………………（79）
  第五节 胡适的禅宗史研究 ……………………………………（86）
第三章 中国禅宗与禅学 …………………………………………（90）
  第一节 南岳慧思与北朝禅学 …………………………………（90）
  第二节 南泉普愿与洪州禅 ……………………………………（100）
  第三节 沩山禅系与禅学
    ——以沩山灵祐禅师为中心的沩仰宗初期历史研究 …（109）
  第四节 法演禅师的生平事略与研究动态 ……………………（141）
  第五节 "洞山麻三斤"的葛藤
    ——以《碧岩录》中的圆悟克勤评唱为中心 …………（153）
  第六节 天童正觉的"默照禅"思想 …………………………（166）

第四章　中国佛教历史考证 ……………………………（176）

第一节　"锡兰佛牙"与中国

　　——佛经、东南亚史籍和中国僧人史传中的"锡兰佛牙" …（176）

第二节　王夫之《莲峰志》补证、发微 ……………………（186）

第三节　清末湖湘高僧南岳默庵法师年谱及法脉记 …………（207）

后　记 …………………………………………………………（251）

前言　佛教与中国文化和社会

佛教自西汉末年传入中国之后,经过东汉到魏晋南北朝的长期发展,隋唐时期形成了具有中国特色的宗派佛教。作为一种有着深刻精神内涵和哲学意蕴的宗教,佛教在传入中国之后,就对中国人的精神世界产生了巨大的影响。在魏晋南北朝之际,佛教般若学与魏晋玄学相互影响,产生了《肇论》这样具有纯粹思辨性格的哲学作品,提升了中国人的哲学思辨层次;在隋唐时期,天台宗、华严宗、禅宗等中国化的佛教宗派竞放异彩,也极大地推动了儒学的创新。直到宋明时期,理学虽号称直接孔孟,但究其根底,二程、张载等人无不"出入佛老",对佛教义理谙熟于心,而后神而明之,创通变化,返归于《六经》而得其旨归。即使是理学的"集大成者"朱熹,早年也熟读《大慧语录》,"会得个昭昭灵灵的禅"。朱熹在批评陆九渊时,也常说陆门心学是"禅"。这种状况一直持续到明清时期。当阳明心学风动天下时,即有陈建的《学蔀通辨》说阳明"只是尊信达摩、慧能";王夫之在《思问录》中说阳明晚年的"四句教"全是从《坛经》转手。陈建、王夫之等人的言论未必完全属实,但放宽视野来看,宋明理学确实与佛教禅宗、禅学有着千丝万缕的关系,也是毋庸讳言的事实。如果我们将视线一直拉长到现代,则当代新儒学的建立仍然不能与佛教思想脱离干系。熊十力先生的名著,题为《新唯识论》,实为当代新儒家心性论一脉的开山之作。马一浮先生在为《新唯识论》所作序言中评论该书"囊括古今,平章华梵","足使生、肇敛手而咨嗟,奘、基挢舌而不下","拟诸往哲,其犹辅嗣之幽赞易道,龙树之弘阐中观"[①]。道生、僧肇是鸠摩罗什的亲传弟子,玄奘、窥基则是唐代唯识学的创始人

---

① 熊十力:《新唯识论》,上海书店出版社2008年版,第5—6页。

物；王弼的《周易注》"得意忘言"，开玄学之新风；龙树之《中论》则"由假入空"，树大乘之宝幢。由此可见，新儒学之"新"，并非从空而降，由地而出，除了时代潮流的冲击，一定程度上还是走了宋明理学的老路，得益于佛教义理思想的刺激。

一种来自异域的宗教思想，何以会震动中国知识界，余波荡漾二千余年而不绝？笔者以为，主要的原因有以下几点：

一是哲学形而上学思想之刺激。中国先秦时代，诸子百家放言高论，着眼点都在于现实的社会政治和社会伦理，上焉者如孔孟，下焉者如申韩，所论者多为"治道"，治道有"王道""霸道"之分，但关于终极性的"性与天道"，虽夫子亦罕言之。这不能不说是中国早期思想的一大缺憾。魏晋之际，王弼立"崇本息末"之论，以"无"为万物之本。"魏正始中，何晏、王弼等祖述老庄，立论以为天地万物皆以无为本。无也者，开物成务，无往不存者也。阴阳恃以化生，万物恃以成形，贤者恃以成德，不肖恃以免身。故无之为用，无爵而贵矣。"① 王弼所论之"无"，实为一种超出任何具体规定性的抽象存在。在此意义上，王弼的思想深度远超汉儒的"元气宇宙论"，是为中国本土"本体论"思想的发端。但在魏晋玄学中，"崇有""崇无"争论不休，王弼的思想并没有占到上风，经学家范宁曾经说王弼、何晏"二人之罪深于桀纣"，可见儒家知识分子对此并不以为然。而自佛教般若学传入后，六家七宗皆以"有无"为论，俨然为玄学的继续，形成了一个"后玄学时期"。僧肇的《物不迁论》《不真空论》《般若无知论》这"三论"中都有玄学的影子，但有了自印度传入的"中观学"理论方法为武器，思想更为锐利。南朝的庐山隐士刘遗民读了僧肇的著作后，叹息说："不意方袍，复有平叔。""平叔"即何晏，与王弼同为正始玄学的代表人物。刘遗民的意思是说，没想到在僧人（"方袍"）的队伍中，还有人能达到何晏的玄学水平。可见当时的人是把僧肇等人传播的般若中观之学当作玄学的同类看待的。般若中观所说之"空"当然与玄学之"无"有不一样的地方，但对于当时的人们来说，这些都是高度抽象的思想，为传统的中国思想所无。或许可以做一个这样的推测，假如没有佛教般若学的传入，玄学的"有无"问题就会沉寂下

---

① 楼宇烈：《王弼集校释》（下册），中华书局1980年版，第647页。

去，成为中国思想史上的绝响；而佛教般若学在两晋之际的适时传入，则再次激发了中国人对"有无"等纯粹的哲学形而上学问题的兴趣。此后，隋唐道教思想中还出现了"重玄学"，道士们的"重玄学"虽然号称出自《老子》，但其"有无双遣"的思想方法几乎就是佛教般若学"空有双遣"的翻版。隋唐以后，宗派佛教勃兴，天台、华严、禅宗莫不恃其精深的形而上学思想而风靡一时，吸引了当时中国最优秀的知识分子的注意力，这就是宋代文人所总结的"儒门淡泊，皆归释氏"。宋明理学作为一种改造过的新型儒学，其特点就在于重视先秦儒家所忽视的"性与天道"等哲学形而上学思想，而这一新颖之处，在很大程度上是受到佛教形上学思想的激发所致。这种状况，直到熊十力创作《新唯识论》，依然没有改变。

二是哲学方法之改进。中国哲学尽管有悠久的传统，但一直缺乏系统的方法论。在先秦诸子中，孟子和庄子最重视辩论。但近人细读《孟子》，多认为孟子的辩论逻辑是不完善的；而《庄子》书中，最为著名的庄周与惠施"濠上之辩"，最后也只是一笔糊涂账，最多为中国文化史增添了一段"子非鱼，安知鱼之乐"的佳话。中国早期的逻辑思想，在先秦的名家和后期墨家中有所反映，但并没有形成一个强有力的传统，也因此造成了中国哲学中理论方法、逻辑手段的贫乏。在魏晋玄学中，王弼的思想最为清晰简洁，但他本人却主张"得意忘言"，并不重视逻辑方法的运用。印度佛教传入后，般若学以其锐利的哲学思辨方法"四句法""八不中道"折服了中国知识分子。东晋名僧慧远少年时博综六经，尤善《庄》《老》，听闻《般若经》后，叹息说："儒道九流，皆糠秕耳。"而鸠摩罗什门下聚集的都是当时北方学界的精英，僧肇更以其神骏之才自如地运用"中观学"的理论方法，在《肇论》三篇中探索出一片新的思想天地。平心而论，传自印度的龙树"中观学"，在逻辑的严密性上要远胜于传统的中国哲学，而这一点也是"中观"思想能够激发中国人兴趣的原因所在。此后的隋唐佛教诸大派，天台、华严等也都有着严密的思想结构。就此而言，佛教的传入，对于中国哲学理论方法的进步，是有一定贡献的。

三是心性思想之激荡。心性思想是贯穿中国哲学的一个线索。从历史渊源来看，中国的先秦时期就有心性思想的发源，特别是以《中庸》为代表的思孟儒学一支，对心性论有极其深入的思考。宋明理学接续的，主要就是先秦儒学中的思孟一派。但问题是，自孔子之后，"儒分为八"，思孟学派未必是孔子后学中的主流。宋明理学家论及"道统"，以孟子继孔子之后，然后以自身直接孟子，无论如何，只是一种自我设想，未必吻合思想史的真实面貌。实际情况倒是，汉儒重宇宙论而不重心性论，心性论的开展，反而是在六朝到隋唐的佛教思想中尤为发达。所谓"真常唯心论"的思想，是隋唐佛教诸大派（天台、华严、禅宗）的根底，而另一方面，与"真常唯心论"相对立的"虚妄唯识论"，也对心识现象有极为琐细的分析。宋明理学的"心性论"，虽然在直接源头上是先秦儒学中的思孟学派，但事实上也与佛学的"心性论"有着割不断的关联。从宋代到明代，理学家反复比较佛家之"心"与儒家之"心"的区别，就体现了这种微妙的联系。当然，这并不是说宋代以后的儒家"心性论"直接来自佛教，而是说，隋唐佛教对"心性"的讨论，是宋代新儒家学者进入这一理论领域的直接动力之一。

  佛教传入中国，是关乎中国文化命脉的大问题。据现代学者的研究，自汉代"丝绸之路"开通后，沿着中亚、西域这一贸易路线进入中国的外来宗教还有很多，如基督教、摩尼教等，但何以这些宗教纷纷沉寂于历史的帷幕之下，唯独佛教一枝独秀，成为中国乃至东亚地区的主流宗教？这其中的原因值得我们深思。对于这个问题的解释，或许没有最正确的答案，但可以提出这样的思路和设想：与基督教、摩尼教这样明显的"二元对立"型（"天堂"／"地狱"或是"善"与"恶"）宗教相比，佛教的"无我观""缘起说"等非对立型的思想更为切合中国人的心性。在中国传统思想中，并非没有对超越性的追求，但也没有将超越性、神圣性与日常生活分割为两个世界的二元论思想，毋宁说，日常生活世界的一粥一饭、亲情絮语、悲欢离合，"似此星辰非昨夜，为谁风露立中宵"，"念武陵人远，烟锁秦楼"，这种对人生至情的眷恋和执着，就是人生归宿和人生理想之所在。而在佛教思想中，世界的存在如龙树的中观学所揭示，"众因缘生法，我说即是空，亦为是假名，亦是中道义"。所谓"空""有"，与其说是一种对立，不如说是相互依恃、相互补充，共同揭示出现实人间既真且幻的"缘起"性特征。中国传统思想与佛教思想在根柢上就有一种亲缘性，而这种亲缘性使中国人从"丝绸之路"上传来的多种外来宗教中一眼就认定了佛教，并由此展开了佛教在东亚思想世界中波澜壮阔的旅程。

但事实上中国人尽管接受了佛教，却并非全盘接受。在中国的佛教宗派中，"三论宗"和"唯识宗"最为忠实于印度佛教的原义，但却消亡得最早。此中原因，陈寅恪先生曾经有过分析："是以佛教学说能于吾国思想史上发生重大长久之影响者，皆经国人吸收改造之过程。其忠实输入不改本来面目者，若玄奘唯识之学，虽震荡一时之人心，而卒归于消沉歇绝。"[①] 吉藏的"三论宗"和玄奘的"唯识宗"，可说是印度佛教"空""有"二宗在中国的嫡派传承，但在中国思想史上发生的影响却并不大，反而在印度并不起眼的"如来藏佛性"说在中国大行其道。究其原因，中国人毕竟不能承认现实人生为"空"，为"污染"，为"无明"所推动，是盲目意志所导演的彻底的人生悲剧，而是要在这痛苦的现实人生之中寻求其庄严美丽的意义所在。如牟宗三先生在《中国哲学十九讲》中所说，如来藏（或"真常心"）学说为中国人所易于接受，是因为"一切众生皆有佛性"切合了中国思想"人皆可以为尧舜"的传统。此后中国化佛教的发展即沿着这一道路开展，经由天台、华严，至禅宗而登峰造极，"担水砍柴，皆是神通变化"，"终日吃饭，不曾咬着一粒米；终日穿衣，不曾挂着一缕丝"，神秘莫测的宗教修行由此而落实在平淡无奇的人生日用常行中，但又并没有放弃对终极实在的追求。宋代禅僧法常有一首著名的《渔父词》："此事楞严尝露布，梅花雪月交光处，一笑寥寥空万古。风瓯语，迥然银汉横天宇。蝶梦南华方栩栩，斑斑谁跨丰干虎？而今忘却来时路，江山暮，天涯目送飞鸿去。"在这里，严冷阴郁的宗教境界已经化为了日常生活的审美体验，并在这瞬间的审美体验中流露出无限的人生意义。

哲学是一个民族思想之根底，中国哲学的发展深受佛教义理之影响，这一点，已为当代治中国哲学史的学者所熟知。但实际上佛教对中国社会的影响远远不止这一点。本书试对以下一些内容进行初步的探索。

佛教自印度传入中国之后，即对中国社会产生了全面而深刻的影响，上至帝王将相，中至文人学士，下至庶民百姓，各个阶层都为这一新颖而

---

① 转引自冯友兰《三松堂全集》（第3卷），河南人民出版社2001年版，第461页。

独特的外来宗教所吸引，进而迷醉其中，不能自拔。以"帝王崇佛"这一现象来看，梁武帝萧衍是最著名的例子，其余南北朝时期的帝王也大多是佛教信徒。唐朝皇帝中，唐宣宗纠正了前任皇帝唐武宗的"灭佛"措施，因而受到了佛教徒的衷心爱戴，以致衍生出"宣宗出家"的传说，不失为一段有趣的佳话。佛教僧侣在中国古代还经常直接参与社会生活，甚至涉足政治领域，如明初的道衍禅师，在明成祖的"靖难之役"中屡出奇谋秘计，被成祖倚为谋主，却又终身常居僧寺，不改禅僧面目，并撰写《道余录》批评程朱理学，其人其事，让后世人迷惑不解而又慨叹不已。此外，佛教对中国古代的社会习俗也有很大的影响作用，如饮茶的风气，寺院的"茶会""茶礼"等，都与当时的世俗社会有很强的互动作用。

佛教与中国知识分子的关系更为密切。中国传统知识分子大多以儒学为立身之本，但也有很多人投身于佛教义理的研究，并取得了一定的成就。南北朝时期，关于"形神之辨"的探讨吸引了佛教内外人士的注意，引发了中国思想史、哲学史上的一场空前讨论。罗含、何承天、宗炳等人都参与了这场讨论，并留下了一定数量的文献记载。用后世的眼光来看，这些讨论都很不成熟，没有能够深入佛教教义，反映出当时的知识分子对佛教义理还处在初步摸索阶段。明末清初时期，湖湘大儒王夫之在总结明代学术的同时，对当时的"士大夫禅学"有所批评，并由此形成了批评与理解并重的佛教观，这种佛教观反映出宋代以后在理学氛围中成长起来的知识分子对佛教的真实感想和心态。近代学术史上，胡适的禅宗史研究心态也很值得我们玩味。

佛教对中国社会影响最大的还是禅宗和禅学。宋代以后的文人说起佛教，往往以一"禅"字概括，"禅"几乎就是中国佛教的代名词，这也可以反映出禅宗在人们心目中的地位。唐五代以后的禅宗风行，使"禅"溢出了宗教的范围，成为一种独立的精神品性的象征。不但禅僧习禅，文人学者和艺术家也纷纷使用"禅"的术语来界定各自的领域，如严羽的《沧浪诗话》以禅解诗，董其昌的《画禅室随笔》以禅论画，都是其中的杰出代表。禅宗的发展历史，人物众多，流派复杂，当代学者对此已有大量的研究成果。但也有一些人物和派系关注尚少，有一些问题还值得推敲，如北朝禅学与南岳慧思的关系，早期沩仰宗的形成和分化等。关于这些问题，本书都做了一些尝试性的探索。

此外，本书中还有一部分涉及历史考证的问题，如"锡兰佛牙"的源流、明末儒者王夫之的佛教史地著作《莲峰志》、清末湖湘高僧默庵的生平等。这些看起来颇为琐碎的细节，实际上作为"拼图"的一部分，能够呈现出中国佛教史真实而生动的面貌，因而为治佛教史不可或缺的内容。

第一章　佛教与中国传统社会

第一节　黄梅"东山法门"与中国佛教的山林化传统

在禅宗历史上，黄梅是一个非常重要的地标符号。禅宗的四祖道信、五祖弘忍都在这里开辟道场，传授弟子，五祖以下，神秀、慧能、法如等禅宗史上的重要人物也先后在黄梅修禅学道，留下了许多史迹和传说。《坛经》中著名的"呈偈传法"一幕，就发生在黄梅东山的五祖寺。更为重要的是，五祖弘忍所传授的"东山法门"，在当时发挥了巨大的社会影响，奠定了禅宗传播全国的基础。

禅宗史上的五祖弘忍，在黄梅县东山"大启禅宇"，创建"东山法门"，形成了禅宗历史上第一个具有一定规模的僧团组织。"东山法门"是弘忍僧团农禅生活的思想意识反映。弘忍僧团的农禅生活，奠定了中国佛教山林化传统的基础。山林佛教传统与古代中国人的生活世界和存在方式息息相关、气脉相通，是中国禅宗拥有长久生命力的最深层原因之一，但也是中国佛教在历史上逐渐趋于保守、失去生命活力的重要原因之一。讨论当代佛教的发展前途，有必要基于"人间佛教"之视域，对中国佛教的山林化传统再次进行检讨。

一　黄梅"东山法门"的山林农禅特色

所谓"东山法门"，是说禅宗史上的五祖弘忍，在黄梅县东山说法授徒所形成的特殊禅修法门，同时也指弘忍时期在东山组织形成的以农禅并重为特色的禅修僧团。"东山法门"因弘忍而得名，弘忍长期居住黄梅县东山，因此得名"东山法师"。《历代法宝记》云："（弘忍）身长八尺，容貌与常人绝殊。得法付袈裟，居凭茂山，在双峰山东西相去不遥，时人号为东山法师。即凭茂山是也。"① "凭茂山",《坛经》《楞伽师资记》《宋高僧传》均作"冯茂山";宗密《圆觉经大疏释义抄》作"冯墓山";清代顾祖禹《读史方舆纪要》则作"马茂山"。这些都是传写过程中因音、形相近而造成的讹误,正确的写法应该是"冯茂山"。根据《光绪黄梅县志·地理志》记载:黄梅县境内有东山、西山、南山、北山,"东山一曰冯茂山,县东北二十五里,为大满禅师道场。山顶有白莲峰、洗手池,山腰有讲经台、斗法洞,皆五祖遗迹"②。"西山一曰破额山,县西三十里,为大医禅师道场。山形迥抱如螺,绝顶双峰屹立,缥缈霄汉间。"③唐代宗时,追谥四祖道信为"大医禅师"、五祖弘忍为"大满禅师"。由此可见,"冯茂山"即东山,它是五祖弘忍的道场。四祖道信生前所住道场为破额山,又名西山,因"绝顶双峰屹立,缥缈霄汉间",又得名双峰山。"冯茂山"可能是唐以前的古称,弘忍将道场迁移到这里以后,因此山与双峰山东西相对,故称为"东山"。随着弘忍"东山法门"的声名远扬,这座山也就以"东山"而著名。在南宋王象之的《舆地纪胜》中,此山就干脆被称为"五祖山"了。④

弘忍所开创的"东山法门"在唐代初年有很大的社会影响。武则天时代,弘忍的弟子神秀被召入京师,与武则天有这样一段对话:"则天大圣皇后问神秀禅师曰:'所传之法,谁家宗旨?'答曰:'禀蕲州东山法门。'问:'依何典诰?'答曰:'依《文殊说般若经》一行三昧。'则天曰:'若论修道,更不过东山法门。'"⑤ "东山法门"依据的经典是般若学系统的《文殊说般若经》,这与早期禅宗"以《楞伽》印心"的"楞伽师"传统有所不同,是对达摩禅的突破和进一步创新。

但"东山法门"在历史上的特殊意义还不仅于此。所谓"东山法门",既是南北朝以来佛教创新思潮中出现的一种新型禅法,也是禅宗历

---

① (隋)费长房:《历代法宝记》,《大正藏》第51册,第182页。
② 覃瀚元、袁瓚修;宛名昌、余邦士纂:《光绪黄梅县志》,江苏古籍出版社2001年版,第24页。
③ 同上书,第25页。
④ 《舆地纪胜》卷四十七《淮南西路·蕲州》条下云:"五祖山,在黄梅县东北二十五里,即大满禅师道场也。"见王象之《舆地纪胜》,中华书局1992年版,第1908页。
⑤ 净觉:《楞伽师资记》,《大正藏》第85册,第1290页。

史上出现的第一个聚居式农禅群体。冉云飞根据对敦煌禅籍的考证指出："禅者早期的团体，现在所知者是以地为名的'东山法门'。……他们的僧团当时虽然尚无'禅宗'的称号，而以'东山法门'称著，但事实上确是中国佛教史上第一个以修道（禅）为专业的僧团，这就是禅宗僧团的初创形式与规模。"① 在"东山法门"之前，并没有成型的禅宗僧团，慧可、僧璨都是游方僧人，居无定所，又受到北方佛教"名相之徒"的迫害，境遇不佳，在困苦的生活中艰难求生，慧可"末绪卒无荣嗣"②，僧璨"隐思空山，萧然净（'静'）坐，不出文记"③，都没有形成有组织的僧团。他们的生活方式是游方的"头陀乞食"，而非定居生活。这种情况，直到四祖道信时代才有所改变。道信在黄梅县双峰山修禅，"自入山来三十余载，诸州学道，无远不至"④。"大作佛事，广开法门，接引群品，四方龙象尽受归依。"⑤ 道信去世时，山中已有五百多人，形成了一个具有相当规模的僧团。弘忍在黄梅东山创建"东山法门"，"四方请益，九众师横，虚往实归，月俞（'逾'）千计。"⑥ 弘忍临终时说自己一生教人无数，其中神秀、慧能等人"堪为人师，但一方人物"⑦，也反映了他门下的兴盛情况。也正是由于"东山法门"一改禅宗过去的游方僧生活变为定居的"农禅"生活，吸引了四方学人加入，才会在社会上发生如此巨大的影响，以至于最高统治者武则天也说"若论修道，更不过东山法门"。

"东山法门"的定居修禅，是以"农禅并重"作为生活基础的。禅宗史书上记载，弘忍在道信门下时，"常勤作务，以礼下人。昼则混迹驱给，夜便坐摄至晓"⑧。这种生活方式是白天从事劳动，夜晚专心坐禅，与此前"头陀乞食"的楞伽师们大不相同。慧能初到黄梅时，弘忍也令

---

① 冉云飞：《敦煌遗书与中国禅宗历史研究》，载杨曾文、杜斗城主编《中国敦煌学百年文库·宗教卷（二）》，甘肃文化出版社1999年版，第352页。
② （唐）道宣：《续高僧传》，《大正藏》第50册，第551页。
③ （唐）净觉：《楞伽师资记》，《大正藏》第85册，第1286页。
④ （唐）道宣：《续高僧传》，《大正藏》第50册，第606页。
⑤ （隋）费长房：《历代法宝记》，《大正藏》第51册，第181页。
⑥ （唐）净觉：《楞伽师资记》，《大正藏》第85册，第1289页。
⑦ 同上。
⑧ （隋）费长房：《历代法宝记》，《大正藏》第51册，第182页。

其"随众作务","遂随踏碓八个月"。① 杜继文等在《中国禅宗通史》中对这种情况分析说:"大约从传说的僧璨开始,禅僧到江淮地区寻找出路。及至道信在黄梅双峰山聚众五百定居,提倡作(务)坐(禅)并重,自给自足,这才为流民逃僧创造了一个真正的世外桃源。佛教教义因之大变,禅宗之作为一个宗派,即成雏形。这个隐居于山林三十余年的禅僧团,在弘忍时代公开于世。"② 北方游民僧是早期禅宗成立的社会基础,随着南方江淮、岭南地区的开发,北方游民僧逐渐南下,并形成定居的农禅群体。在禅宗史上的弘忍、道信时代,这一趋势体现得尤为明显。所谓"东山法门""黄梅门下",反映的就是由游方而定居的农禅群体的思想意识。

弘忍时期的禅宗僧团,不但在生活实践中"农禅并重",同时也积极为这种不同于以往的宗教生活方式寻找一种理论依据。《楞伽师资记》中介绍弘忍的"东山法门"时,对于弘忍门下的农禅生活,有这样一种解释:"又问:学道何故不向城邑聚落,要在山居?答曰:大厦之材,本出幽谷,不向人间有也。以远离人故,不被刀斧损斫。一一长成大物后,乃堪为栋梁之用。故知栖神幽谷,远避尘嚣,养性山中,长俗辞事。目前无物,心自长宁。从此道树花开,禅林果出也。"③ 《楞伽师资记》的这段话,是对山林佛教农禅生活的一种诗意描述和理论阐发。农禅生活是中国禅宗发展至唐代初年顺应社会环境而演化出的一种特有生活方式,与魏晋南北朝时期定居通都大邑、受王公贵族供养的"都市佛教"迥然不同,也与早期禅僧的游方乞食生活有异。《楞伽师资记》认为,农禅的正当性在于,山林之宁静可以培养人的性灵,是最适宜于禅修的场所。在山林这种环境中,禅僧既可以远离尘世中的繁华扰攘,也可以躲避不必要的灾害,如同山林中的树苗,在空谷中长成参天大树,才能一朝成为栋梁之材。爱好山林、厌恶尘嚣,这是山林佛教的基本情调,这种情调和道家是一致的,反映了道家文化对于禅宗的渗透。

中国文人极其欣赏禅宗,实际上也是欣赏其山林佛教作风。朱熹对

---

① (隋)费长房:《历代法宝记》,《大正藏》第51册,第182页。
② 杜继文、魏道儒:《中国禅宗通史》,江苏人民出版社2007年版,第4页。
③ (唐)净觉:《楞伽师资记》,《大正藏》第85册,第1289页。

"山林佛教"的精神有独到的领会，他坦承："僧家尊宿得道，便入深山中，草衣木食，养数十年。及其出来，是甚次第！自然光明俊伟。世上人所以只得叉手看他自动。"①《朱子语类》中另一条则说："雪峰开山和尚住山数年，都无一僧到，遂下山。至半岭，忽有一僧来，遂与之俱还。先生（朱子）曰：若是某，虽无人来，亦不下山。"② 可知朱熹对"山林佛教"的精神不但知之甚深，而且颇为欣赏。清代反程朱的学者颜元针对朱熹的这一条语录讥讽说："知晦庵素深于禅定，不下山，但不解不下山有何好处？"③ 山林佛教的作风在历史上影响甚大，其利弊如何，我们今天还需要进行仔细分析。

二　中国佛教的山林化传统回顾

在中国历史上，随着政治、经济形势的变化，佛教的存在形态也在随时随地相应地发生变化，或山林，或都市，其间并没有一定的界限。在今天，我们一说起佛教来，总是想起独处山林、与世隔绝的"行云流水一孤僧"，事实上，历史上的中国佛教既有"人间四月芳菲尽，山寺桃花始盛开"，也有"南朝四百八十寺，多少楼台烟雨中"。佛教自汉魏传入中国，首先与士大夫的玄学思潮相结合，通过老庄思想的诠释发展出初期的"格义佛教"，此时的佛教，是以都市化的形态为主的。《魏书·释老志》说："晋世，洛中佛图有四十二所矣。"④《洛阳伽蓝记》则记载北朝佛教的盛况说："逮皇魏受图，光宅嵩洛，笃信弥繁，法教愈盛。……京城表里，凡有一千余寺。"⑤ 从当时人的描述来看，魏晋南北朝时期，中国佛教的形态基本上是都市化的，当然也不排除一部分禅僧群体"山林佛教"的存在。

魏晋南北朝时期的"都市佛教"之所以存在，应该说，和中国佛教初期的发展方向和当时的社会政治经济结构有密切的相关度。初期中国佛教的发展方向，是与士大夫的玄学思潮合流，通过"格义佛教"的形式

---

① 黎靖德编，王星贤点校：《朱子语类》，中华书局1986年版，第3019页。
② 同上书，第3034页。
③ 《颜元集》，中华书局1987年版，第287页。
④ 《魏书》卷114《释老志》，中华书局1974年版，第3029页。
⑤ （元魏）杨衒之：《洛阳伽蓝记》，《大正藏》第51册，第999页。

向中国的士大夫阶层传播，借此以取得在中国社会中的合法地位；而魏晋南北朝时期，中国的政治经济结构是向集中化的王权和国家对经济的全面控制转化。在发展方向和时代格局的双向限制下，中国佛教以"都市佛教"的形态存在，也就不足为异了。首先是佛教义理的传播必须借助于士大夫的力量，通过与士大夫阶层的思想交流，逐步找到印度佛教与中华文化的契合点，从而为佛教在中国社会的广泛传播奠定基础。在这一过程中，佛教僧侣必须身居都市，才能为这一交流创造必要条件。《世说新语》中记载了大量名僧与世俗王公贵族以及文人名士的交往情况，著名的如东晋名僧竺法深说的"贫道游朱门如游蓬户"，就非常生动地说明了这种僧俗交往的普遍性。其次是魏晋南北朝时期国家对社会经济生活的控制造成了佛教必须依附王权的局面，从而使都市化佛教成为势所必然。在北方，鸠摩罗什的译场"逍遥园"完全依靠后秦主姚兴的供养支持；在南方，梁武帝多次舍身同泰寺，为南朝都市佛教的寺院经济提供了有力支持；北齐时代，文宣帝高洋甚至"以国储分为三分，谓供国、自用及以三宝"[①]；可见当时佛教对王权以及王朝经济力量的依赖也是其都市化的原因之一。

魏晋南北朝时期的都市化佛教势头一直延续到隋唐时期，在南北朝末期到唐代时期形成的中国佛教诸大宗派中，天台宗以天台国清寺、荆州玉泉寺作为据点，长期受到陈、隋两代王朝的供养；玄奘、窥基开创的唯识宗和法藏创立的华严宗都以当时的首都长安为据点；禅宗自东山弘忍之后，神秀的门徒遍及京洛一带，号称"二京法主，三帝门师"。这些宗派都呈现出一定程度的"都市佛教"色彩，其中唯识宗和华严宗的"都市佛教"色调较为强烈，天台和禅宗稍许弱化一些。但在这一过程中，中国佛教中的"山林佛教"一翼也早已出现。南北朝时期的两次"灭佛"运动也使大量僧侣潜遁山林，更为重要的，是不断增多的为当时的"体制化佛教"不能容纳的"游僧"的出现，奠立了隋唐以后"山林佛教"的基调。

谈到中国的"山林佛教"，就不能不回溯中国佛教禅宗的形成和发展。杜继文等在《中国禅宗通史》中论述北方游僧是禅宗先驱者的社会

---

① （唐）道宣：《续高僧传》，《大正藏》第50册，第553页。

基础，这一观点是有史实根据的。《魏书·释老志》记载："（北魏）延兴二年夏四月，诏曰：比丘不在寺舍，游涉村落，交通奸猾，经历年岁。令民间五五相保，不得容止。无籍之僧，精加隐括，有者送付州镇，其在畿郡，送付本曹。"① 禅宗从二祖慧可开始，由于其禅学思想与当时的北朝正统禅学相对立，不得不"流离邺卫，亟展寒温，道竟幽而且玄，故末绪卒无荣嗣"②。传说中慧可的弟子都是幽居村野的游僧形象，如那禅师"手不执笔及俗书，惟服一衣一钵，一坐一食，以可常行兼奉头陀，故其所住不参邑落"③；那禅师的弟子满禅师"一衣一食，但蓄二针。冬则乞补，夏便通舍覆赤而已。……住无再宿，到寺则破柴造履，常行乞食"④。在中国禅宗的初创时期，达摩传慧可以四卷《楞伽经》印心，思想新颖、简易直截，吸引了大批的游民和游僧参加，应该是历史的事实。也正是由于初期禅宗与游僧、游民的复杂关系，造成了其"不参邑落""常行乞食"的特殊作风，将行化的区域从都市转移到广袤的村野山林。四祖道信和五祖弘忍时代，禅宗的基地从北方移到南方的黄梅双峰山和东山，初步形成了以"作坐并重"为特色的农禅团体，进一步将其触角伸入中国农耕文明的最底层。唐代以后，禅宗得到很大发展，一举跃升为唐王朝王室和官僚追捧的"明星教派"，由"山林"而转向"都市"。东山门下的神秀一支一度将重心移到京洛一带；曹溪门下的荷泽神会也在这一地区树起了"南宗顿教"的旗帜，与北宗争夺正统；甚至洪州禅系马祖道一门下的大义鹅湖和章敬怀晖也在唐宪宗时期进入长安，标志着洪州禅系得到官方的认可。⑤ 但是唐代禅宗的都市化也仅是昙花一现，安史之乱对唐代的两京佛教破坏极大，而唐武宗灭佛以后，经教毁弃，僧侣遁入山林，原先以都市大邑为依托的诸大宗派都面临灭顶之灾，唯有扎根于山林、不重经教的禅宗却得到了意外的发展机缘。唐代以后，禅宗一枝独秀，凡言佛学者皆溯源于禅宗，乃至禅宗、禅学在一定程度上成为中国文化的代表，

---

① 《魏书》卷114《释老志》，中华书局1974年版，第3038页。
② （唐）道宣：《续高僧传》，《大正藏》第50册，第551页。
③ 同上。
④ 同上。
⑤ 参见杜继文、魏道儒《中国禅宗通史》第四章第三节"江西禅系的崛起"；葛兆光《增订本中国禅思想史》第五章第一节"中唐南宗禅史实考辨"，江苏人民出版社2007年版。

这不仅是因为禅宗文化为中国人的精神世界提供了一个"桃花源"式的高妙境界,同时也因为禅宗自始至终扎根于传统农耕文化,有"农禅并重"的传统,与古代中国人的生活世界和存在方式息息相关、气脉相通。可以说,"山林佛教"的传统是中国禅宗拥有长久生命力的最深层原因之一。

三 基于"人间佛教"思想对中国佛教山林化传统的检讨

中国历史上"都市佛教"与"山林佛教"的不同风格,前人论述不多,据笔者所见,仅有历史学家严耕望先生在其遗著《魏晋南北朝佛教地理稿》中有所论及。严耕望先生在分析魏晋南北朝佛教"义解"与"禅诵"教风之不同时指出:

> 义解重经论义理之研究与讲论,故流于外向型之谈辩,习禅重禅行,是立己修持之内向型工夫,故不重论辩。此种不同,亦各有其产生之地理背景社会背景,又转而各寻适宜之地理环境、社会环境而居处之。故僧徒此种不同之风格与地理环境社会环境有互为因果之关系。前人论者,惟强调南北地区之异,实则都市(城)、山林(乡)之殊,尤极显著。①
>
> ……前人论南北朝时代佛教教风,皆云江南重义解,北国重禅行……此论虽是,但殊疏略。若更进一步作深入之观察,则可谓都市盛义解,而山林盛禅行,固不论方域之南北。②

严耕望先生通过大量的资料分析得出结论,认为魏晋南北朝时期佛教"义解"和"禅诵"这两种不同的学风之形成,与僧徒所处的地理环境和社会环境密切相关,这里不仅有传统所说的南北学风之差异,更重要的是体现了"都市佛教"和"山林佛教"的风格差异,也就是所谓"都市盛义解,山林盛禅行"。"都市佛教"是外向型的,重视对佛教哲理的深入

---

① 严耕望撰,李启文整理:《魏晋南北朝佛教地理稿》,上海古籍出版社2007年版,第197页。

② 同上书,第221页。

探索，并与士大夫文人广泛交流，有入世的倾向；"山林佛教"是内向型的，崇尚苦行，重视个人的心灵解脱，无视外部世界的存在。"都市佛教"与"山林佛教"各有利弊，"都市佛教"在将佛教义学推向高峰的过程中，也因其过于重视研究义理而忽视禅行修养，如道宣所指责的"慧解是长，仪范多杂"。①而"山林佛教"虽然在宗教修养方面取得了高度成就，但不问世事、推崇苦行，甚至某些僧徒因厌世情绪而导致自毁形骸的极端行为。不言而喻，就大乘佛教"六度万行"的总体精神而言，这一时期的"都市佛教"和"山林佛教"都是有所缺陷的。

中国佛教走到近现代之后，既继承了历史上包括"都市佛教"和"山林佛教"在内的丰厚遗产，也因时代潮流的激荡、自身创新能力的不足而产生了前所未有的危机。在这一时期，佛教界产生了"人生佛教"和"人间佛教"思想，特别是印顺法师的"人间佛教"思想，对佛教界的建设以及中国佛教的未来发展方向产生了积极的指导作用。据印顺法师自述，"人间佛教"思想的产生与当代新儒家思想家梁漱溟的激发有关："民国二十七年冬，梁漱溟氏来山，自述其学佛中止之动机曰'此时、此地、此人'。吾闻而思之，深觉不特梁氏之为然，宋明理学之出佛归儒，亦未尝不缘此一念也。……吾心疑甚，殊不安。时治唯识学，探其源于《阿含经》，读得'诸佛皆出人间，终不在天上成佛也'句，有所入。"②印顺法师由梁漱溟的"此时、此地、此人"为线索，进而联想到宋明理学"辟佛归儒"的传统问题，最后由《阿含经》的"诸佛皆出人间，终不在天上成佛也"而初步奠定了"人间佛教"的思想。可以说，印顺法师的"人间佛教"思想是历史上佛教最后一次回应宋明理学的批评，也是迄今为止在理论和实践两方面最为成功的一次。

由印顺法师的"人间佛教"思想出发，我们不得不承认，历史上的中国佛教，其发展过程中的主要弊端就在于对于人间社会价值关怀的缺失，由此而造成了"言高而行卑"的现实结果。中国佛教史上诸大宗派，尽管在理论上都强调"世间"与"出世间"圆融不二，但在实践层面无不倾向于出离世间，这与中国佛教史上自唐宋以后长期形成的内向保守的

---

① （唐）道宣：《续高僧传》，《大正藏》第50册，第548页。
② 释印顺：《印度之佛教·自序》，中华书局2011年版，第1页。

山林佛教作风是有一定关系的。自近代以来，佛教随着社会环境的变动和自身的不断变革，重新走入通都大邑，创办慈善事业、教育事业、文化事业，影响知识分子和普通人群。这一系列的成功经验，说明对人间社会的价值关怀才是佛教立足的根本。在当代社会，尽管佛教的重心在于都市而远离山林，但只要有人间关怀的温暖情怀，"桃花源"式的遥远山林依然会保存在我们每个人的心中！

第二节　水西寺与唐宣宗
——《嘉庆泾县志》中的"唐宣宗出家说"

唐宣宗出家于泾县水西寺的传说，是泾县历史文化的重要元素。清代著名学者洪亮吉修纂的《嘉庆泾县志》中，记载了水西山和"水西三寺"，即宝胜禅寺、崇庆寺和白云院，并采录了宋代以来舆地、方志书中关于"唐宣宗出家水西"的传说。但洪亮吉在《嘉庆泾县志》中特设《辩证》一卷，对以上传闻进行考证，指出"宣宗出家"是历史传说而非信史。洪亮吉修纂的《嘉庆泾县志》对"唐宣宗出家"一事的考证，体现了乾嘉史学考证派实事求是的学术特点，其中有些意见与当代唐史学家不谋而合。

一　"宣宗出家说"与泾县水西寺

"唐宣宗出家"的传说由来已久。《旧唐书·宣宗纪》中没有记载宣宗出家之事，但篇末"史臣曰：臣尝闻黎老言大中故事，献文皇帝识器深远，久历艰难，备知人间疾苦"，如果如《本纪》所载，宣宗生为皇子，自亲王登上皇位，显然说不上"久历艰难，备知人间疾苦"。因此后人就此衍生出"唐宣宗出家"的故事和传说。司马光在撰写《资治通鉴》时，曾经看到过三种材料，分别是韦昭度的《续皇王宝运录》、尉迟偓的《中朝故事》和令狐澄的《贞陵遗事》，都与宣宗出家的传说有关，其中如《中朝故事》说："敬宗、文宗、武宗相次即位，宣宗皆叔父也。武宗初登极，深忌焉。一日，会鞫于禁苑中，武宗召上，遥睹瞬目于中官仇士良，士良跃马向前曰：'适有旨，王可下马。'士良命中官舁出，军中奏云：'落马，已不救矣。'寻请为僧，游行江表间。会昌末，中人请还京，遂即位。"① 这是关于"宣宗出家"的最早史料记载。但司马光在《资治通鉴考异》中引用了这三则史料之后，并不相信其真实性，并且断言说："此三事（指《续皇王宝运录》《中朝故事》《贞陵遗事》，引者注）并鄙妄无稽，今不取。"②

尉迟偓是五代南唐人，关于"宣宗出家"的传说，应该在唐末已经出现，五代时出现在各种笔记小说中，如五代孙光宪的《北梦琐言》中说："武宗嗣位，宣宗居皇叔之行，密游方外，或止江南名山，多识高道僧人。"③ 这一时期的佛教史书中也有了"宣宗出家"的相关记录，撰写、完成于五代南唐的禅宗史书《祖堂集》中记载，唐宣宗是齐安禅师的弟子，"师讳齐安……大中皇帝潜龙之日，曾礼为师。甚有对答言论，具彰别录"④。宋代赞宁的《宋高僧传》也有类似记载："帝本宪宗第四子，宗异母弟也。武宗恒惮忌之，沈之于宫厕。宦者仇公武潜施拯护，髡发为僧，之而逸。周游天下，险阻备尝。因缘出授江陵少尹，实恶其在朝耳。武宗崩，左神策军中尉杨公讽宰臣百官迎而立之。闻安已终，怆悼久之，敕谥大师曰悟空。乃以御诗追悼，后右貂卢简求为建塔焉。"⑤

"宣宗出家"的传说中，除了齐安禅师以外，黄檗禅师也是一个重要人物。宋代著名禅师圆悟克勤在《碧岩录》中记载了一部名为《续咸通传》的书，其中说道，宣宗出家后，在庐山与志闲禅师题《瀑布》诗云："穿云透石不辞劳，地远方知出处高。（志闲）溪涧岂能留得住，终归大海作波涛。（宣宗）"后又在盐官齐安禅师处遇到黄檗，黄檗禅师以"掌劈"的方式开示佛法。宣宗即位后，赐黄檗禅师名号为"粗行沙门"。⑥《续咸通传》今已不传，从圆悟克勤转述的内容来看，是一部关于唐宣宗、懿宗史事（唐懿宗年号"咸通"）的笔记小说，其内容不尽可信。但唐宣宗的这首诗见于《全唐诗》，在南宋陈岩肖的《庚溪诗话》中，与唐宣宗联诗的就是黄檗禅师。黄檗禅师以"掌劈"开示宣宗，宋代的雪窦

---

① （宋）司马光：《资治通鉴考异》卷22，四部丛刊，上海涵芬楼景印宋刊本。
② 同上。
③ 孙光宪：《北梦琐言》，中华书局2002年版，第19页。
④ 张美兰：《祖堂集校注》，商务印书馆2009年版，第385页。
⑤ （宋）赞宁：《宋高僧传》，《大正藏》第50册，第776页。
⑥ 参见圆悟克勤《碧岩录》卷二。

重显以此为题撰写了一首偈颂："凛凛孤风不自夸，端居寰海定龙蛇。大中天子曾亲触，三度亲遭弄爪牙。"这是颂扬黄檗禅师的禅机，"大中天子"就是唐宣宗，他在黄檗禅师处三度发问，遭到黄檗的无情掌劈，此即所谓"三度亲遭弄爪牙"。雪窦重显的偈颂后来被圆悟克勤编入《碧岩录》，由此唐宣宗与黄檗禅师的故事也就在禅林中四处传播、广为人知了。

"唐宣宗出家"传说中，其隐居地也众说纷纭，有一种说法是在泾县水西寺。《全唐诗》中有一首题为唐宣宗所做的诗《题泾县水西寺》："大殿连云接赏溪，钟声还与鼓声齐。长安若问江南事，报道风光在水西。"《嘉庆泾县志》中，记载了关于这首诗的一种传说："唐宣宗小字风光，尝与黄檗禅师偕隐于水西。一日，邑令入山，志不在道，风光坐而不起。邑令怒责之，令收禁。先是，禁长梦黄龙以爪撞禁户，思必贵人至。明晨，伟然一僧，手持禁户不肯入。禁长跪而呼祝，光止之，乃书一扇，（诗内有'朝廷若问江南事，报道风光在水西'之句，引者注）令至京卖之，口称看钱一千。禁长如所嘱，有司见而恭迎太子入朝，值武宗将崩，光即位号宣宗。"[①] 将《嘉庆泾县志》中的诗与《全唐诗》相比较，只是将"长安若问江南事"换作了"朝廷若问江南事"，显然是同一首诗。此诗是否为唐宣宗所作，目前学术界并没有一致结论，相当多的意见是存疑。[②] 但极为明显的是，有关唐宣宗隐居水西寺为僧的传说，完全是由这首诗衍生出来的。

二 《嘉庆泾县志》中的水西三寺

题为唐宣宗所做的诗《题泾县水西寺》："大殿连云接赏溪，钟声还与鼓声齐。长安若问江南事，报道风光在水西。"所谓"水西"，按照诗题来看，应该是"水西寺"。但翻检《嘉庆泾县志》，首先有"水西山"，"水西寺"则因"水西山"而得名，共有三座，分别是宝胜寺、崇庆寺、白云院，统称"水西三寺"。

---

① 洪亮吉：《嘉庆泾县志》，《中国地方志集成·安徽府县志辑》第46册，江苏古籍出版社1998年版，第589页。

② 参见黄楼《唐宣宗诗歌辑考——兼论宣宗遁迹为僧说的产生及其衍变过程》，《魏晋南北朝隋唐史资料》2010年12月刊。

首先看水西山：

> 水西山，在格山东南，去县西五里，其左峰曰白云山，在县西五里，林壑深邃。唐宣宗诗云"报道风光在水西"，谓此也。（《舆地纪胜》）山高二百余丈，下临赏溪，循溪而入，有坞曰水西坑，最幽胜，相传唐宣宗曾游此，后人为建风光阁。（《一统志》）与湖山并峙者曰水西山，旧有三寺，曰崇庆，曰宝胜，曰白云。唐李白、杜牧曾游此。①

《嘉庆泾县志》的这条记录糅合了《舆地纪胜》《一统志》等多种资料。《舆地纪胜》是南宋时人王象之所撰，其中说到"唐宣宗诗云'报道风光在水西'，谓此也"，说明在南宋时期，人们已经将唐宣宗与水西山联系在一起了。《一统志》说"相传唐宣宗曾游此，后人为建风光阁"，则继续了这种传说。最后提到水西山有"三寺，曰崇庆，曰宝胜，曰白云"，也就是所谓的"水西三寺"。

《嘉庆泾县志》对"水西三寺"分别进行了记载，以下为录文：

> 1. 宝胜禅寺在县西五里，乃古之五松院也。旧传有五巨松，荫数十丈，有高僧结庐其下。宋太平兴国中，僧处元领弟子数十人，因遗址结屋，请额重建五松院，太宗赐御篆三轴。元丰三年，敕改奉国宝胜禅院，起御书阁，奉安三朝御书。大观二年，造圣寿崇宁塔。明洪武初，僧宗泐重建法堂廊庑。十五年，即寺置僧会司。永乐初，僧会从纯重建殿宇，宣德癸丑，僧宗泉继葺之。正统辛酉，住持道权增修。万历间，禅僧了心置藏经阁，徒孙恒证改建山门。国朝康熙癸酉，无梁殿毁，甲戌，僧元开重建。寺南有葛仙炼丹井，前有濯缨泉，东麓有明壁轩，塔前有一指庵。按：宋皇②象之《舆地纪胜》云：宝胜寺旧名水西寺，唐李白、杜牧并有诗纪游。《嘉靖志》亦

---

① 洪亮吉：《嘉庆泾县志》，《中国地方志集成·安徽府县志辑》第46册，江苏古籍出版社1998年版，第76页。

② "皇"当作"王"，原本误。

云，宝胜寺又名水西寺。盖水西寺乃水西三寺之统称也。又按《水西志》云，御书阁在方丈后，每县令至，则首诣寺点检御书。又云元改宝胜禅寺。语多旧志所无，为识于此。①

2. 崇庆寺在宝胜寺左，南齐永平元年建。相国淳于棼（《成化志》作"髡"）舍宅，始名凌岩寺。隋大业间废。唐上元中，改为天宫水西寺。会昌初废。大中二年，刺史裴公休重建，黄檗禅师住持。咸通十二年，复改水西寺。宋太平兴国五年，敕改今名。按《舆地纪胜》云：崇庆寺在泾县西五里，南齐永明中建，而钱、郑《志》并云"永平元年"。南齐有"永明"而无"永平"。又按钱《志》承《顺治志》之误，谓唐上元元年复建，元宗改为天宫水西寺，天宝中复名凌岩。上元是肃宗纪元，在元宗后，最为荒谬，今故删之。然郑《志》云上元中改天宫水西寺，今按李白诗云"天宫水西寺，云锦照东郭。"白之来游，在上元前，则亦未为确也。②

3. 白云院，在崇庆寺左，亦淳于氏宅基，兴废与凌岩寺同。唐乾宁二年赐额曰白云院，为乾应伏虎禅师道场。……（明）崇正③间改称水西首寺。④

"水西三寺"中，宝胜禅寺旧名"五松院"，不知何时所建。北宋太平兴国年间重建，至神宗元丰三年改名为"奉国宝胜禅院"，此后历代有所续建。明太祖洪武年间，著名僧人宗泐重修宝胜寺院，并在洪武十五年在宝胜寺内设置"僧会司"。崇庆寺始建于南齐永明年间，初名"凌岩寺"，唐肃宗上元年间改名为"天宫水西寺"，北宋太平兴国五年改名"崇庆寺"。唐宣宗大中二年，刺史裴休重建，并迎请黄檗禅师住持。白云院，亦为南齐时建，唐乾宁二年赐名"白云院"，明崇祯年间改名"水西首寺"。

---

① 洪亮吉：《嘉庆泾县志》，《中国地方志集成·安徽府县志辑》第46册，江苏古籍出版社1998年版，第561页。
② 洪亮吉：《嘉庆泾县志》，《中国地方志集成·安徽府县志辑》第46册，江苏古籍出版社1998年版，第561页。
③ "崇正"当作"崇祯"，原本误。
④ 洪亮吉：《嘉庆泾县志》，《中国地方志集成·安徽府县志辑》第46册，江苏古籍出版社1998年版，第561页。

"水西三寺"中，宝胜禅院旧名"水西寺"；崇庆寺初名"凌岩寺"，唐肃宗时改名"天宫水西寺"；白云院则迟至明末才改名为"水西首寺"。

《江南通志》中亦有"水西三寺"的记载："水西山，在宁国府泾县西五里，下临赏溪，循溪而入，最幽胜。旧建宝胜、崇庆、白云三寺，浮屠对峙，楼阁参差，碧水浮烟，咫尺万状。唐宣宗曾栖此，有'朝廷若问江南事，报道风光在水西'之句。风光，宣宗小字也。晋葛洪、刘遗民，唐李白、杜牧皆尝游憩焉。相接者有白云山，下有白云潭。"①

《嘉庆泾县志》在记录"水西三寺"时，亦提到有关唐宣宗隐居的传说，但认为不可信："泾县寺观之最古者，寺则宝胜、崇庆，院则兴教，皆见于隋唐以来舆地志及碑目诸书，至崇庆寺后之风光阁，为唐宣宗潜龙所在……皆因寺观附会成之，不足信也。"②

三 《嘉庆泾县志》中的"宣宗出家"辩证

《嘉庆泾县志》为清代著名学者洪亮吉所撰，卷28有《辩证》一卷，其宗旨如洪亮吉所说，是为了辩"旧志流传之讹"。洪亮吉在这一卷之中，对有关泾县历史、地理、山川、水道的各种问题进行考证。《嘉庆泾县志》的这一卷《辩证》体例有些特别，洪亮吉首先引用当地文人左暄的《泾志刊误补遗》、赵绍祖的《泾志》、吴台的《铜山辩》等作品，然后以书信的方式逐条加以补充、发挥或商榷、反驳。《辩证》卷共有《与左明经暄书》5件、《论泾县水道书》3件、《与吴通判论铜山书》1件。在这些信件中，《与左明经暄第四书》是专门关于"唐宣宗隐居水西"这一历史问题的考证。现录文如下：

左暄《泾志刊误补遗》曰："唐宣宗与黄檗偕隐水西为僧人，皆疑传者之谬。《顺治志》载：《宋志》云，《唐史》宣宗为诸王日，初无避武宗事，况武宗在位日浅，崩即立宣，安得削发为僧之事？盖武宗毁寺诛僧，宣宗反其所为，佛家者流从而附益之耳。武宗，唐之贤君，不应疾宣宗之贤，使果有相害之心，亦非一宦者仇公所能庇也。识者必能辨之。按

---

① 黄之隽：《江南通志》，《景印文渊阁四库全书》第507册，台湾商务印书馆1986年版，第523—524页。

② 洪亮吉：《嘉庆泾县志》，《中国地方志集成·安徽府县志辑》第46册，江苏古籍出版社1998年版，第560页。

《唐书》，武宗会昌五年八月壬午，大毁佛寺，复僧尼为民；宣宗大中元年闰三月，大复佛寺，则《宋志》所云似为有理。且据《郡志》，大中二年裴休守宣州而黄檗始至凌岩寺，则宣宗未立之先，水西无黄檗之迹矣。而谓宣宗微时隐水西，与黄檗相倡和，岂其然乎？"①

《与左明经暄第四书》："尊著辩唐宣宗无与黄檗僧共隐水西事，其论甚核，足以破千载以上之诬，余得助足下证明之。唐时诸王分封，例不出阁，即以《新唐书》诸子传而论，宪宗共二十子，建王恪元和元年始封，时淄青节度使李师古为其弟师道乞符节，故诏恪为郓州大都督、平卢军淄青节度大使，然不出阁。夫为大都督节度使尚不出阁，而谓宣宗得私至江以南且为僧，其诬一也。武宗在位仅六年，是时宣宗属近而尊，即或自愿为僧，则唐世诸臣乞为沙门、乞为道士者，尚须陈乞得允，方可自便，使宣宗系诏允始出乎？则亲王披剃，事属罕闻，何以《本纪》不书，《诸子传》亦不书，反不若金仙、玉贞公主诏度为女道士，尚得详悉见于《纪》、《传》也。若系不告而私出乎？则民家尊属无故出亡，尚须根究，况亲为武宗之叔，武宗又非聩聩之主乎？其诬二也。《宣宗本纪》言始封光王时，性严重，宫中或以为不惠。夫云性眼中，则作事不苟可知，云宫中或以为不惠，则未绍统之日未尝离宫禁可知。而云为僧，并为僧于绝远之地，其诬三也。《后妃传》云孝明皇后郑氏生宣宗，宣宗为光王时为王太妃，及即位尊为皇太后，太后不肯别处，故帝奉养大明宫，朝夕躬省候。夫既为天子，而母子之爱尚昕夕不离，何缘在藩邸时反轻弃其亲，脱身远遁，有是理乎？其诬四也。《裴休传》以大中六年作相，其为宣州太守，则《传》并不载。惟《旧志》据题名碑及寺碑，皆云在大中二年。夫休即好浮屠法，亦必抵任而始迎黄檗，始建水西道场，时宣宗登极已久，无缘与黄檗共处。若在未登极之日，则水西并无黄檗，亦并无道场。其诬五也。旧《志》又言，宣宗以微时隐水西。夫宣宗为宪宗第十二子，生而富贵，未出阁已封光王，安得有微时？其诬六也。况武宗贤君，必无疾害季父之事，其诬七也。又宣宗于会昌六年以皇太叔即位，未尝为皇太子，而自宋《志》及钱《志》并云'迎太子入朝，值武宗崩，遂即位，号宣宗'，其诬八也。寻其附会之

---

① 洪亮吉：《嘉庆泾县志》，《中国地方志集成·安徽府县志辑》第46册，江苏古籍出版社1998年版，第602页。

始,不过以大中元年闰三月大复佛寺一节耳。然《本纪》于此下即接书云'四月己酉,皇太后崩',则大复佛寺或即为太后祈福起见,亦非尽宣宗之笃志好佛也。至宣宗封光王,而人遂附会宣宗名风光,并伪作诗以实之,而旧志遂并云宣宗名光,则又不足辩也。"①

左暄《泾志刊误补遗》中,对"唐宣宗隐居水西"提出了疑问。左暄的证据主要有两条:一是据旧志所载,唐宣宗大中二年,裴休始为宣州刺史,迎请黄檗禅师来到水西,此时宣宗已登基为天子,不可能再与黄檗禅师"偕隐水西";二是据《唐书》所载,武宗会昌五年灭佛,宣宗即位后一反武宗的"灭佛"政策,在大中元年闰三月就"大复佛寺",由此"宣宗出家"的传说可能是佛教徒出于宗教情感的附会之说。

洪亮吉对左暄的这两条意见完全赞同,并将其扩充为八条,称为"八诬"。在"八诬"之中,第五条意见是说宣宗即位后黄檗禅师始来水西,与左暄《泾志刊误补遗》同;第七条意见说武宗贤君,不应疾害宣宗,亦与《泾志刊误补遗》同。其中比较有说服力的是第一条意见:"唐时诸王分封,例不出阁,即以《新唐书》诸子传而论,宪宗共二十子,建王恪元和元年始封,时淄青节度使李师古为其弟师道乞符节,故诏恪为郓州大都督、平卢军淄青节度大使,然不出阁。夫为大都督节度使尚不出阁,而谓宣宗得私至江以南且为僧,其诬一也。"② 这条意见是从唐朝诸王分封的制度来说明"宣宗出家说"的不合理,其中并举出唐宪宗之子建王李恪作为例证,这是很有说服力的,反映出作者谙熟史事,有颇为高明的考证能力和考证技巧。

四 《嘉庆泾县志》与"宣宗出家说"

洪亮吉是清代著名的考证学家,他纂修的《嘉庆泾县志》极具自己的特色。《泾县志》自宋代以来,几经修纂,洪亮吉将前人所修《泾县志》的史料内容尽量包括在内,而又加以详尽的考证,体现了乾嘉学者注重考据、实事求是的学风特征。关于"宣宗出家隐居水西"的传说一

---

① 洪亮吉:《嘉庆泾县志》,《中国地方志集成·安徽府县志辑》第46册,江苏古籍出版社1998年版,第602—603页。

② 同上书,第602页。

事，在乾隆时期翰林学士钱人麟所修旧志中就有记载，洪亮吉在新版的《嘉庆泾县志》搜罗了旧志中的说法，但将其列入"轶事"，表示不能作为正式的史事看待。洪亮吉实际上对钱人麟的旧志是颇有微词的，"若郑《志》、钱《志》，则皆刊成于乾隆癸酉，钱《志》则不甚考古，郑《志》则微伤于凿，皆得失参半焉"①。

"钱《志》则不甚考古"，因此钱《志》中关于"宣宗出家"的记载只能作为"轶事"看待。洪亮吉在"寺观"关于"水西三寺"的记载中，也提到"宣宗出家"与"水西三寺"的关系，但认为都属于附会之说。最后在《辩证》卷中，以强有力的史料考证方式对此做出结论，反映了乾嘉考据学者的治学特色。

洪亮吉《嘉庆泾县志》中的《辩证》卷，有些意见，与当代唐史专家不谋而合。如隋唐史专家岑仲勉先生在《唐史余瀋》中论"宣宗出家"事云："盖先天之后，皇子遽居十六宅，例不出阁，即曰为僧，然既为武宗所忌，岂得任其所之？"② 这一意见，洪亮吉在《辩证》卷中就已经提出，即"八诬"的头一条"唐时诸王分封，例不出阁"③ 和第二条"宣宗属近而尊，即或自愿为僧，则唐世诸臣乞为沙门、乞为道士者，尚须陈乞得允，方可自便，使宣宗系诏允始出乎？则亲王披剃，事属罕闻，何以《本纪》不书，《诸子传》亦不书"④。

"唐宣宗出家水西寺"的传说，是泾县历史文化的重要元素。洪亮吉等人修纂的《嘉庆泾县志》，对此有关乡邦文化的历史传说作了实事求是的处理，这一对历史文化负责任、有担当的态度，是值得我们学习和领会的。

第三节　唐宋时期的寺院茶筵、茶会和茶汤礼

中国茶文化与佛教有深厚的渊源，唐代的饮茶风气由南方而传播到北

---

① 洪亮吉：《嘉庆泾县志》，《中国地方志集成·安徽府县志辑》第46册，江苏古籍出版社1998年版，第607页。
② 岑仲勉：《唐史余瀋》，上海古籍出版社1960年版，第190页。
③ 洪亮吉：《嘉庆泾县志》，《中国地方志集成·安徽府县志辑》第46册，江苏古籍出版社1998年版，第602页。
④ 同上。

方，禅宗僧人在其中起到了巨大的推动作用。特别是赵州禅师著名的禅语"吃茶去"，更是为后代的禅僧和文人一再引用，形成了禅宗文化中独具特色的"茶禅一味"理论。在饮茶风气的普及过程中，唐宋禅门在日常生活中有"茶会"（或称"茶汤会"）、"茶筵"，并形成了一套以辨识上下等级秩序为宗旨的"茶汤礼"。简单而言，"茶筵"起于唐，重人际交往而形式松散；"茶会"盛于宋，重辨别礼仪而程序严谨。禅宗清规中所记载的"茶汤礼"多与"茶（汤）会"相关。从"茶筵""茶会"和"茶汤礼"的沿革演变，可以看出唐宋禅宗的世俗化转向程度。

唐代社会饮茶风气盛行，禅宗僧人在其中起了有力的推动作用。唐宋时期寺院的饮茶活动主要有两种：一是交际式的"茶筵"；二是礼仪式的"茶会"。茶筵起于唐，由文人茶宴转化而来，形式较为自由；茶会盛于宋以后，模仿世俗社会的礼制，有严格的礼仪要求。唐宋时期寺院"茶筵""茶会"和"茶汤礼"的沿革演变，反映出唐宋禅宗的世俗化转变已由思想文化而深入制度文化的层面。

一　唐宋寺院的"茶筵"

从史料记载来看，中国人饮茶风气滥觞于汉代，魏晋南北朝时盛行于南方，唐代时才由南方而传播到北方，从而普及全国。《封氏闻见记》卷6《饮茶》一文中说："南人好饮之，北人初不多饮。开元中，泰山灵岩寺有降魔师大兴禅教。学禅务于不寐，又不夕食，皆许其饮茶。人自怀挟，到处煮饮。从此转相仿效，遂成风俗。"[①] 按《宋高僧传·习禅篇》有"唐兖州东岳降魔藏师"，为禅宗北宗神秀之弟子，住泰山，年九十一而终，与《封氏闻见记》所说的"降魔师"当为同一人。不仅禅宗北宗僧人要以饮茶来破除坐禅过程中的昏沉，南宗僧人也要以饮茶来增进禅思，早期的禅宗语录《祖堂集》中记载了大量与茶有关的禅语，重要者有天皇道悟、云岩昙晟、洞山良价、雪峰义存等人。南宗禅北传建立临济宗之后，饮茶的风气也随之盛行于北方。《新唐书·藩镇传》记载，晚唐时的藩镇军阀刘仁恭为了从茶贸易中获利，曾禁止南方茶进入幽州地区。

---

① 封演撰，张耕注评：《封氏闻见记》卷6，学苑出版社2001年版，第125页。

这说明当时北方的饮茶风气已不亚于南方。①

唐宋时期寺院盛行饮茶，这一方面与当时制茶、饮茶技术的提高有关；另一方面也是因为以饮茶为中心的"茶会"为僧人提供了一个重要的交际场合。随着饮茶风气的普及，唐代文人常举行"茶宴"，以茶代酒，以追求一种高雅清谈的趣味。这种风尚进入寺院以后，遂演变为"茶筵"。寺院茶筵是以茶为主，在饮茶的同时还以相应的食品款待宾主。如《碧岩录》记载："投子一日为赵州置茶筵相待，自过蒸饼与赵州，州不管。投子令行者过胡饼与赵州，州礼行者三拜。"②宋代契嵩明教《镡津文集》卷 10 有《退金山茶筵》一文，其中说"适早监寺至辱笺命，就所栖以预精馔"③，也说明茶筵和世俗的酒筵一样，是有食品预备的。茶筵不仅在寺院举行，成员也不限于僧人，有时世俗的佛教信徒也举办茶筵，以招待僧人并联络感情，如《玄沙师备禅师广录》卷 2 载："一日，王太尉差人送书请师与招庆茶筵。师向送状人语：传语太尉云，便是吃茶了也。太尉却差人传语：谢大师到来。"④《联灯会要》卷 26 也有南唐李后主为法眼禅师开设茶筵的记载。"茶筵"这种形式在明清时期还有流传，如明末天界觉浪禅师的《语录》中就专门有《茶筵法语》一卷。

唐宋时期寺院茶筵的功能以联系僧俗内外的感情为主，有时也以之为参禅说法的场合。《景德传灯录》卷 24 载，"（清凉文益）至临川，州牧请住崇寿院。初开堂，日中坐茶筵未起，四众先围绕法座。……少顷升座。"⑤《列祖提纲录》卷 27 云："雪窦显禅师到秀州，百万道者备茶筵，请升座。"⑥ 这都是以茶筵为说法的场合。明清时期的禅师语录中往往有《茶筵法语》《茶筵垂代》《茶话》等一类体裁的禅语，说明以茶筵为说法场合的风气在当时还有流传。

---

① 《新唐书》卷 212《藩镇卢龙·刘仁恭传》："是时，中原方多故，（刘）仁恭得倚燕强且远，无所惮，意自满。从方士王若讷学长年，筑馆大安山，掠子女充之。又招浮屠，与讲法。以堇土为钱，敛真钱，穴山藏之，杀匠灭口。禁南方茶，自擷山为茶，号山曰大恩，以邀利。"
② （宋）重显颂古，（宋）克勤评唱：《佛果圆悟禅师碧岩录》卷 5，《大正藏》第 48 册，第 178 页。
③ （宋）契嵩：《镡津文集》卷 10，《大正藏》第 52 册，第 702 页。
④ （宋）智严集：《玄沙师备禅师广录》卷 2，《续藏经》第 73 册，第 16 页。
⑤ （宋）道原纂：《景德传灯录》卷 24，《大正藏》第 51 册，第 398 页。
⑥ （清）行悦集：《列祖提纲录》卷 27，《续藏经》第 64 册，第 216 页。

二 宋代寺院的"茶（汤）会"

唐宋寺院茶筵是从世俗文人"茶宴"转化而来，在功能上主要强调沟通情感，有时亦在"茶筵"场合参禅说法，参加者不限于寺院僧侣，亦有世俗的王公贵族和普通信众，在形式上对礼节不予过多的强调。但在宋代以后的各种《清规》中，记载着一种"茶汤会"，这种"茶汤会"的参加者限于寺院僧侣，功能则在于"辨上下之等威"，通过一套烦琐的礼节来确定僧人在寺院生活中的尊卑位次，强化僧人的自我身份认同。这与宋代以后禅宗的世俗化进程有密切的关系。

禅宗的清规始于唐代怀海禅师的《百丈清规》，以规约的方式对禅宗"农禅并举"的生活予以种种细致的规定。《百丈清规》今已佚，现存最古老的清规是宋代宗颐编集的《禅苑清规》，此外尚有宋代惟勉编次的《丛林校定清规总要》、元代德辉编著的《敕修百丈清规》（以《百丈清规》的名义编行，实非《百丈清规》之旧）、元代弌咸编的《禅林备用清规》等。在这些"清规"中，对于宋代寺院的"茶汤礼"多有记载，其中以宋代的《禅苑清规》最为详细。

首先应该说明的是，在宋代寺院中，"茶"和"汤"是有区别的。《禅苑清规》中说明，寺院在接待官员时，"礼须一茶一汤"[1]。另外，寺院中的堂头和尚临时请僧人喝茶，"如点好茶即不点汤也。如坐久索汤，侍者更不烧香也"[2]。如有新入寺或外来的僧人，款待的礼节为"只一次烧香，普同问讯，并合一茶一汤"[3]。宋代寺院中的"汤"应为一种养生药汤，在宋代社会中广泛流行，与茶同为敬客之礼，有所谓"客来敬茶，送客点汤"的说法。寺院中的茶和汤虽有区别，但举行茶会或汤会的礼节却是大致相同的，《禅苑清规》泛称为"赴茶汤"，茶会或汤会的榜文也统称为"茶汤榜"。

宋代的寺院茶会有一整套程序，事先要张贴茶榜，然后定期击鼓召集僧众举行茶会，茶会举行时僧人按照职名的不同各有位次，饮茶时辅以茶

---

[1] （宋）宗颐集：《禅苑清规》卷5，《续藏经》第63册，第535页。
[2] 同上书，第536页。
[3] 同上。

药,按照礼仪规定进行。整个过程井然有序,充分体现了禅门清规以礼为尚的精神内涵。现按照其程序环节略为分析。

宋代的寺院茶会首先要张贴茶榜。茶榜(或称"茶汤榜""茶状")一般有固定格式,如《入众须知》中记录的"茶榜式"为:"堂头和尚今晨斋退,就云堂点茶一中,特为首座暨大众,聊旌(结制,解制,至节,献岁,或云陈贺名德人甲)之仪,仍请诸知事,同垂光伴。幸甚。今月日侍司某敬白。"① 这种茶榜类似程式化的公文,在当时的寺院中最为常见。但有些茶榜是由文人或文化程度较高的僧人所写,就会突破这种程式,体现出禅机和禅味,如宋代诗僧惠洪觉范在《石门文字禅》中所留下的几首茶榜,文辞典雅,意境高远,已经由程式化的公文变身为优美的文学作品,同时寄寓了作者对于禅宗精神的深刻理解,不能不说是"茶榜"这一类体裁的登峰造极之作。②

寺院茶会举行时,要击鼓以召众,所击之鼓称为"茶鼓","茶鼓"的击法亦有详细规定。元代弋咸的《禅林备用清规》中有"警众法器"一类,其中指出:"鼓之号令各有其所。升座小参,普说,法鼓;转藏有藏鼓;开浴有浴鼓;斋粥,斋鼓;茶汤,茶鼓;发更,更鼓。各令知时。"③《禅苑清规》中则说,举行茶会时,"行者齐布茶讫,报覆住持人,然后打茶鼓。若茶未办而先打鼓,则众人久坐生恼"④。除了"茶鼓"以外,茶会还要鸣钟击板,以体现庄严肃穆的气氛,"所谓钟鸣鼎食,三代礼乐,备于斯矣"⑤。

宋代寺院茶会的一项重要功能就是对僧人在寺院生活中身份地位的确认,这主要体现在茶会的位次上。《禅苑清规》中"赴茶汤"一节说:

---

① (宋)宗寿集:《入众须知》卷1,《续藏经》第63册,第561页。
② 如(宋)德洪《石门文字禅》卷28的《请崇宁茶榜》云:"出则为人,兴化是何心行。不如诸佛,曹山空热肺肠。虽然二老英雄,未免一场败阙。欲圆道眼,别有妙门。恭惟某人,本色钳锤,逸群声价,现成活计,更不覆藏。肃道者白牯牛儿,骑来露地;南禅头赤斑蛇子,拈出惊人。大光西祖之机,上祝南山之寿。清风江上,孤舟不涉程途;明月洲头,一句却分宾主。宝坊在迩,香饭无陈。将开选佛之场,愿受最初之供。现前法侣,同赐证明。"见《嘉兴大藏经》第23册,第715页。
③ (元)弋咸编:《禅林备用清规》卷10,《续藏经》第63册,第666页。
④ (宋)宗赜集:《禅苑清规》卷5,《续藏经》第63册,第535页。
⑤ (元)弋咸编:《禅林备用清规》卷10,《续藏经》第63册,第666页。

"院门特为茶汤,礼数殷重,受请之人不宜慢易。……闻鼓版声,及时先到,明记坐位照牌,免致仓惶错乱。"①寺院茶会的位次是事先安排妥当的,所以临时只要"明记坐位照牌"。在宋代惟勉编次的《丛林校定清规总要》中,卷首即载有各种茶会的位次图。从这些清规中可以看出,宋代的寺院茶会受世俗社会影响,极其重视身份等级。茶礼之所以受到特殊的重视("自古茶礼最重,有谢茶不谢食之说"②),就在于它是寺院生活秩序在"茶会"这一空间下的曲折再现。

在宋代的寺院茶会中,还有"茶药"这一辅食。《禅苑清规》记载,寺院茶会中饮茶时,"右手请茶药擎之,候行遍相揖罢方吃。不得张口掷入,亦不得咬令作声"③。"茶药"具体是何事物今天已不可查考,推测应为寺院自制的养生丸药之类。在茶会程序中,主持人烧香行礼之后,"转身叉手依位立,次请先吃茶,次问讯劝茶,次烧香再请,次药遍请吃药,次又请先吃茶,次又问讯劝茶,茶罢略近前问讯收盏橐,次问讯离位"④。通过这一套烦琐的礼节,如此才算是完成了一次茶会的完整流程。

三 "茶筵"和"茶会"的不同

在唐宋的禅宗文献中,同时记载着"茶筵"和"茶会"这两种形式的活动,这两者是一是二,目前还并无定论。笔者认为,从现有的文献来分析,这两种活动在形式和精神内涵上都是不同的,而这一不同之处正体现了唐宋以来的佛教(特别是禅宗)急剧世俗化的动向和趋势。比较起来,唐代禅宗还具有山林佛教的特点,在"农禅并举"的日常生活中,保持着一定程度的自由放旷风气,受礼法的拘束程度不高。宋代禅宗已演化为都市佛教,僧徒多居于城市,在礼法上深受儒家观念的影响,在礼制上则处处模仿世俗的官府朝廷之礼。如果说唐代的禅僧是"老庄化"的佛教徒,那么宋代以下的禅僧已经完全是"儒士化"的佛教徒。宋代寺院茶会活动中"茶汤礼"的出现是这一变动趋势的鲜明反映。

从既有的文献来看,早在魏晋南北朝时期,世俗社会中就有"茶宴"

---

① (宋)宗赜集:《禅苑清规》卷1,《续藏经》第63册,第526页。
② (宋)惟勉编:《丛林校定清规总要》卷1,《续藏经》第63册,第602页。
③ (宋)宗赜集:《禅苑清规》卷1,《续藏经》第63册,第526页。
④ (宋)宗赜集:《禅苑清规》卷5,《续藏经》第63册,第535页。

这一类形式的活动。唐代时"茶宴"二字始见于文献，如"大历十才子"之一的钱起有《与赵莒茶宴》诗云："竹下忘言对紫茶，全胜羽客醉流霞。尘心洗尽兴难尽，一树蝉声片影斜。"佛教藏经中没有"茶宴"二字，但有关"茶筵"的记载则数见不鲜，最为著名的当数《碧岩录》所记载的"赵州茶筵"；此外，五代时的闽国统治者王审知（即《玄沙师备禅师广录》中的"王太尉"）和南唐的李后主也都为当时著名的大禅师举办过"茶筵"。"茶筵"这一形式在明清禅宗中还广为流传，在禅师语录中有专门的"茶筵法语"。但在宋代以下的各种禅宗清规中，又记载着一种寺院内部的"茶会"活动，并有专门的"茶汤礼"规定。关于这种"茶会"的性质和内容，上文已有较为详细的描述。分析佛教文献中有关"茶筵"和"茶会"记载，可以看到以下几点不同之处：第一，从时间段上看，"茶筵"起源于唐五代的禅宗（最早的"茶筵"记载多与唐五代的著名禅师有关），"茶会"则应出现于宋代（"茶汤礼"主要见于宋以后编著的禅门清规）；第二，从形式上看，"茶筵"除饮茶之外还提供食品，"茶会"则以"茶药"作为辅食；第三，从功能上看，"茶筵"用以联络宾主感情，参加者不限僧俗，礼法要求比较宽松；"茶会"则有较强的礼仪规定，借以强调和暗示寺院的生活秩序，参加者限于寺院僧人，如接待外客，则有另一套礼仪。

四 宋代寺院"茶汤礼"所寄寓的礼法精神

唐代禅宗有"茶筵"，当然也有另外的喝茶场合，如仰山禅师的偈颂云："滔滔不持戒，兀兀不坐禅。酽茶两三碗，意在镢头边"[1]，所描绘的显然就是农禅生活中劳动场合的喝茶场景。赵州禅师著名的"吃茶去"禅语所反映的也是寺院日常生活中的普通景象。总的来说，就饮茶一事而言，唐代禅宗并未对此过多重视，而是视为日常生活中的普通事务。但在宋代禅宗中，饮茶一事所寄寓的精神内涵与礼法要求与此前大不相同。宋代以下的禅宗文献中，所谓《清规》一类占了很大比重，而"茶汤礼"的规定在《清规》中则比比皆是。僧人自己认为："吾家之有清规，犹儒

---

[1] （明）语风圆信、郭凝之编：《袁州仰山慧寂禅师语录》卷1，《大正藏》第47册，第584页。

家之有礼经。"① 儒家知识分子在参观了僧众的威仪后也赞叹:"三代礼乐,尽在是矣。"② 可见儒佛两家都认为清规可以上通儒家的礼乐文化。"清规"的整体精神内涵如此,作为细节的"茶汤礼"当然也不例外。

为了说明宋以后禅门清规"茶汤礼"中所寄寓的礼法精神,现以元代弋咸的《禅林备用清规》为例进行说明。弋咸在卷首的序言中首先提出:"礼于世为大经,而人情之节文也,沿革损益以趋时。故古今之人情,得纲常制度以拨道,古天地之大经在。且吾圣人以波罗提木叉为寿命,而百丈清规由是而出。"③ 弋咸在这里以百丈清规比拟儒家的礼经,其态度至为明显。他接着以自己亲身经历的寺院"茶汤会"来说明禅宗清规"礼法精神"的运用。"壬辰夏,首座双泾。小座汤有位次高下之争,诸方往往废而不举。愚以西堂一出,首座再出,都寺三出,后堂四出,藏主、维那、知客、侍者,随职为位,请于云峰伯父力行焉,讫事无敢哗者。"④ 通过弋咸的记载,我们可以知道,到了元代,寺院的"茶汤礼"已经不太讲究,特别是茶会中的位次不太明确,而弋咸则极力整顿而恢复之,依据僧人在寺院中的职位而设为位置,并通过这一方式重现了寺院的生活秩序。弋咸恢复礼制的苦心得到了儒家学者袁桷赞赏,认为"其勤苦之志,于是书足以见之"⑤,同时慨叹儒家缺少弋咸这样的礼制专家,"余愍乎吾儒之教,沦弊若是,使有若咸师一正之,斯得矣。序其书,所以识吾徒之未能也"⑥。

五 宋代寺院"茶汤礼"所反映的唐宋禅宗世俗化转型

宋代寺院"茶会"和"茶汤礼"的出现不是偶然的现象,由唐代交际式的"茶筵"到宋代礼仪式的"茶会",其中反映的是唐宋禅宗世俗化的深入程度。如果说,唐代禅宗的世俗化还停留在思想文化的层面,也就

---

① (宋)惟勉编:《丛林校定清规总要》卷1,《续藏经》第63册,第592页。
② 元代僧人德辉在《敕修百丈清规叙》中说:"程明道先生一日过定(林)寺,偶见斋堂仪,喟然叹曰:'三代礼乐,尽在是矣。'岂非清规纲纪之力乎?"见德辉编《敕修百丈清规》卷8,《大正藏》第48册,第1159页。二程语录中亦有相同的记载。
③ (元)弋咸编:《禅林备用清规》卷1,《续藏经》第63册,第620页。
④ 同上。
⑤ 同上。
⑥ 同上。

是由印度化的佛教转向中国化的佛教；那么，宋代禅宗的世俗化已经深入生活制度的层面，作为宗教性"神圣领域"的寺院空间处处充斥着世俗生活的影子。

朱熹曾经评价禅宗的尊宿说："僧家尊宿得道，便入深山中，草衣木食，养数十年，及其出来，是甚次第！自然光明俊伟。世上人所以只得叉手看他自动。"[①] 如果将朱熹的话看作评价唐代禅宗，可说是十分恰当的。唐代禅宗多居于山林，以农禅生活为主，与这种农禅生活相适应的是，"它无视戒律，不循旧则；因为无求于人，就可以洒脱放旷，以致把平等、独立、自由、个性等只有自由人才能提出来的口号，当作了理想的人格"[②]。唐代中后期的洪州禅诸大禅师对这种农禅生活的理想贯彻得尤为彻底。在《景德传灯录》中现存有百丈怀海《禅门规式》的概略，其中明确提到僧堂中的位次是依"夏次"（即出家年数）排列，在平时的劳动生活中则"行普请法，上下均力"[③]。从这种早期的清规中可以看出，在唐代禅宗僧人的日常生活中，处处贯彻着人格平等的精神，没有严格的上下尊卑之分判。因此有人称这种生活是中国式的乌托邦，不是桃花源，却胜似桃花源。

禅宗发展到了宋代，其性格逐渐发生转变。正如杜继文等所说："两宋的社会条件，促使禅宗的地位、性格和作风发生了巨大变化。自五代十国开始，禅众由山林陋居，逐渐向城市、都邑、大中寺院分流，佛教社会主义的传统受到破坏，地主式庄园经济日渐成长。"[④] 与禅宗由山林佛教向都市佛教转变的过程相适应的是，制度化的清规开始日渐增多并受到重视。禅宗清规虽始于唐代，但大规模的编纂、修订多在宋、元两代。宋代理学的出现，在哲学本体论上深受佛教禅宗的影响，但在礼制的制定方面又反过来影响了禅门清规的修订。在现存的禅门清规中，大都将清规与儒家的"礼经"比拟，而儒门学士也对禅宗清规的"威仪整肃"大加赞赏。宋代禅宗清规以儒门之礼为仿效对象，是禅宗世俗化过程中必然出现的现象，但也在一定程度上遗失了唐代山林禅宗的自由、自尊精神，僧人中的

---

① 黎德靖编，王星贤点校：《朱子语类》第8册卷126，中华书局1988年版，第3019页。
② 杜继文、魏道儒：《中国禅宗通史》，江苏人民出版社2008年版，第4—5页。
③ （宋）道原纂：《景德传灯录》卷6，《大正藏》第51册，第250页。
④ 杜继文、魏道儒：《中国禅宗通史》，江苏人民出版社2008年版，第399页。

有识之士对此也有所察觉。清代僧人纪荫编纂的《宗统编年》中有一条记载，就反映了唐宋清规在精神内涵上的前后差异："灵隐礼曰：臣僧之称，始于赞宁。《清规》一书，多受更窜。自后臣僧之称，遵行勿失。虽英迈俊杰如妙喜，亦无能挽回风气。……信乎唐宋一代人文，迥不相及。虽出世大士，亦不能不受域也。"①

从宋代寺院的"茶汤礼"来看，其世俗性特点是十分明显的。与唐代禅宗重视僧人的平等人格不同的是，"茶汤礼"重视的是寺院生活的等级秩序。在宋元清规所附的"茶汤会"位次图中，一般是以"圣僧"居中，四周依职事高低依次而坐②。在唐代的寺院茶筵中，没有这样的布置安排。从精神内涵来看，宋代的寺院"茶汤礼"主要处理的是僧人人际关系中的上下尊卑之分，与儒家五经之一的《仪礼》中的"乡饮酒"一类礼制相通。此外，寺院"茶汤礼"也有当时世俗社会生活的影子，在一定程度上是世俗社会礼仪的翻版。台湾学者刘淑芬在《〈禅苑清规〉中所见的茶礼与汤礼》一文中指出，唐宋时期的寺院"茶汤礼"，部分系取材于当时的官方礼节，特别是从朝廷到地方州县衙门的官员"会食"制度。③ 这一说法具体揭示了寺院"茶汤礼"的来源，对我们认识唐宋佛教与世俗社会的互动关系有极大的启示。

第四节　禅僧、文人和政治家
——明清史料文献中的道衍禅师形象

道衍禅师（1335—1418），元末明初著名僧人政治家，长洲（今江苏苏州）人。俗名姚天禧，出家后取法名道衍，字斯道；辅助明成祖靖难成功后，成祖命其复姓，并赐名广孝，世人因称之为姚广孝；成祖因其功勋，拜资善大夫、太子少师，明人笔记中亦称之为"姚少师"。关于道衍禅师的生平资料，主要分为三种：一是明清文人笔记以及正史中的资料；

---

① （清）纪荫编纂：《宗统编年》卷19，《续藏经》第86册，第200页。
② 见宋僧惟勉编《丛林校定清规总要》卷首所载"四节住持特为首座大众僧堂茶图"及"四节知事特为首座大众僧堂茶汤之图"，《续藏经》第63册，第593页。
③ 刘淑芬：《〈禅苑清规〉中所见的茶礼与汤礼》，载《中央研究院历史语言研究所集刊》第78本，2007年12月，第629页。

二是明清佛教文献中的资料；三是地方志中的资料。前人研究道衍禅师的生平，主要依据的是正史中的《明史·姚广孝传》以及一些明清文人的笔记，对佛教文献和地方志涉及较少。从这些明清史料文献中来看，道衍禅师有着禅师、文人和政治阴谋家等不同的形象和身份，体现了史料撰述者不同的价值判断取向。此外，近现代中日学者也从不同方面对道衍禅师的生平和思想进行了研究，特别是关于道衍禅师的《道余录》，研究者将其置于明初整体政治文化环境中进行诠释，得出了与前人迥然不同的结论。这些研究文献取材广泛，论断精确，态度客观，对于澄清道衍禅师的历史形象有很大的帮助。

一 明清文人笔记史乘中的道衍禅师

道衍禅师是明初的一代高僧，但他在历史上更为著名的事迹是作为燕王朱棣的谋主，成功策划"靖难之役"，从而辅助朱棣登上帝位。明人笔记中对此多有记载，著名的如郎瑛的《七修类稿》、沈德符的《万历野获编》、田艺蘅的《留青日札》、黄瑜的《双槐岁抄》、江盈科的《雪涛小说》等；此外，明人的一些史传类作品也有关于道衍禅师的记载，如李贽的《续藏书》、焦竑的《国朝献征录》、王世贞的《名卿绩纪》、黄道周的《广名将传》、尹守衡的《明史窃》等；入清后则有傅维麟的《明书》、查继佐的《罪惟录》等。清代初年，浙东学派的万斯同等人居于史局修撰《明史》，除官修的历朝《实录》之外，对明代文人的文集、笔记以及史传类作品也大量采集使用，这在《明史·姚广孝传》中有明显的反映。

明人作品主要着眼于道衍禅师（一般称为姚广孝或姚少师）在靖难之役中的政治功绩，以及靖难之役后功成身退的恬淡生活态度。关于道衍禅师在靖难之役中的作用，少部分明代文人持肯定态度，如李贽在《续藏书》中说："以为我国家二百余年以来，休养生息，遂至今日，士安于饱暖，人忘其战争，皆我成祖文皇帝与姚少师之力也。"[1] 道衍禅师在靖难成功后虽"贵极人臣，位居三公"，但拒绝明成祖的官邸与宫人之赐，

---

[1] 张建业主编：《李贽全集注》（第九册），社会科学文献出版社2010年版，第354页。

"常居僧寺，冠带而朝，退仍淄衣"①，保持了一个佛教僧侣的品格，这一点也受到部分明代文人的推崇。如江盈科的《雪涛小说》把道衍禅师视为范蠡、张良一流人物："古之圣贤豪杰，辅其君有为于天下，及于功成之日，食茅土之封，飨爵禄之贵，人固以为当然而无疑。若夫为其事不居其功，逃显荣之处，居寂寞之地，视茅土爵禄如将浼焉者，终春秋汉唐之世才得三人，范蠡、张良、李泌是已。余观我朝姚少师广孝，庶几与三人同而四。"② 明末"四大高僧"之一的云栖袾宏在《竹窗二笔》中也称颂道衍禅师"可谓当代之留侯矣"③。

道衍禅师的功业是与明成祖的靖难之役联系在一起的，明中期以后，明代文人对靖难之役的评判逐渐倾向于同情建文帝的失败，批评明成祖的酷虐。明代文人身处本朝治下，不便公然批评身为帝王的明成祖，便将批评的锋芒集中于靖难之役的主要谋划者道衍。道衍晚年曾还苏主持赈济，明人笔记中记载有"姊不纳、友不见"的传说，如黄瑜的《双槐岁抄》中说："苏人云：广孝既贵后，尝奉命赈济还吴。吴有隐士王光庵先生者，与之有旧，往诣之，先生闭门不纳。凡三往，乃获见，先生无他言，但连声曰：和尚误矣！又往见其姊，姊亦拒之曰：贵人何用至贫家为？乃僧服而往，始纳之，一拜后，姊不复出。"④ 这一说法出于道衍禅师乡人的传说，与事实真相不一定相符，但在当时流传颇广，后世则据为信史。清人傅维麟的《明书》对此事渲染最甚，且增加了道衍与王宾的对话情节："宾语不及他，且连声曰：和尚误矣！广孝有惭色，徐应之曰：彼时老僧真误，盖亦天命所关，实不由我。宾叱曰：汝既大误，尚何归咎于天命乎？且汝一沙弥，特受高皇隆遇而不能报，何反背之不义，心安忍焉？万世之下，乌得无罪？广孝恍然求退。"⑤ 这一段记载绘声绘色，文情并茂，但显然不是实录，而是后世儒生通过王宾之口对道衍禅师的道德审

---

① 《明史·姚广孝传》，转引自石峻等编《中国佛教思想资料选编》第三卷第二册，中华书局1987年版，第44页。
② 江盈科著，黄仁生校注：《雪涛小说》，上海古籍出版社2000年版，第94页。
③ （明）袾宏：《云栖法汇》（选录）卷13，《嘉兴大藏经》第33册，第55页。
④ 黄瑜撰，魏连科点校：《双槐岁抄》，中华书局1999年版，第47页。
⑤ 傅维麟：《明书》第160卷，《四库存目丛书》第40册，齐鲁书社1996年版，第361页。

判。清初修撰的《明史》将此事采入《姚广孝传》，产生了较大的影响；清人据《明史·姚广孝传》的记载，以"和尚误矣"一语为道衍禅师一生的定评。如清初满洲著名女词人顾太清在诗中说："拂面东风了不寒，可怜官地变民田。锥心一语和尚误，千古应输阿姊贤。"① 晚清文人方濬颐在《书姚广孝传后》一文中说："和尚误矣！和尚误矣！姊不纳，友不见，而遥语若此，为少师一生定论，更无从下转语也。……方外而预人家国事，为浮屠别创一门户，为朝廷别开一宦途。……至为溥洽乞赦，则老而戒杀，将证菩提，盖亦爽然自知其误矣。"②

明清文人对于道衍禅师的评论还涉及其所著的《道余录》。《道余录》是道衍禅师的主要著作，其中摘录二程语录二十八条，朱熹语录二十一条，对其反佛言论一一进行批驳。明代程朱理学被立为官学，士人奉之为立身行事的指南，道衍禅师敢于冒犯程朱的权威，认为他们的言论"极为谬诞"，明清文人中的大部分人均对此不能认同。现在可考的对《道余录》持认可态度的只有以"异端文人"著称的李贽，他在《续藏书》中说："公有书曰《道余录》，绝可观，漕河尚书刘东星不知于何处索得之，宜再梓行，以资道力，开出世法眼。"③ 持批评态度的则有邱濬《重编琼台稿》卷4《王初阳尚书致政家居，以姚少师道余录见示，意欲予为之分析，书此复之》："儒生不读佛家书，道本无亏岂有余？请问前朝刘太保：西来作用竟何如？"④ 明末顾炎武在《日知录·朱子晚年定论》中以道衍的《道余录》和王阳明的《朱子晚年定论》相提并论，认为二者的目的同为诋毁程朱理学，而"少师之才，不下于文成，而不能行其说者，少师当道德一、风俗同之日，而文成在世衰道微、邪说又作之时也"⑤。《明史·姚广孝传》则称："晚著《道余录》，颇毁先儒，识者鄙焉。"⑥ 清代

---

① 李澍田主编：《白山诗词》二集《顾太清诗词》，吉林文史出版社1991年版，第155页。
② 屈万里、刘兆祐：《明清未刊稿汇编》，联经出版事业公司1976年版，第275—277页。
③ 张建业主编：《李贽全集注》（第九册），社会科学文献出版社2010年版，第354页。
④ 邱濬：《重编琼台稿》卷4，《景印文渊阁四库全书》第1248册，台湾商务印书馆1986年版，第73页。
⑤ 顾炎武：《日知录集释》，国学整理社1936年版，第438页。
⑥ 《明史·姚广孝传》，转引自石峻等编《中国佛教思想资料选编》第三卷第二册，中华书局1987年版，第45页。

的四库馆臣认为道衍禅师的诗文"清新婉约，颇存古调，然与严嵩《铃山堂集》同为儒者所羞称"，而《道余录》二卷"持论尤无忌惮"，并引道衍乡人的言论说："《姑苏志》曰：姚荣国著《道余录》，专诋程朱。少师亡后，其友人张洪谓人曰：少师与我厚，今死矣，无以报之，但每见《道余录》辄为焚弃云云。是其书之妄谬，虽亲暱者不能曲讳矣。"① 这一说法也见于明人郎瑛的《七修类稿》以及顾炎武的《日知录》和傅维麟的《明书》。

二 明清佛教文献史料中的道衍禅师

现存的佛教文献史料中，关于道衍禅师的记载颇多，但前人多未善加利用。笔者通过文献检索，在正、续藏经中共发现有关道衍禅师的传记资料七种，其中一种见于《大正藏》，六种见于《续藏经》。这七种传记资料分别是：（1）明幻轮编《释鉴稽古略续集》；（2）明通问编定，施沛汇集的《续灯存稿·少师姚广孝》；（3）明文琇集《增集续传灯录·庆寿独庵道衍禅师》；（4）《古今图书集成·释教部汇考卷六》；（5）清超永编辑《五灯全书·天龙斯道道衍禅师》；（6）清聂先编辑《续指月录·少师斯道道衍禅师》；（7）清性统编辑《续灯正统·天龙道衍禅师》。

与明清世俗文人的记载相比，佛教藏经中的传记资料比较着重于道衍的"禅师"形象。《五灯全书》指出道衍嗣法于明初高僧愚庵及禅师："元季兵乱，遨游江湖，深自韬晦。参径山愚庵及，咨叩禅要，尽得心髓。"②《增集续传灯录》则指出道衍在参愚庵及禅师之前曾习天台教义："从北禅虚白亮公习天台，教阅《四教仪图解》。剔其谬处问虚白，白不能答，遂弃之。往杭之径山参愚庵机契，命司记室。自是往来十余年，尽得旨要。"③《五灯全书》《续指月录》《续灯正统》《续灯存稿》中还共同记载了道衍自题肖像的一首禅诗："看破芭蕉挂杖子，等闲彻骨露风流。

---

① 《四库全书总目提要》卷175《集部二十八·别集类存目二·逃虚子集》，《景印文渊阁四库全书》第4册，台湾商务印书馆1986年版，第653页。
② （清）超永编辑：《五灯全书》卷56，《续藏经》第82册，第209页。
③ （明）文琇集：《增集续传灯录》卷5，《续藏经》第83册，第329页。

有时摇动龟毛拂,直得虚空笑点头。"① 这首禅诗意境高远,显示出道衍深厚的禅学修养,明末高僧憨山德清曾评述其立意云:"芭蕉拄杖子,身之谓也。我若看破,则心无累。心无累则明,明则性可见矣。凡见性之人,龟毛可以为拂,拂可以为天地,卷舒太虚,屈伸万象,在我而不在造物也。此姚自赞也。"② 由此可见,道衍尽管在世俗的政治纷争中卷入甚深,甚至"以浮屠而预人家国",但他本身仍具有深湛的禅学修养,不失禅僧之本色。在这一点上,他始终受到佛教僧侣的认同。

关于道衍禅师的政治事业,佛教文献中也有一些评述,分为正反两种态度。正面的意见是认为道衍禅师辅佐朱棣起兵靖难是出于"天命",无可非议;靖难后道衍禅师淡泊名利,不改僧相,有古君子之风,尤其值得称赞。这方面的文献主要有幻轮编集的《释鉴稽古略续集》和袾宏的《竹窗二笔》。《释鉴稽古略续集》对道衍禅师在靖难之役中的功勋记载最详,认为:"洪武末靖难兵起,皆广孝之谋也。……按姚广孝之遇文皇,如刘基之遇太祖,皆佐命天界,非偶然也。"③《释鉴稽古略续集》在叙述道衍禅师事迹时,还提到朱棣为燕王时,道衍预知其有争位之心,乃自请"举一顶白帽子与大王戴",盖寓意其将由藩王进位为皇帝,由此博得朱棣信任;这一说法也见于傅维麟的《明书》,可见在明人中流传甚广。明代"四大高僧"之一的云栖袾宏也认为道衍在靖难之役后功成不居,有汉张良之风,可谓"当代之留侯";对于时人有关道衍在靖难之役中"杀业甚多"的指责,袾宏认为道衍在靖难后请求明成祖保存方孝孺,此一言即可功过相抵,而道衍具体可取之处则有三点:"一以其贵极人臣而不改僧相;二以其功成退隐而明哲保身;三以其赞叹佛乘而具正知见。"④ 同时袾宏对道衍禅师护持佛教的功绩也赞誉有加:"姚少师作《佛法不可灭论》,谓儒道二教法天制用,不敢违天,佛之教为诸天奉行,不敢违

---

① (清) 超永编辑:《五灯全书》卷56,《续藏经》第82册,第209页;(清) 聂先编辑:《续指月录》卷6,《续藏经》第84册,第69页;(清) 性统编集:《续灯正统》卷15,《续藏经》第84册,第491页。
② (明) 紫柏真可:《紫柏尊者全集》卷10,《续藏经》第73册,第227页。
③ (明) 幻轮编:《释鉴稽古略续集》卷2,《大正藏》第49册,第932页。
④ (明) 袾宏:《云栖法汇》(选录) 卷13,《嘉兴大藏经》第33册,第55页。

佛。此虽阙泽语，非少师不能阐也。"① 当然，也有僧人指责道衍参与政治是破坏了佛门戒律，如永觉元贤禅师指出："僧家寄迹寰中，栖身物表，于一切尘氛，尚当谢绝，况可贪禄位乎？一切文事尚不可与，况可操武事乎？自元时刘秉忠首开此戒，继而姚广孝效之，贪谬妄之勋名，破慈悲之大化，佛门中万世之罪人也。"② 清代纪荫编纂的《宗统编年》以春秋笔法直书姚广孝之名为"道衍"而不称"禅师"，并在文中夹注指出"衍等以世外而预人国家事，故削书禅师"③，表明了对道衍的贬斥态度。

  佛教文献中的一些资料还可以补道衍文集之不足，为理解其思想提供更为深入的理据，这是值得研究者注意的。如《续藏经》第71册《南石文琇禅师语录》，卷首有《径山南石和尚语录序》一篇，作于明永乐十一年春二月二十七日，署名为"菩萨戒弟子资善大夫太子少师吴郡姚广孝序"。这一篇文献不见于今存《四库全书存目丛书》本的道衍禅师文集《逃虚类稿》，应为《逃虚类稿》的逸文。在《径山南石和尚语录序》中，道衍禅师回忆了自己早年学禅的经历以及元代末年的禅林风气，指出元代末年虽兵戈扰攘，但禅林尊宿辈出，不亚于南宋绍兴年间，"浙河东西禅林尊宿，如了庵欲、楚石琦、行中仁、恕中愠、了堂一、木庵聪辈，提唱宗乘，若震雷掣电，人莫能测。于是诸大老道重天下，四方龙象奔走，云臻而雾集，不异宏智、妙喜、真歇行道于宋绍兴间也。"④ 但这一风气由于禅林诸尊宿的入灭，在明初很快衰歇，禅林中只剩下一些"野狐种类"，以胡喝乱棒欺蒙众人。道衍禅师的这一篇《径山南石和尚语录序》具有一定的史料价值，可以和《道余录序》对读，亦可见道衍禅师著《道余录》和《佛法不可灭论》诸文，不仅是对程朱理学的反击，同时也意在振兴明初以来衰颓不堪之禅林风气。

三　地方志史料中的道衍禅师

  明代以来的地方志史料中亦有一些关于道衍禅师的记载，这些史料在

---

① （明）袾宏：《云栖法汇》（选录）卷13，《嘉兴大藏经》第33册，第55页。
② （清）道霈重编：《永觉元贤禅师广录》卷30，《续藏经》第72册，第573页。
③ （清）纪荫编纂：《宗统编年》卷28，《续藏经》第83册，第274页。
④ （明）宗谧、妙门、复初等编：《南石文琇禅师语录》卷1，《续藏经》第71册，第701页。

过去利用不多,只有商传的《明初著名政治家姚广孝》一文利用《民国相城小志》中的《明姚少师祠堂记》,对道衍禅师的身世进行了详细的说明,由此这一出于地方志史料的《明姚少师祠堂记》也为学界所知,得到广泛的引用。《明姚少师祠堂记》对道衍禅师身世的记载比《明史·姚广孝传》和《逃虚子集补遗·相城妙智庵姚氏祠堂记》更为详尽,指出道衍禅师先祖本籍汴梁,宋高宗南渡时始移居江南,落户长洲相城(今江苏苏州);姚氏世代以耕渔为业,道衍禅师之祖父业医,生二子,长名震之,次名震卿,震卿即道衍禅师之父。由《民国相城小志》中《明姚少师祠堂记》一文的记载,可以对姚广孝的家庭和身世有更多的了解。

明代地方志中还有一些署名为姚广孝所做的人物传记、塔铭、诗文之类,这些作品也颇具史料价值,可以帮助我们进一步澄清有关道衍禅师生平事迹的一些"谜案"。明人笔记和史传中普遍提及道衍禅师晚年回苏,"姊不纳,友不见",受到家乡人民的唾弃,这一说法由于被《明史·姚广孝传》采纳而流传广泛,后世也据为信史。但此事出于传闻,事实真相如何,明人本身也颇有异说。《万历长洲县志》中载有道衍禅师所做的《王宾传》,题为"永乐七年五月撰",文中评价王宾说:"宾奇士也,怀才抱德,其隐不居山林而居廛市,丑其形骸,悠悠忽忽,行井里间,时人皆不识之,间缙绅大夫有知宾读书博学,亦以其丑而无荐举者,故宾得遂其志而乐于隐也。"[1]《明史》记载道衍返苏主持赈济是在永乐二年,此文作于永乐五年(此时王宾已去世),并未提及永乐二年王宾拒见道衍之事,同时由语气来看,亦未见二人有何嫌隙。由此可见,《明史》所说道衍以靖难一事不为乡人亲友所谅的史事,很可能是出于明代文人所造作的传闻,其意图则是增强儒家伦理道德观念对道衍禅师的批判力量。

在明代方志中,也有对道衍禅师持基本肯定态度的。如明代吴之鲸的《武林梵志》对道衍的事迹记载较为详尽,同时态度也较为肯定:"后以成祖靖难,宾于幕下,有功于国,官至太子少师,赐玉封荣国公。……衲衣僧帽,往来萧寺,无改其初。噫!公之然物外,尘埃轩冕而电露富贵,非受记于灵山者,能仿佛其万一哉?"[2]

---

[1] 皇甫汸等编:《万历长洲县志》,台湾学生书局1987年版,第1012页。
[2] 吴之鲸:《武林梵志》,明文书局1980年版,第718页。

四　近现代研究文献中的道衍禅师

由于道衍禅师复杂多变的历史面目,近代以来的研究者对其感到颇为难以把握,同时也由于清代以来道衍禅师的著作长期遭到禁毁,资料收集不易,有关其研究的著作和论文数量一直不多。20世纪五六十年代以来,日本学者开始发表一些关于道衍禅师研究的论文;中国大陆自80年代改革开放以来,一些佛教史专著中也开始涉及道衍禅师其人其事,中国台湾地区学者也有部分著作和论文论及道衍禅师的佛教思想。总的来说,关于道衍禅师的研究文献目前还不是很多,但从研究趋势来看,已经摆脱了把道衍禅师单纯作为政治人物来对待的态度,而是将其与明代初年佛教发展的具体历史语境结合在一起,重点阐述道衍禅师在明代佛教史上的地位和作用。

(一) 日本学者的道衍禅师研究文献

道衍禅师本身与日本佛教颇有渊源,在日本学者伊藤松贞所编的中日关系史料汇编《邻交征书》中,就录有道衍禅师(题名为"姚广孝")为日本智觉普明国师所做的《普明国师语录序》。近现代日本佛教学者中,最早对道衍禅师进行专题研究的是牧田谛亮。牧田谛亮1959年在《东洋史研究》上发表《道衍传小稿——姚广孝的生涯》,对道衍禅师的生平进行详细论述。此外,野上俊静的《中国佛教史概说》和《中国佛教通史》两书中,在"明代佛教"一章中均有"黑衣宰相道衍"一节,对道衍禅师生平事迹和思想进行简略介绍,如《中国佛教史概说》中称,道衍本究天台与禅,后归心于净土。策划靖难之变,为此役第一功臣,且成祖之佛教信仰多受其影响。日本佛教学者中对道衍禅师有比较系统研究的是中村元,中村元在《中国佛教发展史》中列有"道衍禅师"一节,分为五个部分:(1) 道衍禅师的生涯;(2) 燕王与道衍;(3) 靖难之师;(4) 对禅僧的告诫;(5) 晚年的道衍。中村元比较重视道衍禅师的净土思想,认为道衍所著《净土简要录》的思想基础在于当时佛教界的禅净混融潮流,同时慨叹道衍禅师投身政治事业之不智,"道衍其人,若能就此定居于燕王治下的北京专念佛事,谁能断言他不会以明初禅净融会最具代表性的高僧之一终其一生?"[①] 此外,中村元还提及道衍禅师与日

---

① [日]中村元:《中国佛教发展史》,余万居译,天华出版事业有限公司1984年版,第468页。

本佛教界的交流，如为日本僧人智觉普明和绝海中津等人的语录和文集作序之事，并认为道衍的序言体现出他对当时日本僧人过于崇尚文学这一偏弊风气的批判。

（二）中国学者的道衍禅师研究文献

中国大陆学术界对道衍禅师的研究起步较晚，目前所见最早的论文是商传在1984年第3期的《中国史研究》上发表的《明初著名政治家姚广孝》。商传此文的特点是旁征博引，引用史料达100多条，举凡明朝一代涉及姚广孝事迹的官私著述几乎搜罗殆尽，具有极高的史学价值，为后来的研究者奠定了坚实的基础。商传的论文具有重要价值之处有三：一是引用《民国相城小志》中所载姚广孝曾孙继孝所作《明姚少师祠堂记》，对姚广孝的家世渊源进行了较为详尽的考证；二是对姚广孝从事政治活动、辅佐燕王靖难的动机进行了推测，认为朱元璋所杀戮残害的江南士人多为道衍旧交，道衍因此受到强烈刺激，转而辅助朱棣推翻朱元璋的合法继承人建文帝；三是利用详尽的史料和严密的考据对历史上有关道衍禅师的一些传闻进行澄清，指出这些传闻均系明代文人因不满靖难而捏造的不实之词。在商传之后，徐作生的《明神秘谋僧姚广孝论》[①]、范植清的《释道衍其人其事》[②]继续对道衍禅师的生平有所考释评述；解芳的《诗僧姚广孝简论》则论述道衍禅师的文学创作和文学思想；王颋的《异世同符——明士人以姚广孝、刘秉忠作比发微》[③]则对明代文人将姚广孝和刘秉忠相提并论所折射的文化心态进行剖析。继商传之后，对姚广孝生平有比较深入研究的是郑永华发表的一系列论文，主要有《姚广孝史料一则及相关诸问题——兼及〈明初著名政治家姚广孝〉一文的修正与补充》[④]《姚广孝真的下过西洋吗？——兼及〈姚氏族谱〉相关记载之误》[⑤]《姚

[①] 徐作生：《明神秘谋僧姚广孝论》，《东南文化》1990年第4期。

[②] 范植清：《释道衍其人其事》，《史学月刊》1987年第5期。

[③] 王颋：《异世同符——明士人以姚广孝、刘秉忠作比发微》，见氏著《古代文化史论》，上海古籍出版社2007年版。

[④] 郑永华：《姚广孝史料一则及相关诸问题——兼及〈明初著名政治家姚广孝〉一文的修正与补充》，《中国史研究》2007年第2期。

[⑤] 郑永华：《姚广孝真的下过西洋吗？——兼及〈姚氏族谱〉相关记载之误》，《江苏社会科学》2007年第5期。

广孝碑文之误辨正》①《〈姚广孝神道碑〉考实》②。郑永华利用北京房山姚广孝墓塔前的《姚广孝神道碑》碑刻原文，与明清史志中著录的《姚广孝神道碑》全文进行对勘，对前人著作中的各种问题进行辨析正误，包括对商传《明初著名政治家姚广孝》一文中的讹误之处进行修正补充。郑永华还在2011年于人民出版社出版了《姚广孝史事研究》，该书对姚广孝的生平进行了全面细致的研究，这是目前为止有关道衍禅师的唯一专著。此外，郑玄弘的硕士论文《姚广孝学术思想研究》③是笔者所见唯一一篇对道衍禅师进行专题研究的学位论文。

在史学界对姚广孝生平进行详细深入研究的同时，佛教研究者也开始注意到道衍禅师在中国佛教史上的重要地位。大陆佛教学者中，潘桂明先生较早注意到道衍其人在中国佛教思想史上的价值，在所著《中国居士佛教史》中，以"姚广孝及其《道余录》"为题对道衍禅师的佛学思想进行深入阐发。潘桂明先生认为，道衍其人虽非严格意义上的居士，但也不是纯粹的僧侣，他的《道余录》一书并非反理学之作品，而是在肯定理学核心地位的前提下，追求儒、释融合和并存的局面，客观上为明朝中晚期居士佛教的兴起开辟了先路。在《中国佛教思想史稿·宋元明清近代卷》中，潘桂明先生以"道衍及其《道余录》"为题继续对道衍的思想有所阐发，认为道衍以僧侣而热衷于世俗政治，是对传统佛教"不二法门"的践履，而知识僧侣参与政治最终导致的是对真理的冷漠和对理性知识的厌倦，道衍的矛盾人格体现了中国传统文化的困境和悲剧。此外，周齐的《明代佛教与政治文化》一书有"道衍禅师参政与时人之政治态度"一节，重点分析了《道余录》的出版问题，认为《道余录》一书在写成后秘而不宣，直到永乐十年才公之于世，这其实反映出明初儒佛竞争的微妙形势和明朝统治者偏向儒学、压制佛教的政策取向，道衍的《道余录》反映了他作为一名政治僧侣为处于弱势的佛教争取地位的呼声。

台湾佛教学者中，江灿腾和阚正宗对道衍禅师的生平和思想进行了较为系统、深入的阐发。阚正宗的《"黑衣宰相"姚广孝：佛教史料所见的

---

① 郑永华：《姚广孝碑文之误辨正》，《首都师范大学学报》2011年第1期。
② 郑永华：《〈姚广孝神道碑〉考实》，《世界宗教研究》2009年第3期。
③ 郑玄弘：《姚广孝学术思想研究》，北京师范大学硕士学位论文，2006年。

道衍禅师兼论其周边人物》，该文的取材范围除《明史》《明书》等正统史书外，还有意识地从《大藏经》中寻找材料，对道衍的生平、思想和师友关系进行系统梳理。江灿腾在《明初道衍的反排佛论及其净土思想》一文中分析了道衍的主要著作《道余录》和《净土简要录》《诸上善人咏》，并引用日本学者荒木见悟的观点，指出道衍禅师著《道余录》，"在反排佛思想方面，他的目的，是在儒学优势下，为佛教争一线生机而已。他因而有其策略和言论尺度的限制，他对程、朱的反驳，只是强调儒、佛共存的立场罢了"[①]；而通过对《净土简要录》《诸上善人咏》内容的研究，可以看出道衍的思想最终归宗于当时佛教界盛行的"禅净混融"的净土思想，这一思想随着其著作的流传对日本佛教界产生了深远影响。在《晚明佛教改革史》一书中，江灿腾将道衍与李贽并立为明代佛教思想家的两种不同类型，从"明初结合国家优势权力运作的旧类型"角度对道衍的思想进行论述，其研究内容和结论和《明初道衍的反排佛论及其净土思想》一文大致相同。

五　道衍禅师的历史形象

道衍禅师在历史上声名甚著，是明初僧伽中兼通内典外教的杰出人才。综合以上史料文献来看，道衍禅师在历史上具有三种身份和地位：一是高僧；二是文人；三是政治家。以高僧而论，道衍禅师早年从径山愚庵禅师习禅，深得禅宗心髓，晚年著《道余录》和《佛法不可灭》诸论，反击程朱理学，不但促成了明代中晚期禅宗的再度兴起，也为李贽等反程朱派"异端思想家"的出现开辟了道路。以文人而论，道衍禅师所作诗文"清新婉约，颇存古调"，明初吴中文人高启、王宾、杨孟载等人均与之唱和，宋濂、苏伯衡亦推奖之。以政治家而论，道衍禅师兼通阴阳术数之学和兵法，亦有政治抱负，在燕王朱棣的靖难之役中，道衍禅师实居于谋主地位，《明史》称其"论功以为第一"。

道衍禅师在历史上的面目复杂多端，因此明清笔记史传、佛教文献、地方志中对其的评议也不尽一致。道衍禅师以僧侣的身份为燕王谋主，策

[①] 江灿腾：《明初道衍的反排佛论及其净土思想》，见氏著《明清民国佛教思想史论》，中国社会科学出版社1996年版，第226页。

划对明朝历史有重大影响的靖难之役，这一历史事件在明代文人中记忆深刻。明人私家著述的风气甚盛，在众多的笔记、史传中，明代文人出于同情建文君、憎恶永乐帝的心理倾向，将道衍禅师描画为一个阴谋家的形象，并造作诸如道衍不为亲人挚友所谅的传闻，这些传闻多为《明史》所吸收，造成了很大的历史影响。在佛教文献中，道衍被塑造成比较纯粹的禅僧形象，在明清以后的各种补、续灯录中，一般都将道衍列入其中，并对其禅学修养赞誉有加。在地方志史料中，有关道衍的记载则相对客观一些，一些材料且可补正史之不足。总的来说，这些传统史料大都有各自的倾向性，且往往有其主观的价值判断标准，在这些史料中，道衍禅师的形象可谓神龙见首不见尾，东露一鳞，西露半爪，很难对其形成完整而系统的认识。

近代以来，学术界起初对道衍禅师的研究并不重视，日本学者在最初的研究论文中往往称道衍为"黑衣宰相"，实际上还是秉承明清文人的儒家伦理道德批判意识，以隐晦的方式指斥道衍禅师以僧徒干预政治的行为。当然，近现代学术界的理性化、客观化态度还是对澄清道衍禅师的形象起了很大作用。如一些明史学者通过史料的客观分析，对《明史》中加诸道衍禅师的一些不实之词进行辩诬；对道衍禅师支持燕王靖难的心理原因进行深层次的探析。特别值得注意的是，道衍禅师的《道余录》因"诋毁先儒"而长期遭到儒家学者的压制，很多学者甚至没有读过《道余录》的原文就对其弃之不顾。现代的一些佛教学者在研究道衍禅师思想时，比较注重对《道余录》的研究，并结合明代初年的政治文化环境和儒佛竞争态势，指出《道余录》的中心思想是在明初佛教处于弱势的情况下，主动承认程朱理学的优势地位，同时争取佛教的发展空间，以儒、佛混融并存为追求目标。这一问题的揭示，对于理解道衍禅师著《道余录》的隐衷心曲以及明代佛教的发展趋势都具有异常丰富的意义。

道衍禅师在元末群雄并起、兵戈扰攘的环境中成长，在明初严酷的政治气候下韬晦待时，在明初重大政治事件靖难之役中一鸣惊人，在晚年的仕宦兼僧侣生涯中淡泊明志，走完了他多姿多彩的一生。他早年在北固山题诗明志"萧梁事业今何在，北固青青客倦看"，流露出对世俗政治事业的向往，晚年则依旧常居僧寺，以佛教僧侣自居。明人王世贞说道衍禅师"归儒者不尽，而逃墨者不终"，虽语近贬斥，但也不无道理。佛教以出世为指向，然而在中国文化的熏染下，又追求出世与入世的"不二"，其结果是放弃了宗教的独立品格而沦为王权的依附品。道衍禅师虽身为成功的政治家，但面对佛教的危亡也无能为力，只能在《道余录》中为信仰而辩护；即使这辩护，也被视为冒犯儒家的尊严而屡遭禁毁，在历史上几乎湮没无声。道衍禅师的悲剧，是他个人矛盾人格所导致的悲剧，也是中国传统文化的悲剧。

第二章　佛教与中国知识分子

第一节　罗含《更生论》与南北朝佛教"形神之辩"

罗含的《更生论》是湖南地区最早出现的哲学著作，是研究湖南早期学术发展的重要资料。《更生论》最早被收录于僧祐的《弘明集》，清代严可均的《全晋文》也收录此文。《更生论》的思想与当时的玄学与佛教均有关系，反映了东晋时期知识分子以道家学说融通佛教的努力，在中国思想史上具有一定的意义。

罗含，字君章，东晋耒阳人。曾祖父彦，官临海太守。父绥，官荥阳太守。罗含少有文名，镇西将军谢尚与之为方外之交，称其为"湘中之琳琅"。桓温为荆州刺史，以罗含为征西参军，雅重其才，人或言罗含为"荆楚之材"，温曰："此自江左之秀，岂惟荆楚而已。"[1] 累迁至散骑常侍、侍中，转廷尉、长沙相，以中散大夫致仕。罗含的事迹除见于《晋书》本传之外，还有《罗府君别传》，见于《世说新语》刘孝标注。

罗含的著作，据《晋书》本传称，有"所著文章传于世"，可见当时曾有文集流传。《隋书·经籍志》《旧唐书·经籍志》《新唐书·艺文志》《通志·艺文略》均记载有《罗含集》三卷，今已不存。罗含的著作目前可见的，仅《湘中山水记》（或作《湘中记》）中有清代王谟和陈运溶两家辑文，为山水地记著作；《更生论》一篇，收录于僧祐的《弘明集》和严可均的《全晋文》，为哲学理论著作。

《更生论》全文如下：

---

[1]　《晋书》卷92，中华书局1974年版，第2403页。

善哉向生之言曰:"天者何?万物之总名。人者何?天中之一物。"因此以谈,今万物有数而天地无穷,然则无穷之变,未始出于万物。万物不更生,则天地有终矣。天地不为有终,则更生可知矣。

寻诸旧论,亦云:"万兆悬定,群生代谢。圣人作易,已备其极。穷神知化,穷理尽性。"苟神可穷,有形者不得无数。是则人物有定数,彼我有成分。有不可灭而为无,彼不得化而为我。聚散隐显,环转我("于")无穷之涂。贤愚寿夭,还复其物。自然相次,毫分不差。与运泯复,不成不知。邈哉貌乎,其道冥矣!天地虽大,浑而不乱。万物虽众,区已别矣。各自其本,祖宗有序。本支百世,不失其旧。又神之与质,自然之偶也。偶有离合死生之变也,质有聚散往复之势也。人物变化,各有其性。性有本分,故复有常物。散虽混淆,聚不可乱。其往弥远,故其复弥近。又神质冥期,符契自合。世皆悲合之必离,而莫慰离之必合;皆知聚之必散,而莫识散之必聚。未之思也,岂远乎哉者!凡今生之生,为即昔生,生之故事即故事。于体无所厝,其意与已冥,各不自觉,孰云觉之哉?今谈者徒知向我非今,而不知今我故昔我耳。达观者所以齐死生,亦云死生为寤寐。诚哉是言![①]

罗含《更生论》的主题是生命循环论,即认为在天地万物的无穷流转过程中,生死只是表面现象,实际上万物的生命不断循环更替,新生命就是旧生命的转换和再生,认识到这一点,就可以不必悲叹于生命现象的聚散离合,而达到"齐死生","以死生为寤寐"的达观境界。为了证明他的结论,罗含在《更生论》中作了以下几个层面的论证:

第一,"万物有数而天地无穷"

罗含首先引玄学家向秀之言,"天者何?万物之总名。人者何?天中之一物",然后引申指出,天地是万物的总名,天地的运动变化实际就是万物的运动变化。但是万物的存在是有一定数量的,"今万物有数而天地无穷",如果万物的生命不能在消谢死亡之后"更生",那么天地的运转就有终结。因此如果承认天地是无穷的,那么也就必然承认万物的生命会

---

① (梁)僧祐:《弘明集》卷5,《大正藏》第52册,第27页。

在消亡以后重生。

第二，"人物有定数，彼我有成分"

罗含其次引用《易传》的"穷神知化，穷理尽性"，指出如果"神"是可以穷尽的话，那么与"神"相应的形体也必然有一定的数量，"苟神可穷，有形者不得无数"。这就是所谓的"人物有定数，彼我有成分"。也就是说，天地万物以一神配一形，不但在数量上是有规定的，而且彼此不会相互混淆，"有不可灭而为无，彼不得化而为我"。如此则天地更新、生命循环的过程虽无穷无尽，但就个体而言，新旧生命是连续的，旧生命消亡，新生命继起，新生命就是旧生命的"更生"，这体现了天地之间的自然秩序。"聚散隐显，环转我（'于'）无穷之涂。贤愚寿夭，还复其物。自然相次，毫分不差。……天地虽大，浑而不乱。万物虽众，区已别矣。各自其本，祖宗有序。本支百世，不失其旧。"

第三，"神之与质，自然之偶"

罗含接着又讨论了"神"与"质"的关系。他认为，"神之与质，自然之偶也。偶有离合死生之变也"，也就是说，神与形质是自然而然地聚合在一起的，有聚合就有分散，聚则为生，散则为死，这就是"死生之变"。但神与质分散之后，仍然遵循一定的规则，"散虽混淆，聚不可乱"，"神质冥期，符契自合"，原来的神和质依然会自动地重新聚合在一起而形成新的生命，以实现生命的连续。

第四，"今生之生，为即昔生"

通过以上的论证，罗含已经证明了生命的连续性和循环性，因此自然而然地得出结论："今生之生，为即昔生"，也就是说，今天存在的生命就是往日消亡的生命，二者之间并无差别。罗含之所以要论证这一结论，主要是为了消除人们对于生命消亡的恐惧和悲伤，"世皆悲合之必离，而莫慰离之必合；皆知聚之必散，而莫识散之必聚。……今谈者徒知向我非今，而不知今我故昔我耳！"[1] 他认为如果人们认识到生命是不断循环、"更生"的，就不会陷于这种悲观情绪，而能够如庄子一样以通达的观念坦然面对生命，"达观者所以齐死生，亦云死生为瘠瘵。诚哉是言！"[2]

---

[1] （梁）僧祐：《弘明集》卷5，《大正藏》第52册，第27页。

[2] 同上。

罗含的《更生论》写成之后，曾寄给长沙太守孙盛，孙盛有《与罗君章驳〈更生论〉书》，对罗含的观点表示反对。孙盛在信中说：

> 省《更生论》，括囊变化，穷寻聚散，思理既佳，又指味辞致亦快，是好论也。然吾意犹有同异。以令（"今"）万物化为异形者，不可胜数。应理不失，但隐显有年载。然今万化犹应多少，有还得形者无？缘尽当须冥远，耳目不复开逐，然后乃复其本也。吾谓形既粉散，知亦如之，纷错浑化为异物。他物各失其旧，非复昔日。此有情者所以悲叹。若然，则足下未可孤以自慰。①

孙盛反对《更生论》，所持的理由主要有两点：一是从当时所掌握的自然科学知识出发指出，"今万物化为异形者，不可胜数"，万物既能化为异形，则生命个体前后并不必然相续，以此来反对罗含所主张的前后相续、刻板不变的生命循环论；二是指出，"形既粉散，知亦如之，纷错浑化为异物。他物各失其旧，非复昔日。"也就是说，生命消亡时，形体分散，神知亦分散，各自处于纷纭错杂的状态，即使重新聚合，也不可能恢复原来的状态。这就是说罗含的"今我故昔我"观点是不能成立的。因此孙盛在《与罗君章驳〈更生论〉书》中最后说"此有情者所以悲叹，若然，则足下未可以孤以自慰"②，认为罗含建立在生命循环论基础上的达观心态是靠不住的。孙盛复书后，罗含又有《与孙安国书》，与孙盛继续辩论。罗含的《与孙安国书》内容不多，除了重复《更生论》的观点外，还补充了一点，即生命的循环更替是无穷的，非但一世而已，"如此岂徒一更而已哉？将与无穷而长更矣。终而复始，其数历然。未能知今，安能知更？"③ 这一观点，已和佛教的轮回学说非常接近。

罗含著《更生论》，是东晋到南北朝时期"形神之辩"的发端，自罗含著论、孙盛驳论之后，陆续有慧远、何承天、宗炳、郑鲜之、范缜等人

---

① （梁）僧祐：《弘明集》卷5，《大正藏》第52册，第27页。
② 同上。
③ 同上。

就此问题展开辩论，形成了南北朝历史上一次著名的大讨论。"形神之辩"之所以在东晋到南北朝这一历史时段发生，主要与佛教在这一时期的流行有关。佛教自东汉传入中国之后，逐渐酝酿发展，在两晋时期已经颇具规模，在上层知识分子中广泛流传。在这一时期，中国知识分子所感兴趣的主要是佛教中的"业报说"和"轮回说"，他们将佛教的"业报轮回说"与先秦道家的"气一元论"进行比较，形成了倾向道家传统的"神灭说"与倾向佛教立场的"神不灭说"这两种对立的思想。在这场辩论中，罗含的《更生论》基本是属于"神不灭论"这一阵营的，因此僧祐将他的论文收入《弘明集》，罗含本人也被视为佛教信徒；明代编著的两种佛教居士传记《佛法金汤编》《名公法喜志》都将罗含列入其中；近人编著的《中国佛教思想资料选编》也收录了《更生论》，并称其"与当时流行的佛教神不灭思想是完全一样的"[1]。

罗含的《更生论》主张的是生命循环论，并且这一循环过程是"终而复始，其数历然"[2]，从形式上看，确实与佛教的"业报轮回说"有一致之处。但罗含在论证中所引用的思想资料是《易传》《庄子》和玄学家向秀，这又与佛教思想很不一样。从根本上来说，罗含《更生论》的思想根底依然是先秦道家的"气一元论"，即从气之聚散来论生死，只是先秦道家认为"人之生，气之聚也，聚则为生，散则为死"（《庄子·知北游》），罗含则认为生命终结之后神质分散，但还会再次聚合为原先的状态，"散虽混淆，聚不可乱"，"神质冥期，符契自合"[3]，这样就实现了生命之循环，即所谓"更生"。罗含所说的"更生"概念是中国传统思想所没有的，应该是受到佛教"业报轮回"思想所影响而提出的一种新的生命观。

罗含的思想与当时流行的道家玄学生命观、佛教业报论都有深刻的关联，事实上他的学说"是对印度佛教业报轮回说的一种极为粗浅的理解。他企图以中土传统的思想为基础来论证万物生死的轮回而不是业报的轮

---

[1] 石峻、楼宇烈、方立天、许抗生、乐寿明编：《中国佛教思想资料选编》（第一卷），中华书局1981年版，第30页。

[2] （梁）僧祐：《弘明集》卷5，《大正藏》第52册，第27页。

[3] 同上。

回"①。之所以说罗含的理解是粗浅的,是因为罗含仅看到了佛教主张的"轮回"是生命的无穷循环,因而提出"更生",并以先秦道家的"气之聚散"来理解"更生"的原则就是"今我故昔我"。但实质上佛教之轮回说是建立在业报论的基础上,即种瓜得瓜,种豆得豆,作业与报应之间分毫不爽,并非如罗含所理解的"贤愚寿夭,还复其旧"。因此诚如论者所说:"佛教的轮回说,整个说来,乃是一种极端痛苦的学说。罗含的'更生论',却是一种'齐生死'的达观。罗含想拥护佛教,却身不由主地仍在道家的哲学中兜圈子。"②

第二节 何承天与"衡阳论辩"

何承天(370—447),东晋末年到南北朝初期的著名学者,主要任职于东晋和刘宋朝廷。何承天涉猎的学术领域极为广泛,他精通天文学、音律学,文学、史学才能也很出众。作为思想家,何承天撰写了一系列的书信和论文,与宗炳、颜延之等佛教信徒反复辩论,对当时盛行的佛教思想"神不灭论""报应论"进行了批判。何承天的这些论文,是研究晋宋之际佛教发展和教义斗争的重要思想材料,在一定程度上也反映了中国古代朴素唯物主义的思想成就。

一 何承天在湖湘的生活与仕宦经历

何承天的传记见于《南史》和《宋书》,以《宋书》所记为详。他祖籍东海郯县,生于东晋废帝太和五年(370),卒于刘宋文帝元嘉二十四年(447),享年78岁。何承天5岁丧父,由母亲徐氏抚养成人。徐氏出身于儒学世家,因此何承天幼年时受到了良好的儒学教育,加之他自幼聪慧好学,博览群书,为其成年后的学术建树打下了扎实的基础。东晋安帝隆安四年(400),何承天出任南蛮校尉参军,后又被长沙公陶延寿任命为辅国府参军。晋宋禅代之际,何承天受到刘裕信任,被任命为浏阳令,后又成为抚军将军刘毅的参军。刘宋建国之后,何承天仕途通达,屡

---

① 赖永海主编:《中国佛教通史》(第四卷),江苏人民出版社2010年版,第231页。
② 任继愈主编:《中国哲学发展史·魏晋南北朝》,人民出版社1988年版,第770页。

任显官。宋文帝元嘉三年（426），卫将军谢晦举兵叛乱，何承天作为谢晦的重要谋士，在谢晦兵败以后向朝廷自首归罪，得到原谅，并使行南蛮府事。宋文帝元嘉七年（430），刘宋朝廷决策北伐，何承天担任北伐将领到彦之的右军录事。元嘉北伐是南北朝历史上的重要事件，但却因准备仓促而草草收场，南宋词人辛弃疾在《永遇乐》中所说"元嘉草草，封狼居胥，赢得仓皇北顾"，就是对这一段历史事实的总结。元嘉北伐失败后，何承天因素非军旅之才，受到原谅，补尚书殿中郎，兼左丞。元嘉九年（432）到十二年（435）左右，何承天被尚书仆射殷景仁排挤，出为衡阳内史。何承天在衡阳任职时间很长，在此期间，他还和佛教居士颜延之、宗炳等人就一系列问题展开辩论，撰写了许多书信和论文，收获了丰硕的思想成果。元嘉十六年（439），何承天由衡阳返回朝廷，担任著作佐郎，负责撰写国史。据《建康实录》记载，宋文帝在元嘉十五年到十六年立儒学、玄学、史学、文学"四学"，用以研究学术、培养人才，其中何承天负责"史学"一门。此后，何承天还担任过太子率更令、领国子博士等职，元嘉十九年（442）上《安边论》议论边防；元嘉二十年（443）上《元嘉历表》主张变更历法，对国家的重要政治举措都积极提出自己的建议，深得宋文帝的信任。元嘉二十四年（447），宋文帝拟迁何承天为廷尉，尚未就职，又拟转吏部，因泄露密旨而免官。卒于家，年七十八。

何承天作为晋宋之际的重要学者，与湖湘文化有着不解之缘，他在湖湘大地上的益阳度过了自己的青少年时期，直到36岁左右的壮年期才离开湖南浏阳，逐渐进入朝廷中枢任职。据《宋书》记载："承天五岁失父，母徐氏，广之姊也，聪明博学，故承天幼渐训义，儒史百家，莫不该览。叔父肜为益阳令，随肜之官。"[①] 何承天幼年丧父，他的叔父何肜担任益阳令，他自小便跟随叔父何肜在益阳长大，直到晋安帝隆安四年（400），何承大31岁时，才离开益阳出任南蛮校尉桓伟的参军。恰逢殷仲堪和桓玄举兵叛乱，何承天惧怕战乱殃及自身，又解职回

---

① 《宋书》（第六册），中华书局1974年版，第1701页。

到益阳。① 晋安帝义熙初年，也就是公元405年左右，何承天因投靠刘裕的"北府兵"新兴政治势力，因而被任命为浏阳令。考察何承天在这段时间内的行踪，可以发现，他从幼年起就在益阳生活，直到壮年期的31岁才离开益阳任职，后又短期任浏阳令，此时他约为36岁左右。解职浏阳令以后，他又任抚军将军刘毅的参军，此后便逐渐进入朝廷中枢任职。也就是说，何承天自幼年就生活在湖湘大地上，直到壮年时期的36岁左右才离开，湖湘文化对何承天学术思想的形成有着一定的塑造作用。

何承天与湖湘文化的不解之缘还体现在他任职衡阳内史的经历。何承天出任衡阳内史的具体时间，《宋书》和《南史》都没有明确记录。赵莹莹的《何承天年谱》通过排查史料，得出了比较可信的结论：《宋书·何承天传》记载何承天为尚书仆射殷景仁排挤而出为衡阳内史，《宋书·文帝本纪》记载殷景仁于文帝元嘉九年（432）任尚书仆射，《宋书·殷景仁传》又记载殷景仁于文帝元嘉十二年（435）称疾解职，居家养病。因此，合理的推断就是，"殷景仁自元嘉九年（432）一直担任尚书仆射，元嘉十二年（435）之后殷景仁卧疾五年。据此推断，何承天被贬为衡阳内史，应在元嘉九年至元嘉十二年间，最迟不晚于元嘉十二年"②。根据这一推断，何承天在元嘉九年（432）至元嘉十二年（435）间被贬为衡阳内史，元嘉十六年（439）又重返朝廷担任著作佐郎负责撰修国史，在衡阳共计任职四年到七年。从何承天一生的仕宦履历来看，"衡阳内史"是他担任时间最长的职务，无怪于同时代的人以"何衡阳"为他的别名，明代文人张溥在收集何承天遗文时，也以《何衡阳集》为名，收入《汉魏六朝百三家集》中。

二 "衡阳论辩"的经过

何承天任衡阳内史期间，也是他的无神论思想发展成熟的时期。在此

---

① 赵莹莹在《何承天年谱》一文中考证说："晋安帝隆安四年（400）：何承天31岁。据《宋书·何承天传》载：'隆安四年，南蛮校尉桓伟命为参军。时殷仲堪、桓玄等互举兵以向朝廷，承天惧祸难未已，解职还益阳。'这是史书上第一次明确记载何承天担任的官职。晋安帝隆安四年（400），何承天31岁。先是担任桓伟的参军，后来因为担心殷仲堪、桓玄战事祸及自己，解职还益阳。这也从侧面证实了何承天在出仕之前是跟随叔父何肹在益阳生活的。"见赵莹莹《何承天年谱》，《宝鸡文理学院学报》2013年第2期。

② 赵莹莹：《何承天年谱》，《宝鸡文理学院学报》2013年第2期。

期间，他和佛教徒颜延之、宗炳等人展开了一系列辩论，留下了丰硕的思想成果。赵莹莹的《何承天年谱》中对此有详细的论述：

> 何承天任衡阳内史期间，发起了两次与颜延之、宗炳等人的思想论辩，双方主要以书信问答的形式展开争辩。以颜延之、宗炳为代表的有神论一派信奉佛教，坚持"形散神不散"；何承天作为当时著名的无神论者，坚持朴素唯物主义思想，明确反对佛教，宣扬"形散神灭"、"形神一体"等观点。双方展开激烈的辩论，期间何承天写了《达性论》、《报应问》、《答颜永嘉书》、《重答颜永嘉书》、《与宗居士论释慧琳白黑论书》、《又答宗居士书》、《重答宗居士书》、《答江氏问》等作品。①

何承天的这些饱含朴素唯物主义和无神论思想的反佛言论都收录于《弘明集》和《广弘明集》。这次论辩以何承天为中心，涉及当时南方知识界的众多人物，展现了早期南朝知识分子对于佛教的不同认识以及高度的论辩技巧，推动了人们对于"神形关系"的认识，是中国哲学史和思想史上的重要事件。由于这次论辩主要是在何承天任衡阳内史期间发生的，许多论敌的答书都冠以"答何衡阳书"之类的标题，因此也可以称之为"衡阳论辩"。

"衡阳论辩"的导火索是当时佛教僧人慧琳的《黑白论》。据《宋书》记载，慧琳"有才章，兼外内之学，为庐陵王义真所知"，是个凭恃才学游走于权贵门下的僧人。他曾撰写《黑白论》（《宋书》作《均善论》），文中假设"白学先生"与"黑学道士"的问答，辩论儒学与佛学宗旨的优劣，并且有扬儒抑佛的倾向。慧琳此文一出，佛教界一片哗然，纷纷要求将慧琳摒弃出教，幸亏宋文帝对此文十分欣赏，才平息了这场风波。慧琳的《黑白论》传播出去以后，在世俗知识分子中也引起了反响。何承天读到《黑白论》以后，对慧琳"扬儒抑佛"的观点十分赞同，便将《黑白论》推荐给著名的佛教居士宗炳，引起了对方的反驳，宗炳为此还撰写了题为"明佛论"的长篇论文维护佛教的立场。针对宗炳的言

---

① 赵莹莹：《何承天年谱》，《宝鸡文理学院学报》2013年第2期。

论，何承天又写出了针锋相对的《达性论》，继续阐明自己的观点。佛教信徒颜延之在读到《达性论》之后，作《释达性论》以非难何承天，由此展开了何承天与颜延之之间的第二次论辩。

在这两次论辩之外，何承天还与一位名为"刘少府"的人有过一次辩论。何承天作《报应问》，对佛教的"因果报应"说提出质疑。刘少府则作《答何衡阳书》进行驳难。刘少府姓名不详，"少府"当是他的官名。此次论辩发生的具体时间不详，但从刘少府的答书（《答何衡阳书》）来看，应该也是发生在何承天任衡阳内史期间。

"衡阳论辩"的具体时间，大约在元嘉九年（432）到元嘉十二年（435）之间。《弘明集》卷十一《何令尚之答宋文皇帝赞扬佛教事》一文记载，元嘉十二年（435），宋文帝对侍中何尚之说："颜延年之折《达性》，宗少文之难《白黑》，明佛汪汪，尤为名理，并足开奖人意。"[①] 何承天是元嘉九年（432）之后就任衡阳内史的，元嘉十二年（435）时，宋文帝已经读到过颜延之、宗炳等人与何承天的论辩文章。因此，将"衡阳论辩"的时间设定在元嘉九年（432）到元嘉十二年（435）之间，是比较合理的。

"衡阳论辩"的材料，均保存于《弘明集》和《广弘明集》中。《弘明集》卷三中，有题为《宗居士炳答何承天书难白黑论》的一组书信，共计五封，为何承天和宗炳第一次论辩的材料，这一次的论辩核心是慧琳的《黑白论》。《弘明集》卷四，收录何承天的《达性论》，以及何承天和颜延之关于《达性论》的论辩书信五封。此外，《广弘明集》卷十八，还收录有何承天的《报应问》和刘少府的《答何衡阳书》。在这三次论辩过程中，何承天撰写了《达性论》《报应问》两篇论文，问答书信五封，比较明确地阐明了自己的立场。

三　何承天在"衡阳论辩"中的主要观点

何承天在"衡阳论辩"中阐述的观点主要有以下三点：（一）神灭论；（二）众生观；（三）华夷之辨。这三个观点构成了何承天反佛教思

[①] 《何令尚之答宋文皇帝赞扬佛教事》，载（梁）僧祐《弘明集》卷11，《大正藏》第52册，第69页。

想的主要内容。

（一）何承天的"神灭论"思想

佛教传入中国之后，有关灵魂不灭、转世轮回的思想引起了中国知识分子的兴趣。在中国本土思想中，虽然并不否定死后的灵魂存在，但一般来说，并不关注这一问题，也很少加以讨论，轮回转世的思想对于中国人来说更为陌生。僧祐在《弘明集》的后序中指出，当时的人们对于佛教的疑虑主要集中在以下六点：

> 一疑经说迂诞，大而无征。二疑人死神灭，无有三世。三疑莫见真佛，无益国治。四疑古无法教，近出汉世。五疑教在戎方，化非华俗。六疑汉魏法微，晋代始盛。①

在这六点疑虑中，最重要的是第二点，"人死神灭，无有三世"。精神不灭、轮回转世、因果报应等学说，是佛教在最初传入中国时借以慑服人心的精神武器，一旦对这些教义产生怀疑，佛教就失去了在群众中传播的基础。而对中国的知识阶层来说，这些源自印度的思想又显得如此陌生，在传统的儒家、道家经典中都很难找到根据。在此背景下，南北朝时期的知识分子，就"形神关系"的问题展开了一系列的论辩。

"衡阳论辩"的导火索是慧琳的《黑白论》。慧琳虽然身为僧人，但对佛教的"神不灭论"是有所怀疑的。他在《黑白论》中假借"白学先生"的名义说："徒称无量之寿，孰见期颐之叟；咨嗟金刚之固，安觌不朽之质。苟于事不符，宜寻立言之指，遗其所寄之说也。"②佛教说的那些神奇的"无量之寿""金刚之固"，在现实生活中寻不到丝毫的踪影，灵魂不灭、因果报应又向何处去验证呢？因此，"幽明之理，固不极于人事矣。周孔疑而不辩，释迦辩而不实"③。关于死后灵魂存有的"幽明之理"，无法在现实生活中得到检验，中国传统的儒家圣人对此存疑，不做讨论，佛教则大肆宣扬灵魂不灭，但却提供不出任何证据。《黑白论》的

---

① （梁）僧祐：《弘明集后序》，载（梁）僧祐《弘明集》卷14，《大正藏》第52册，第95页。
② 《宋书》（第八册），中华书局1974年版，第2389—2390页。
③ 同上书，第26391页。

总体态度是倾向儒家，否定佛教的"神不灭"论。

何承天对于慧琳及其《黑白论》十分推崇，他说："若琳比丘者，僧貌而天灵，似夫深识真伪，殊不肯忌经护师，崇饰幻说，吾以是敬之。"[①]他敬重的是慧琳身为僧侣而不肯盲从宗教教条的理论勇气。但宗炳对此却不以为然，他坚持认为："人形至粗，人神实妙，以形从神，岂得齐终？"对此何承天回答说："形神相资，古人譬以薪火。薪弊火微，薪尽火灭，虽有其妙，岂得独传？"[②]

何承天的立场十分明确，他指出，形神的关系正如薪火的关系，火不能离开柴木而燃烧，同样道理，"神"也不能离开"形"而独存。何承天的这个说法，揭示了"神灭论"的真谛，即形神一体，形毁神亡，没有超越形体而独立存在的"神"。何承天用"薪火之喻"来比喻形神关系，并非自己的发明，汉代唯物主义思想家王充在《论衡》中就有同样的说法。在王充的时代，佛教尚未传入中国，"薪火之喻"针对的只是中国传统文化中的鬼神思想。何承天在与佛教徒辩论时，重新捡起了这一思想武器，用来反驳佛教徒的"神不灭论"，无疑具有积极的现实意义。但何承天的理论也有漏洞。实际上在何承天之前，东晋末年的庐山慧远在《沙门不敬王者论》中，就以"火之传异薪，犹神之传异形"的说法对"薪火之喻"进行了新的诠释。宗炳则在《答何衡阳难释白黑论》一文中，对何承天的"薪火之喻"进行了针锋相对的批驳："火者薪之所生，神非形之所作。"[③] 也就是说，火是木柴燃烧的派生物，精神却不是形体的派生物，二者不能混为一谈；木柴燃尽而火灭，微妙的精神却可以超越形体而长存。慧远和宗炳等佛教徒的理论虽有诡辩之处，但在逻辑上却无懈可击，相对来说，何承天的"神灭论"还有不够完善之处。

事实上何承天也不是完全否定鬼神的存在。例如宗炳曾以中国传统的儒道经典为依据质问他："众圣、老、庄何故皆云有神？若有神明，复何

---

① （南朝宋）何承天：《释均善难》，载（梁）僧祐《弘明集》卷3，《大正藏》第52册，第19页。

② 同上。

③ （南朝宋）宗炳：《答何衡阳难释白黑论》，载（梁）僧祐《弘明集》卷3，《大正藏》第52册，第20页。

以断其不实如佛言？"① 中国的儒家圣人乃至道家的老子和庄子都有关于"神明"的论述，凭什么断言佛教所说的"神"就不存在呢？何承天对此回答说："明有礼乐，幽有鬼神，圣王所以为教，初不昧其有也。若果有来生报应，周孔宁当缄默而无片言耶？"② 他认为鬼神还是有的，但只能在圣人神道设教的范围内理解鬼神的存在，至于佛教建立在"神不灭"基础上的"报应论"，则完全没有经典依据，可以不予理会。何承天的说法反映出他的"神不灭"思想的不彻底性，一旦涉及中国传统经典，他就可以承认鬼神的存在，但只要中国传统经典没有涉及的，他就完全予以否认。归根到底，他的"神灭论"思想，主要反对的还是佛教中的"神我论""报应论"这类带有印度文化色彩的宗教思想，对于中国传统文化中的鬼神思想，他多少还是予以宽容的。

对于佛教的"报应论"，何承天也给予了坚决的批驳。这是何承天反佛教思想中最为精彩的部分。他在《报应问》中说："夫鹅之为禽，浮清池，咀春草，众生蠢动，弗之犯也，而庖人执焉，鲜有得免刀俎者。燕翻翔求食，唯飞虫是甘，而人皆爱之，虽巢幕而不惧。非直鹅、燕也，群生万有往往如之。是知杀生者无恶报，为福者无善应。"③ 何承天通过对自然世界的观察，指出佛教"报应论"的虚诞。他以鹅与燕作为对照，鹅浮游在清浅的池塘中，只吃些青草，从不杀生，但最终还是要丧生于庖人之手；燕子翻飞翱翔，到处捕捉飞虫为食，却赢得了人们的喜爱。由此可见，"杀生者无恶报，为福者无善应"，佛教的"报应论"在此很难成立。"若谓燕非虫不甘，故罪所不及，民食刍豢奚独婴辜？"④ 如果说燕子捕食飞虫只是自然习性，因此可以不受惩罚，那么人民食用牛羊牲畜也是出于本性，为什么偏偏要受到惩罚呢？何承天由此得出结论："佛经但是假设权教，劝人为善耳，无关实叙。"⑤ 佛教的"因果报应"说只是劝人为善

---

① （南朝宋）宗炳：《宗答何书》，载（梁）僧祐《弘明集》卷3，《大正藏》第52册，第18页。
② （南朝宋）何承天：《释均善难》，载（梁）僧祐《弘明集》卷3，《大正藏》第52册，第19页。
③ （南朝宋）何承天：《报应问》，载（梁）僧祐《广弘明集》卷18，《大正藏》第52册，第224页。
④ 同上。
⑤ 同上。

的"权教",并不是对事实的叙述。

何承天反对"报应论",依据的是对自然世界的观察所形成的朴素的经验主义方法论。作为一名颇有成就的天文学家,他通过实测的方法纠正了旧历法的错误,制定了较为完善的新历法《元嘉历》。在长期的科学实践活动中,他逐渐形成了自己的方法论:"夫欲知日月之行,故假察于璿机;将申幽冥之信,宜取符于见事。故鉴燧悬而水火降,雨宿离而风云作。斯皆远由近验,幽以显著者也。"① 要知道日月运行的轨迹,必须借助于天文仪器进行观测;要说服别人接受灵魂不灭、因果报应的"幽冥之理",也必须有眼前的事物可以验证。钻燧则见火,月润则有雨,这些"因果"关系都可以从自然现象上得到验证,并总结为普遍性的规律,为人们的生活服务。但佛教的"报应论"却虚无缥缈,在现实生活中无法证实,这说明"因果报应"只是一种宗教幻想,而不是生活中的普遍规律。何承天以科学常识反驳佛教"报应论",是非常深刻有力的。

(二)何承天的"众生观"思想

在和宗炳论辩之后,何承天撰写了一篇名为《达性论》的短文,引起了颜延之的反驳。何承天与颜延之的论辩焦点主要集中在对于"众生"的认识上。何承天从传统儒家的观点出发,认为人的地位高于其他生物。颜延之则从佛教立场出发,认为人只是众生之一,与其他生命没有本质区别。

《达性论》全文如下:

> 夫两仪既位,帝王参之,宇中莫尊焉。天以阴阳分,地以刚柔用,人以仁义立。人非天地不生,天地非人不灵。三才同体,相须而成者也。故能禀气清和,神明特达,情综古今,智周万物,妙思穷幽赜,制作侔造化,归仁与能,是为君长,抚养黎元,助天宣德,日月淑清,四灵来格,祥风协律,玉烛扬晖,九谷刍豢,陆产水育,酸咸百品,备其膳馐,栋宇舟车,销金合土,丝纩玄黄,供其器服,文以礼度,娱以八音,庇物殖生,罔不备设。夫民用俭则易足,易足则力

---

① (南朝宋)何承天:《报应问》,载(梁)僧祐《广弘明集》卷18,《大正藏》第52册,第224页。

有余，力有余则志情泰，乐治之心于是生焉。事简则不扰，不扰则神明灵，神明灵则谋虑审，济治之务于是成焉。故天地以俭素训民，乾坤以易简示人，所以训示殷勤，若此之笃也，安得与夫飞沉蠢蠕并为众生哉？若夫众生者，取之有时，用之有道，行火俟风暴，畋渔候豺獭，所以顺天时也。大夫不麛卵，庶人不数罟，行苇作歌，宵鱼垂化，所以爱人用也。庖厨不迩，五犯是翼，殷后改祝，孔钓不网，所以明仁道也。至于生必有死，形弊神散，犹春荣秋落，四时代换，奚有于更受形哉？《诗》云："恺悌君子，求福不回。"言弘道之在己也。三后在天，言精灵之升遐也。若乃内怀嗜欲，外惮权教，虑深方生施而望报，在昔先师未之或言。余固不敏，罔知请事焉矣。[①]

何承天认为，人在宇宙中具有独特而尊贵的地位，没有天地，人就无法生存，没有人类天地就失去了灵气，天、地、人合称为"三才"，只有"三才同体"，相互协作，才能使宇宙自然顺利运行。在自然界的生物中，人禀受清和之气，有其他生物无法比拟的聪明智慧，能够制作器具，发明政治制度，树立君长，养育人民。在人类社会中，饮食、建筑、器具、服饰乃至文化艺术，各种文明设施无不具备。在文明的熏陶下，人类社会治理得井井有条、欣欣向荣。"人"作为天地之灵，又怎么可以和飞禽走兽及昆虫之类并列为"众生"呢？人为万物之灵，对于天地间的其他生物有利用的权利，但也有爱护的责任，应当做到"取之有时，用之有道"，以显示仁爱的胸怀。至于生死，那就如同自然界中的四季转换、春荣秋凋，体现的是自然的规律，佛教的所谓"轮回转世""更受形"之类说法，纯属虚妄之说。

《达性论》所阐释的"众生观"，突出人的地位，认为人是天地之灵，这是中国传统文化的固有看法。由印度传入的佛教则认为，人是众生之一，与其他的生命没有本质区别。在轮回转世的过程中，人可以转生为其他生物，其他生物也可以转生为人，一切都要依据业报而定。何承天的《达性论》之所以要将人和其他生物区别开来，就是为了抵制佛教的"轮

[①] （南朝宋）何承天：《达性论》，载（梁）僧祐《弘明集》卷4，《大正藏》第52册，第21页。

回转世"观念。

何承天在《达性论》中还对人与其他生物的关系进行了进一步的阐述。他认为，人作为天地之灵，有其他生物无法比拟的聪明才智，因此有权利利用其他生物，用以改进生活、发展文明。但人在利用其他生物的过程中，也必须注意节制，不能肆意捕杀动物、破坏环境。从原则上来说，"九穀刍豢，陆产水育，酸咸百品，备其膳羞"，一切生物都是自然界为人类所准备取用的，只要是合理的取用，就不存在所谓"杀生"的问题。佛教宣扬"杀生"会遭到轮回转世的报应，何承天认为不足为信。

（三）何承天的"华夷之辨"思想

"华夷之辨"也是南北朝佛教辩论中的一个主要话题。僧祐在《弘明集后序》中总结的"六疑"，其中有一条说"五疑教在戎方，化非华俗"[1]，说明当时的人们对这种由异国所传入的宗教普遍怀有疑虑态度。中国的传统本土文化与印度佛教文化，究竟二者的优劣、长短何在，尊崇佛教是否就是"以夷变夏"？这是"华夷之辨"的核心问题。

佛教是一种外来宗教，魏晋南北朝时期的人们多将其与"戎狄"相联系。如羯人政权后赵的皇帝石虎就公开宣言说："朕生自边壤，忝当期运，君临诸夏。至于飨祀，应兼从本俗。佛是戎神，正所应奉。"[2] 石虎说"佛是戎神"，说明他把佛教视为戎狄的宗教，只是由于他本人也是"戎狄"，所以才产生了高度的认同感。南齐道士顾欢在《夷夏辩》中，也认为佛教是夷狄的教法，但他是以此来贬低佛教、抬高道教的地位。而佛教徒本身则另有一种看法，他们认为印度才是世界中心，中国反而是"边地"。鸠摩罗什在读到慧远的《法性论》后赞叹说："边国人未有经，便暗与理合，岂不妙哉！"[3] 这里的"边国"，指的便是汉地中国。

慧琳在《黑白论》中比较了中国本土文化儒家"周孔之教"与印度佛教文化的优劣，倾向于认为儒家要优越于佛教。但慧琳并没有从"华夷之辨"的角度来阐述这个问题。何承天与慧琳的认识一致，也认为儒学要高于佛学。何承天指出，中国和印度等外国的情况有所不同，二者的

---

[1] （梁）僧祐：《弘明集后序》，载（梁）僧祐《弘明集》卷14，《大正藏》第52册，第95页。

[2] （梁）慧皎：《高僧传》卷9，《大正藏》第50册，第383页。

[3] （梁）慧皎：《高僧传》卷6，《大正藏》第50册，第357页。

区别主要表现在民族习性上。"华戎自有不同。何者？中国之人禀气清和，含仁抱义，故周孔明性习之教。外国之徒，受性刚强，贪欲恣戾，故释氏严五戒之科。"① 中国人禀受清和之气，有仁义之心，容易接受儒家的道德说教；而"外国之徒"则秉性刚强，粗暴好斗，因此必须用严厉的戒律、戒规来约束他们。说到底，"周孔之教"与佛教的不同，是出于民族根性的差异，佛教能够在"戎狄"地区流行，却不适宜在中国传播。

何承天接着还比较了这两种文化的优劣。他说："惩暴之戒，莫若乎地狱；诱善之欢，莫美乎天堂。将尽残害之根，非中庸之谓。"② 佛教的地狱、天堂之说，是为了镇服恶人、劝导善行，但都不符合儒家的中庸之道。儒家文化的做法是，"顺其天性，去其甚泰。淫盗着于五刑，酒辜明乎周诰。春田不围泽，见生不忍死。五犯三驱，钓而不网"③。顺着人民的天性，节制他们的欲望，用公开的法律条令约束他们的行为，利用大自然提供的生产、生活资料，同时又爱护生命、泽及万物。用儒家文化指导人们的行为，就能使"嘉礼有常俎，老者得食肉。春耕秋收，蚕织以时。三灵格思，百神咸秩"④，如此教化，岂不比佛教更为合理、更为弘大？

何承天用民族根性的不同来说明佛教不适合在中国传播，这里面含有一定偏见。特别是他认为佛教产生的土壤是"外国之徒"粗暴恣戾的民族习性，更不符合实际情况。何承天通过"华戎自有不同"的民族根性说所要说明的主要有两点：一是佛教所说的"天堂地狱""因果报应"并不存在，充其量只是一种精神诱导，目的是使秉性刚强的"外国之徒"有所畏惧，从而改恶从善；二是由于民族根性的不同，这种精神诱导性质的宗教不适合在中国传播，中国固有的"周孔之教"足以建立良好的社会秩序。"士所以立身扬名、著信行道者，实赖周孔之本。"⑤ 他的"华夷之辨"，根本上是以儒家为本，片面宣扬儒家文化的优越性，无视佛教对

---

① （南朝宋）何承天：《释均善难》，载（梁）僧祐《弘明集》卷3，《大正藏》第52册，第19页。
② 同上。
③ 同上。
④ 同上。
⑤ 同上。

中国文化的冲击和促进作用。在这一点上，何承天有明显的局限性。

此外，从何承天的论述中可以看出，他扬儒抑佛，主要还是反对当时人们对于"天堂地狱""因果报应"的盲目迷信，提倡一种合乎理性的生活方式。在南北朝时期，大批的帝王将相、达官贵人乃至普通人民拜倒在佛教的殿堂之下，放弃了现实生活中的责任，追求来生的幸福。宋文帝说："若使率土之滨，皆纯此化，则吾坐致太平，夫复何事？"[①] 在这样的历史背景下，何承天发此言论，体现了他清醒的理性意识和非凡的理论勇气。

第三节 宗炳"结宇衡山"与《明佛论》

宗炳是南北朝初期的著名山水画理论家和佛教居士。在山水画理论方面，他的《画山水序》论述了中国山水画的基本艺术特征和美学追求，在中国美术史上享有极高的声誉。作为佛教居士，他著有《明佛论》，站在佛教立场，对"神不灭"的理论进行辩护，在南朝刘宋时期的"形神关系"辩论中占有一席之地。

一 宗炳"结宇衡山"与《明佛论》的创作

宗炳的传记见于《宋书》卷九十三《隐逸》，其中对他的生平游踪有简略的叙述：

> （宗炳）妙善琴书，精于言理，每游山水，往辄忘归。征西长史王敬弘每从之，未尝不弥日也。乃下入庐山，就释慧远考寻文义……妻罗氏，亦有高情，与炳协趣。罗氏没，炳哀之过甚，既而辍哭寻理，悲情顿释。谓沙门释道坚曰："死生之分，未易可达，三复至教，方能遣哀。"……好山水，爱远游，西陟荆、巫，南登衡岳，因而结宇衡山，欲怀尚平之志。有疾还江陵，叹曰："老疾俱至，名山恐难遍睹，唯当澄怀观道，卧以游之。"凡所游履，皆图之

---

① 《何令尚之答宋文皇帝赞扬佛教事》，载（梁）僧祐《弘明集》卷11，《大正藏》第52册，第69页。

于室,谓人曰:"抚琴动操,欲令众山皆响。"……元嘉二十年,炳卒,时年六十九。衡阳王义季与司徒江夏王义恭书曰:"宗居士不救所病,其清履肥素,终始可嘉!为之恻怆,不能已已。"①

宗炳是一名山水画家,对自然山水爱好至深,一生好游名山大川。据《宋书》本传记载,他曾经"西陟荆巫,南登衡岳",并在衡山结庐居住,生活了一段时间。晚年时,他将自己生平游历过的名山胜景绘成图画,张挂在自己室内观赏,称为"卧游",并说:"抚琴动操,欲令众山皆响",成为中国美术史上一段动人的佳话。

宗炳结庐衡山,南宋文人陈田夫在《南岳总胜集》中也有所记录:"高台惠安禅院,在后洞妙高峰下,与方广比邻。山势幽邃,景物与山前不侔。……又西有水源,自岩下出,莫知其所自,号灵源。宋宗炳有庵,在灵源之上,今芭蕉庵是也,尚存基址。"② 按照陈田夫所记,宗炳在衡山建庵居住,地点在衡山后山妙高峰附近一处名为"灵源"的水源之上,南宋时已更名为"芭蕉庵",但宗炳旧居的"基址"尚存。

宗炳结庐衡山的具体年月,今已不能详考。他从衡山回到江陵以后,曾自叹说"老疾俱至,名山恐难遍睹,唯当澄怀观道,卧以游之",则结庐衡山时应当也是暮年阶段了。宗炳在他著名的画论文章《画山水序》中提到:"余眷恋庐、衡,契阔荆、巫,不知老之将至,愧不能凝身怡气,伤砧石门之流,于是画象布色,构兹云岭。"③ 可见这篇文章是他由衡山回到江陵后所作,因此才有"眷恋庐衡,契阔荆巫"的说法。关于《画山水序》的创作年代,美术史家陈绶祥先生在《现存魏晋南北朝画论考订》一文中推断,应当是宗炳的暮年之作,"将此文定为公元五世纪三十年代末至四十年代初的作品,即在宗炳生活之最后十年间(公元433—443)的作品,当是比较恰当的。"④ 按照这一判断,《画山水序》的创作时间大约为宋文帝元嘉十年(433)到元嘉二十年(443)之间,此为宗

---

① 《宋书》(第八册),中华书局1974年版,第2278—2279页。
② (宋)陈田夫:《南岳总胜集》卷二,《大正藏》第51册,第1077页。
③ 张彦远撰,俞剑华注释:《历代名画记》,上海人民美术出版社1964年版,第129—130页。
④ 陈绶祥:《遮蔽的文明》,北京工艺美术出版社1992年版,第367页。

炳生命中的最后十年。由此看来，宗炳隐居衡山的时间，当在元嘉十年（433）之前。考虑到陈绶祥所说的《画山水序》成书年份只是一个大致的时间段，完全可以往后推移，则宗炳隐居衡山的时间也可以宽泛地设定为元嘉十年（433）前后。

宗炳在元嘉十年（433）左右结庐衡山期间，也正是何承天任衡阳内史的时期。何承天在元嘉九年（432）至元嘉十二年（435）这段时间因权贵排挤而出任衡阳内史，至元嘉十六年（439）才回到朝廷中枢担任著作佐郎。何承天任衡阳内史期间，与宗炳就僧人慧琳的《白黑论》发生过一次辩论。在这次辩论中，宗炳连续写了两封给何承天的信，均保存在《弘明集》卷三，一封为《宗答何书》，一封为《答何衡阳难释白黑论》，此外还著有万言长文《明佛论》，系统地对何承天的"神灭论"主张进行驳难。据《弘明集》卷十一《何令尚之答宋文皇帝赞扬佛教事》一文记载，元嘉十二年（435），宋文帝对侍中何尚之说："颜延年之折《达性》，宗少文之难《白黑》，明佛汪汪，尤为名理，并足开奖人意。"[①] 宗少文即宗炳，"宗少文之难《白黑》"，应指宗炳针对《白黑论》对何承天的答书。由此可以判断，宗炳与何承天争辩《白黑论》、撰写《明佛论》均在元嘉九年（432）到元嘉十二年（435）之间。这段时间大致也是宗炳隐居衡山的时期。故很有可能，何承天任衡阳内史时，宗炳正"结宇衡山，欲怀尚平之志"，南北朝初期的两位杰出思想家聚首衡阳，展开了"衡阳论辩"，就当时人们所关心的"形神关系"问题进行了激烈的辩论，并留下了佛教思想史上的著名杰作《明佛论》。

二　宗炳《明佛论》的思想来源

宗炳的《明佛论》，撰写于与何承天"衡阳论辩"期间，主旨则是当时人们所关心、议论的"形神关系"。作为虔诚的佛教徒，宗炳对这一问题的看法与何承天截然相反，他认为形体粗陋而精神微妙，因此精神可以超越形体而独立存在。宗炳的这一认识，一方面源自庐山慧远的"法身论"；另一方面则源自他作为艺术家"澄怀味道"的艺术直觉，与他的山

[①]《何令尚之答宋文皇帝赞扬佛教事》，载（梁）僧祐《弘明集》卷11，《大正藏》第52册，第69页。

水画论直接相关,反映了晋宋时期文人的审美趣味。

慧远,俗姓贾,雁门楼烦人。生于东晋和帝咸和九年(334),死于东晋安帝义熙十二年(416),卒年83岁。他出生于士族家庭,"少为诸生,博综六经,尤善《庄》、《老》。性度弘博,风鉴朗拔,虽宿儒英达,莫不服其深致"①,在青年时期,就对儒家、道家经典都进行过深入研究。21岁时,他想渡江到江东,与名士范宣子共同隐居,因遇到战乱而未能成行。恰逢当时的著名僧人道安在太行恒山传教,慧远前往听讲之后,豁然醒悟,感叹说:"儒道九流,皆糠秕耳。"遂从道安出家。在北方战乱越来越严重的情况下,道安僧团决定南下开辟新的根据地。慧远先随道安至襄阳,后于太元六年(381)率领部分徒众来到庐山。慧远到达庐山之后,受到南方统治阶层乃至普通士族知识分子的尊崇欢迎,遂终生留居庐山,传教授业,建立了名震一时的"庐山僧团",使庐山成为南方佛教重镇。《高僧传》载:"既而谨律息心之士,绝尘清信之宾,并不期而至,望风遥集。彭城刘遗民、豫章雷次宗、雁门周续之、新蔡毕颖之、南阳宗炳、张莱民、张季硕等,并弃世遗荣,依远游止。"②慧远的"庐山僧团"吸引了当时南方大批信仰佛教的知识分子,宗炳就是其中之一。《宋书》宗炳传中提到"乃下入庐山,就释慧远考寻文义"③,《明佛论》则说"昔远和上(尚)澄业庐山,余往憩五旬"④,都明确说到宗炳曾到庐山向慧远求教佛教经义。慧远的佛教理论对宗炳的《明佛论》也产生了重大的影响。

宗炳的《明佛论》主要论证"神不灭",这是由于《明佛论》著于他与何承天论辩期间,"神灭""神不灭"是二人的主要论争焦点。但宗炳的"神不灭"思想并非由他个人独创,而是部分地源自慧远。在东晋末年的义学高僧中,慧远以提倡"神不灭义"而著名。他在《沙门不敬王者论》中有这样的说法:

---

① (梁)慧皎:《高僧传》卷6,《大正藏》第50册,第357页。
② 同上。
③ 《宋书》(第八册),中华书局1974年版,第2278页。
④ (南朝宋)宗炳:《明佛论》,载(梁)僧祐《弘明集》卷2,《大正藏》第52册,第15页。

火之传于薪，犹神之传于形。火之传异薪，犹神之传异形。前薪非后薪，则知指穷之术妙。前形非后形，则悟情数之感深。惑者见形朽于一生，便以为神情俱丧，犹睹火穷于一木，谓终期都尽耳。此曲从养生之谈，非远寻其类者也。就如来论，假令神形俱化，始自天本，愚智资生，同禀所受，问所受者为受之于形耶，为受之于神耶？若受之于形，凡在有形，皆化而为神矣。若受之于神，是为以神传。神则丹朱与帝尧齐圣，重华与瞽叟等灵。其可然乎！其可然乎！如其不可，固知冥缘之构著于在昔，明暗之分定于形初。虽灵钧善运，犹不能变性之自然，况降兹以还乎！验之以理，则微言而有征。效之以事，可无惑于大通。①

在中国传统"形神关系"的学说中，"薪火之喻"是一个经常出现的话题。持无神论立场的学者认为，精神和形体的关系就好像火和柴薪的关系，柴薪燃烧而产生火，薪是第一位的，有薪才有火；同样，形体和精神虽然同时存在，但形体是第一位的，有形体才有精神。"薪火之喻"还表明，薪尽而火灭，则形毁而神灭，世界上不存在永远燃烧的薪火，也不会有永恒存在的精神。"薪火之喻"形象地说明了精神不能脱离形体而独立存在，却仅是一个比喻而已，在理论上留有明显漏洞。慧远准确地抓住了"薪火之喻"的理论漏洞，论证指出，"火之传于薪，犹神之传于形。火之传异薪，犹神之传异形"②，也就是说，火与薪的关系，固然可以用来比喻神与形的关系，但薪燃烧殆尽，灰飞烟灭，火却可以传递到另一根柴薪上继续燃烧，这就说明人的形体虽然有毁灭的一天，但精神却可以轮回传递到另一具形体上继续存在。"惑者见形朽于一生，便以为神情俱丧，犹睹火穷于一木，谓终期都尽耳。此曲从养生之谈，非远寻其类者也。"迷惑于大道的人看见人的形体生命会在一生之中终结，便认为精神也会同时灭尽，这就如同看见一根柴薪燃尽便以为火也终结了燃烧，两者同样荒谬。

---

① （东晋）慧远：《沙门不敬王者论》，载（梁）僧祐《弘明集》卷5，《大正藏》第52册，第31页。

② 同上。

慧远通过指出"薪火之喻"的理论漏洞,论证了"神"可以独立存在,由一个形体传递到下一个形体,这就为佛教的"轮回说""报应说"找到了一个看似合理的理论依据。宗炳在和何承天论辩时,也是从"薪火之喻"入手的。他在《答何衡阳难释白黑论》中说:

> 又云:形神相资,古人譬之薪火。薪弊火微,薪尽火灭,虽有其妙,岂能独存?夫火者薪之所生,神非形之所作。意有精粗,感而得,形随之。精神极,则超形独存。无形而神存,法身常住之谓也。①

宗炳对于"薪火之喻"的态度与慧远有所不同。"薪火之喻"最早见于《庄子》,一般为具有唯物主义倾向的无神论思想家所采用,如东汉的王充说:"人之死,犹火之灭也。火灭而耀不照,人死而知不惠,二者宜同一实。……人病且死,与火之且灭何以异?火灭光消而烛在,人死精亡而形存,谓人死有知,是谓火灭复有光也。"② 慧远也采取"薪火之喻"来说明形神关系,但他从另一个角度看待这一问题,得出的结论是"火之传异薪,犹神之传异形"③,"薪火之喻"竟然成了论证精神永恒存在依据。慧远的论证表面上看起来很有道理,但是站在有神论的立场来看,依然不够彻底,因为即使承认火可以从一根柴薪传递到下一根柴薪,但火毕竟要依附于柴薪,不能脱离柴薪而独立存在,照此推论,"神"也是无法脱离形体而独立存在的。宗炳在与何承天的论辩中,就遇到了这个问题。因此他不再采取慧远的"薪火之喻",而是转而论证"神"的独立存在性,"无形而神存"。宗炳认为,形神关系非"薪火之喻"所能说明,因为薪火是派生关系,有薪才有火,形神却并非派生关系,"精神极,则超形独存",在一定条件下,"神"可以超脱形体而独立存在,这种"超形独存"的"神"就是佛教理论中所说的"法身","无形而神存,法身常

---

① (南朝宋)宗炳:《答何衡阳难释白黑论》,载(梁)僧祐《弘明集》卷3,《大正藏》第52册,第20页。

② 王充著,黄晖校释:《论衡校释》(三),中华书局1990年版,第877页。

③ (东晋)慧远:《沙门不敬王者论》,载(梁)僧祐《弘明集》卷5,《大正藏》第52册,第31页。

宗炳的"神不灭论"除了源自庐山慧远之外，还与晋宋时期的山水画理论发展有关。众所周知，宗炳是一名优秀的画家，一生酷爱山水，他在"结宇衡山"期间，徜徉在湖湘山水之间，在饱览大自然风光的同时，也逐渐酝酿出他自己的山水画理论。他晚年时创作的《画山水序》明确指出："余眷恋庐、衡，契阔荆、巫，不知老之将至，愧不能凝身怡气，伤砧石门之流，于是画象布色，构兹云岭。"② 可见"结宇衡山"对于他的晚期画作和山水画理论产生过重大影响，他的《画山水序》就是在对自然山水的观照过程中写成的。

宗炳《画山水序》是南北朝时期的著名画论，也是我国历史上第一部山水画理论著作。从现有的资料推测，《画山水序》应当是形成于他晚年退居江陵期间。但从《画山水序》的思想来看，则和《明佛论》有相当明显的关系，因此不妨认为，《画山水序》的思想，在他"结宇衡山"期间已经形成。

《画山水序》论自然山水，认为是"质有而趣灵"，这句话是《画山水序》美学思想的总纲。所谓"质有而趣灵"，李泽厚等人在《中国美学史》中的解释说："这里所谓'质有'，是具有形质之意。山水有形质可见，所以说'质有'。而山水之形质又是佛的'神明'、'精感'的体现和产物，所以说'趣灵'，即具有灵妙的意趣。"③ 一句话，"质有"就是山水之形，"趣灵"就是山水之"神"，形神之分，是宗炳山水画理论的基石。《明佛论》里说："夫五岳四渎，谓无灵也，则未可断矣。若许其神，则岳唯积土之多，渎唯积水而已矣。得一之灵，何生水土之粗哉，而感托岩流，肃成一体。设使山崩川竭，必不与水土俱亡矣。"④ 也就是说，就自然山水本身而言，山岳不过是"积土之多"，川渎则只是"积水而

---

① （南朝宋）宗炳：《答何衡阳难释白黑论》，载（梁）僧祐《弘明集》卷3，《大正藏》第52册，第20页。

② 张彦远撰，俞剑华注释：《历代名画记》，上海人民美术出版社1964年版，第129—130页。

③ 李泽厚、刘纲纪主编：《中国美学史》第二卷（下），中国社会科学出版社1984年版，第511页。

④ （南朝宋）宗炳：《明佛论》，载（梁）僧祐《弘明集》卷2，《大正藏》第52册，第9页。

已",但通常认为五岳、四渎都有神灵,神灵与山岳、川渎"肃成一体",即使山崩水竭,山水的形体消亡,神灵依旧会岿然独存。这段话论述的是自然山水的形神之分,因此《中国美学史》的编者认为:"这正是对山水'质有而趣灵'的明白解说。"①

明白了《画山水序》与《明佛论》的关系,我们就可以了解,宗炳的佛学思想和艺术美学思想是同步形成的,两者有密不可分的关系。宗炳的艺术美学思想源自魏晋时期文人艺术家对"神"的关注,这也构成了宗炳《明佛论》的重要思想来源。

魏晋时期是一个"人的觉醒"的时代,相对于汉代沉闷的经学和宇宙论学说,魏晋时期的文化发展更为注重的是个体的自由以及艺术灵感的发扬。美学家宗白华曾这样评价这个时代:"汉末魏晋六朝是中国政治上最混乱、社会上最苦痛的时代,然而却是精神史上极自由、极解放、最富于智慧、最浓于热情的一个时代。因而也就是最富有艺术精神的一个时代。"②魏晋文人面对政治上的不自由,转而投向艺术世界寻找自由。他们在艺术灵感的激发下,极其重视人的神采和风度,"风姿神貌"成了人物品评的尺度和标准,《世说新语》中记载了许多名士自由奔放的言行举动,形成了后世所艳称的"魏晋风度"。在此社会风气的影响下,当时的人物画创作也将注意力集中于人的神韵,形成了所谓"传神论"的美学理论。东晋画家顾恺之善于画人物,"顾长康画人,或数年不点目睛。人问其故,顾曰:'四体妍蚩,本无关于妙处,传神写照,正在阿堵中'"③。从顾恺之的话中我们可以知道,当时的画家在创作人物画时,重视的是人之"神"而非人之"形",形神之分,实际上在魏晋时期的艺术世界里已经形成了。南北朝初期,当山水画兴起时,这种重"神"而不重"形"的美学趣味被继承下来,"'传神论'强调具有形而上意义的'神',山水画论追求山水之中形而上之'道'的观照,其实也是强调意求心取、畅神的审美体验"④。

魏晋南北朝时期的艺术家,无论是创作人物画还是山水画,都重

---

① 李泽厚、刘纲纪主编:《中国美学史》第二卷(下),中国社会科学出版社1984年版,第511页。
② 宗白华:《美学散步》,上海人民出版社2005年版,第356页。
③ 刘义庆撰,徐震堮校笺:《世说新语校笺》,中华书局1984年版,第388页。
④ 陈绶祥主编:《中国美术史》(魏晋南北朝卷),齐鲁书社2000年版,第78页。

"神"而遗"形",追求在尺幅之中表现无穷的意蕴,而不是单纯地摹拟自然、再现自然。这种美学趣味和追求渗透在宗炳的思想中,便构成了《明佛论》"神不灭"思想的又一个来源。当然,艺术理论中的"神",与宗教思想中的"神",二者有一定的区别。艺术理论的"神"是神采、神韵;宗教思想的"神"则是轮回和报应的主体承担者(特指佛教而言)。但二者一致的地方在于,无论是艺术理论之"神",还是宗教思想之"神",都是超越形体而独立存在的。就魏晋南北朝的画论而言,"神"是微妙的气度、意象,人物或山水之外之"形"只是承载神采、气韵的工具和材质,艺术家应当表现的是微妙之"神"而非材质之"形"。宗炳的"神不灭"思想,强调的也正是"形粗而神妙",也就是说,生命有"形"与"神"的两面性,相对于"神"的微妙不测,"形"只是粗陋的材质而已。由"形粗而神妙"的说法,不难看出宗炳"神不灭"思想与魏晋南北朝艺术美学理论的内在渊源关系。

三 宗炳《明佛论》的思想主题

宗炳的"神不灭"思想主要体现在他的《明佛论》中。《明佛论》是他与何承天"衡阳论辩"期间撰写的。除此以外,他还有几封与何承天的论辩书信,也反映了他的"神不灭"思想立场。

《明佛论》的思想主题,主要在于"神不灭""因果报应""三教论衡"三个方面,以下就从这三个方面略论《明佛论》的思想内容。

(一)"神不灭"的思想主题

宗炳撰写《明佛论》的动机,就是为了反击何承天的唯物主义无神论,因此"神不灭"是他必须努力突出的主题,《明佛论》又称《神不灭论》。对于这一点,汤用彤先生在《汉魏两晋南北朝佛教史》中有明确的揭示,可以引以为据:"按何(承天)与宗(炳)、颜(延之)之辩难,理论虽非一,而其首要问题在神灵之不灭。宗与何书中有云:'吾故罄其愚思,制《明佛论》,以自献所怀,始成,已令人书写。'故宗作此论,亦在慧琳造《白黑论》之后。《明佛论》又名《神不灭论》,或亦针对琳比丘而作也。"[①]

---

① 汤用彤:《汉魏两晋南北朝佛教史》(增订本),北京大学出版社2011年版,第235页。

宗炳论形神关系，首重"形粗而神妙"，在他给何承天的书信中，就阐明了这一立场："今人形至粗，人神至妙，以形从神，岂得齐终心之所感？"① 在《明佛论》中，他再次申明："神也者，妙万物而为言矣。若资形以造，随形以灭，则以形为本，何妙以言乎？"② 在他看来，精神的本质是微妙不测的，而形体则是粗重的材质，二者有不同的来源。如果认为精神是形体的派生物，随着形体的生灭而生灭，那么还有何微妙可言呢？

宗炳提出"形粗而神妙"，是魏晋南北朝时期"形神关系"辩论过程中的一大理论进展。在宗炳之前，包括慧远在内的人都用"薪火之喻"来说明形神关系，无神论者认为薪尽而火灭，形毁而神亡；有神论者则认为一薪传异薪，薪尽而火不灭，形毁而神不亡。这两派虽然观点各异，但都将"神"看成是依附于"形"而存在，犹如火依附于薪而存在。宗炳看到了"薪火之喻"的两重性及其衍生出的弊端，将其一刀截断，直接提出"形粗而神妙"，认为"形"与"神"二者各有来源，微妙不测的精神绝非"资形以造"，也不会"随形以灭"，这就从有神论的立场把"形神关系"说得比较清楚了。宗炳的这种理论，核心在于形神分立，或可称之为"形神二元论"。此后的唯物主义无神论者如范缜等人，在"形神关系"上也就不再纠缠于"薪火之喻"，而是重新提出"刀刃之喻"，以形神为一体，反对有神论者的"形神二元论"。

宗炳"形粗神妙"的"形神二元论"，为论证"神不灭"铺平了道路。"神"既然是超越形体的独立存在，不因形体而生，当然也不随形体而灭。《明佛论》云："然群生之神，其极虽齐，而随缘迁流，成粗妙之识，而与本不灭矣。今舜虽生于瞽，舜之神也，必非瞽之所生；则商均之神，又非舜之所育。生育之前，素有粗妙矣。既本立于未生之先，则知不灭于既死之后矣。"③ 宗炳在这里指出，一切众生的"神"是均一平等的，但是随着业缘的迁流，会形成各种各样精粗不等的"识"，神识与生俱

---

① （南朝宋）宗炳：《宗答何书》，载（梁）僧祐《弘明集》卷3，《大正藏》第52册，第18页。

② （南朝宋）宗炳：《明佛论》，载（梁）僧祐《弘明集》卷2，《大正藏》第52册，第9页。

③ 同上。

来,死后也不会消灭。按照历史传说,舜是圣人,但他的父亲瞽叟、儿子商均都以凶顽著称,可见瞽叟、舜、商均这祖孙三代之间连续、继承的只是形体,他们的"神"则禀赋于先天而有精粗之分,不是相互继承而来,因此才会在后天形成圣人与凶顽之人的区别。既然未生之前就有"神",那么就说明"神"在既死之后也不会消灭。宗炳就是通过这样的方式,证明了他建筑在宗教幻想基础之上的"神不灭"理论。

(二)"因果报应"的思想主题

佛教传入中国以后,"因果报应"说是当时知识界、思想界热烈讨论的一个重要问题。就传统中国思想而言,"报应"之说并不陌生,所谓"积善之家,常有余庆;积不善之家,常有余殃"(《易传·文言》),这类说法,在先秦至两汉的文献中也经常出现。但是中国传统思想中的"报应论",只是一种比较宽泛的道德说教,并没有确定一个明确的"报应"承担者,与佛教的"业报"论有一定的区别。同时,依据中国传统思想,"报应"之有无,有时候还在虚无缥缈之间,司马迁在《史记》中借伯夷、叔齐守善道而饿死的事迹,就曾经发生过这样的感慨:"天之报施善人,其何如哉?"(《史记·伯夷列传》)在佛教传入中国之后,这个问题很快引起了争论。宗炳所依止的宗教导师庐山慧远,就曾经撰写过一篇名为《三报论》的论文,集中阐述过这个问题,宗炳《明佛论》中的"因果报应"思想主题,就是对慧远《三报论》的进一步阐发。

《三报论》的思想基础还是"形尽神不灭"。因为"形尽神不灭",所以"因"和"果"之间的时间距离可以无限延长,"报应"可以发生在现世,也可以发生在后世,"《经》说业有三报:一曰现报,二曰生报,三曰后报。现报者,善恶始于此身,即此身受。生报者,来生便受。后报者,或经二生三生,百生千生,然后乃受。"[①]《三报论》明确了报应的承担者是穷劫累世也不会随形体而消亡的主体之"神","报应"的行为甚至可以发生在"百生千生",这就避免了中国传统"报应"思想的模糊性,给了宗教信仰者无限信心。

宗炳在《明佛论》中提到这样一个例子。有人问他,战国末年及秦

[①] (东晋)慧远:《三报论》,载(梁)僧祐《弘明集》卷5,《大正藏》第52册,第34页。

汉之际,秦国名将白起和西楚霸王项羽,都曾经一日之间坑杀对方的降卒六十万人,这六十万人善恶不同,何以都会有此惨痛的遭遇,佛教所说的报应之理又何在呢?"若谓应在将来者,则向六十万命善恶不同,而枉灭同矣。今善恶虽异,身后所当,独何得异见世?殊品既一不蒙甄,将来浩荡,为欲何望?况复恐实无将来乎?"①提问者的疑惑在于:如果按照佛教的报应论,人的品性、行为善恶不同,则所受的报应也应当不同,为白起、项羽所分别坑杀的六十万人,其中的善恶分别必然很悬殊,但却不分贤愚善恶,同时遭受到"枉灭"的悲惨命运。这么说来,佛教的报应论就很值得怀疑了。更为让人深思的是,现世的报应既已如此不公平,又如何能指望将来的报应能够公正合理呢?

提问者所举出的实例确实击中了佛教"因果报应论"的要害。对此,宗炳首先解释说:"今秦赵之众,其神与宇宙俱来,成败天地而不灭,起、籍二将岂得顿灭六十万神哉?神不可灭也,则所灭者身也。"②宗炳认为,六十万降卒,就有六十万与生俱来的"神",即使宇宙坏灭,这六十万"神"也不会消亡,可见白起、项羽消灭的只是这六十万人的"形"而非其"神"。其次,六十万人同时受到恶报,也非情理之所无,"今六十万人虽当美恶殊品,至于忍咀群生,恐不异也。……害生同矣,故受害之日固亦可同。"③宗炳提出了一个相当牵强的理由是,这些受害的降卒,虽然"美恶殊品",但累世以来杀生食肉却是一致的,因此就有可能同时受到报应。宗炳最后的结论是,唯有建立坚固的佛教信仰,才能避免类似的厄运,"若在往生能闻于道,敬修法戒,则必不坠长平而受坑马服矣"④。

宗炳在《明佛论》中宣扬的"因果报应"论,基本上是依据庐山慧远的《三报论》,将现实世界中偶然发生的善恶事迹,与遥远的前生、后世联系在一起,从而确定报应的必然性和准确性。宗炳的这种理论,与他的"神不灭论"一样,也是建筑在宗教幻想的基础之上,同样经不起实

---

① (南朝宋)宗炳:《明佛论》,载(梁)僧祐《弘明集》卷2,《大正藏》第52册,第12页。

② 同上书,第13页。

③ 同上。

④ 同上。

践的检验。

（三）"三教论衡"的思想主题

佛教传入中国以后，改变了中国传统的文化格局和文化生态，先秦以来的诸子百家中，能够在思想上与佛教抗衡的只有儒家和道家，由此在魏晋南北朝时期形成了"三教论衡"的局面。"三教论衡"，指的是当时的儒家、道家和释家，通过学术争论的方式，竞争思想界的主流地位。在南北朝时期的"三教论衡"中，一般以儒、道代表中国的本土文化，印度传入的佛教则是外来文化，两者之间在生活习俗、思想观念等方面发生了激烈的碰撞。

宗炳与何承天"衡阳论辩"的导火索是慧琳的《白黑论》。《白黑论》在开篇部分就比较了中国本土文化与印度佛教文化的优劣："有白学先生，以为中国圣人经纶百世，其德弘矣；智周万变，天人之理尽矣；道无隐旨，教罔遗筌，聪睿迪哲，何负于殊论哉？有黑学道士陋之，谓不照幽冥之途，弗及来生之化，虽尚虚心，未能虚事，不逮西域之深也。"[1]"白学先生"列举了中国本土文化的种种优点；"黑学道士"却认为这种文化仅仅关注现实世界，佛教则视域更为宽广，在现实世界之外还关注到"幽冥之途""来生之化"，因此比中国本土文化更为深刻。《白黑论》在经过"白学先生"和"黑学道士"的一系列辩论之后，以"周孔疑而不辩，释迦辩而不实"[2]作为结论，明显对以儒家为代表的中国本土文化有所偏袒，"论行于世，旧僧谓其贬黜释氏，欲加摈斥"[3]。

慧琳的《白黑论》是南北朝"三教论衡""儒释之争"的一个缩影。对此问题，宗炳在《明佛论》中也提出了自己的看法。

作为虔诚的佛教信徒，宗炳首先论证了佛教文化的优越性。"彼佛经也，包五典之德，深加远大之实；含老庄之虚，而重增皆空之尽。高言实理，肃焉感神，其映如日，其清如风，非圣谁说乎？"[4]在宗炳看来，佛经既囊括了儒家的"五典之德"，又包含了道家的"老庄之虚"，同时还

---

[1]《宋书》（第八册），中华书局1974年版，第2388页。
[2] 同上书，第2391页。
[3] 同上。
[4]（南朝宋）宗炳：《明佛论》，载（梁）僧祐《弘明集》卷2，《大正藏》第52册，第9页。

超越儒道两家之上,"深加远大之实","重增皆空之尽",因此没有理由不承认佛经是出自圣人的言说。佛教传入中国后,与中国本土文化发生碰撞,遭到以儒道文化为背景的中国知识阶层的抵制,这是由于"中国君子明于礼义而暗于知人之心,宁知佛之心乎?"①

在论述了佛教文化的优越性之后,宗炳也提出"调和三教"的主张。一方面,他尽量打通儒、释、道三家的思想隔阂,宣称三教的思想有共通之处,"然则孔氏之训,资释氏而通"②,"广成之言曰:'至道之精,窈窈冥冥。'即首楞严三昧矣"③。另一方面,他又指出,儒、释、道三教在社会中的应用领域不同,可以各自为用、相互补充而不构成冲突,"若老子、庄周之道,松乔列真之术,信可以洗心养身"④。"今依周孔以养民,味佛法以养神,则生为明后,殁为明神,而常王矣。"⑤道家、道教的社会功能在于"洗心养身",儒家的社会功能在于"养民",而佛教的社会功用则是"养神"。如果统治者能接受这一建议,则"生为明后,殁为明神",生前、死后的利益都能够得到保证。

宗炳对于"三教论衡"的看法,反映出南北朝时期佛教化知识分子的普遍特点。他们一方面推崇佛教,认为其高出于儒家的六经和道家的《庄》《老》;另一方面又试图从社会功能方面为儒、释、道三教区别定位,特别是调和佛教和中国本土文化的关系,为统治者献计献策。

宗炳的《明佛论》,文辞博赡,辩论有力,赢得了不少人的称赞。宋文帝评论他说:"宗少文之难《白黑》,明佛汪汪,尤为名理。"⑥ 这一评价,反映了宗(炳)、何(承天)"衡阳论辩"的社会影响以及《明佛论》的社会声誉。

---

① (南朝宋)宗炳:《明佛论》,载(梁)僧祐《弘明集》卷2,《大正藏》第52册,第9页。
② 同上书,第13页。
③ 同上书,第12页。
④ 同上书,第9页。
⑤ 同上书,第15页。
⑥ 《何令尚之答宋文皇帝赞扬佛教事》,载(梁)僧祐《弘明集》卷11,《大正藏》第52册,第69页。

第四节 王船山的佛教观

明代中晚期,在王畿、李贽等人的主导下,阳明心学的发展渐与禅宗合流,有"儒禅一致"的倾向,并在知识分子中形成了颇具影响力的"士大夫禅学"群体。在这样的背景下,王船山本着儒家的基本立场,从历史影响和思想根源两个方面对佛教禅宗进行了严厉的批判。但另一方面,王船山又对佛教思想进行了深入研究,并在精神层面上与其有某种共鸣。笔者分析认为,"批判佛教"是王船山的思想主线,体现了其"理性的抉择";与佛禅之道的共鸣系王船山思想的旁支,是其面临亡国惨痛之特殊心灵际遇的反映,体现的是其"情感之投向";而晚明心学中"儒禅一致"的思想风气则是王船山所特别痛斥的对象。

一 晚明时期的士大夫禅学

在明代中晚期以后,阳明心学兴起,一方面继续深入探寻传统儒家的"性与天道"等问题;另一方面则吸收佛教禅宗的境界论思想,形成了"有无合一"的思想特色。特别是在黄宗羲所称的阳明"晚年化境"时期,阳明以"四句教"的形式总结其心学思想,首句"无善无恶心之体"超越善恶对立的思想,直指人之本体,颇有禅宗"解粘去缚"的意味。在阳明心学的影响之下,晚明时期的文学和哲学都有会合儒、禅的倾向。黄宗羲在《明儒学案》中评论泰州学派的思想时说:"阳明先生之学,有泰州、龙溪而风行天下,亦因泰州、龙溪而渐失其传。泰州、龙溪时时不满其师说,益启瞿昙之秘而归之师,盖跻阳明而为禅矣"[1],就是对这一情形的生动写照。

对于阳明心学、特别是其后学的这一"儒禅一致"的倾向,当时的禅宗中人也有所洞察,如永觉元贤禅师认为:"大都阳明之学,主之以儒而益之以禅,故觉其精深敏妙,惊骇世俗。""龙溪、近溪二老,讲阳明之学,而多用禅语。非有得于禅,乃以儒解禅也。以儒解禅,禅安得不儒

---

[1] 黄宗羲:《明儒学案》(上册),中华书局1986年版,第703页。

哉?"① 当然禅师们从纯粹的佛学角度出发,认为阳明学与传统儒学相比,虽有超然入圣的一面,但终究属于"世谛",与纯粹的佛教义理终有一间之隔。明末的麦浪禅师说:"阳明夫子云:'良知即真知。'此则把一茎草作丈六金身用也。固不敢保其真实亲证,亦可谓随顺信解矣。"② 真正的禅师只许阳明为"随顺信解",而不许其为"真实亲证",这就说明从"生死解脱"的角度来看,阳明学还是"未达究竟",需要作进一步的提升。

在这样的情况下,信从阳明学的士人跨越儒、释的疆界,由心学一转手而踏入禅门,就成了一件十分自然的事情。这方面的突出例证有邓豁渠、管东溟、焦弱侯、赵大洲等人,形成了晚明社会中颇具特色的"士大夫禅学"群体。清代著名佛教居士彭绍升曾概括理学和佛教禅宗的融合发展历史说:"儒佛盛衰实相表里,曹溪之化盛而李翱演《复性》之书,东林之教行而周子抉无极之秘,其发轫迥殊,而归宗非别。洎于明道推阐天人,研穷性命,往往契《金刚》无住之旨、《维摩》不二之门,然而痛斥枯禅、深排二乘,非独显提名教,抑且阴翼禅宗。虽排斥之言不无太过,将愿力所凭,别有深旨乎?降及象山、慈湖、阳明、心斋诸先生,直契心源,痛除枝叶,宜乎登少林之堂,饮曹溪之水,而乃曲为众生,严分经界,权实互用,冥显难窥。越至明之末造,藩篱既撤,华梵交宣,觐弥陀于数仞墙中,谒庖牺于菩提树下,大同之化于是为昭然。"③ 彭绍升认为,理学的发展路向实际上和佛教一致,只不过濂溪、明道有其实而隐其名,象山、阳明等人直契禅宗心源,但犹分儒、释之界限,明代末年则"藩篱既撤,华梵交宣",儒即是禅,禅即为儒,儒禅一致,不分轩轾。彭绍升的说法虽是佛教徒的一家之言,但对明末士大夫"儒禅一致"思想作风的刻画却颇为传神,可以由此窥见当时的时代风尚。

二 王船山对佛教的认识

王船山生活的时代正值明末清初,作为一名具有高度洞察力的思想家

---

① (清)道霈重编:《永觉元贤禅师广录》,《续藏经》第72册,第565页。
② (明)许元钊录:《云门麦浪怀禅师宗门设难》,《续藏经》第73册,第862页。
③ (清)彭际清:《居士传》,《续藏经》第88册,第266页。

和哲学家，他对当时思想界的这种变动无疑是极为清楚的。总的来说，他对佛教是排斥的，在宋元明清的历代儒家知识分子中，他可说是对佛教批评最力、持论也最为严厉的人之一。在《读通鉴论》中，他将浮屠与老庄、申韩并列为"古今之三大害"，"盖尝论之，古今之大害有三：老、庄也，浮屠也，申、韩也。三者之致祸异，而相沿以生者，其归必合于一。不相济则祸犹浅，而相沿则祸必烈。"① 王船山认为，佛教修造庙塔、靡费金钱，其害犹浅，最主要的是它和中国固有的思想学术相结合，造成了对世道人心以及国家命脉的伤害，并导致社会秩序的解体和人伦道德的崩溃。

王船山纵观历史，指出佛教在中国的发展有三个时期，在这三个时期的发展历程中，佛教与中国本土思想不断碰撞、融合，最终占据了中国人的精神世界。魏晋南北朝时期，佛教主要是和老庄之说相附会，支道林、竺道生、僧肇等佛学大师和所谓"清谈之士"的玄学家相互唱和，谈空说有，这是佛教和中国思想交汇的第一时期。唐宋以后，佛教更进一步与儒家思想相会通，如唐代的李翱、宋代的张九成，都是所谓"阳儒阴释"的人物，他们惯常的做法是以佛教的义理诠释儒家思想，导致儒学的"（佛教）禅宗化"。此为佛教和中国思想交汇的第二个时期。儒、释会通的顶峰时期是明代中晚期以后，代表学说则是王阳明的"无善无恶"之说。这是佛教和中国思想交汇的第三个时期。在这三期发展历程中，佛教一步步深入中国思想的核心部分并对其进行改造，迨至明代晚期，阳明心学虽号称儒学，实已与佛教禅宗无异，甚至在作风上较禅宗更为恶劣，"于是而以无善无恶、销人伦、灭天理者，谓之良知；于是而以事事无碍之邪行，恣其奔欲无度者为率性，而双空人法之圣证；于是而以廉耻为桎梏，以君父为萍梗，无所不为为游戏，可夷狄，可盗贼，随类现身为方便"②。王龙溪、王心斋、李卓吾等人既已深入禅宗，并用禅学的概念对儒学进行"改头换面"，儒既不成为儒，禅也不成为禅，而其直接的后果是社会的整体性道德崩溃。相形之下，南北朝时期的帝王奉佛风气虽浓，如后赵的石虎敬奉佛图澄、后秦的姚兴敬奉鸠摩罗什、南朝梁的萧衍舍身

---

① 王夫之：《读通鉴论》，《船山全书》第10册，岳麓书社1988年版，第651页。
② 同上书，第652页。

同泰寺，都仅是靡费金钱而已，对整个社会的影响力并不大；但一旦佛教和儒学相结合，占据了知识分子的精神世界，就会表现出可怕的"杀伤力"，斩丧文化命脉和世道人心，明末社会之所以道德沦丧、情欲放纵，最终导致解体，在思想学术方面，王龙溪、李卓吾等人应负有主要的责任。

王船山进一步从思想上对佛教禅宗进行分析，他指出，禅宗最大的弊端在于"不知性"，在这一点上，禅宗实际上和老庄、荀子等走入了同一条死胡同。他说："夫言性者，则皆有名之可执，有用之可见，而终不知何者之为性。盖不知何如，而以名当之，名则奚不可施哉？谓山鸡为凤，山鸡不能辞，凤不能竞也。谓死鼠为璞，死鼠不知却，玉不能争也。故浮屠、老子、庄周、列御寇、告不害、荀卿、扬雄、荀悦、韩愈、王守仁各取一物以为性，而自诧曰知，彼亦有所挟者存也。"① 在王船山看来，历史上的各家学派对所谓"性"都有各自不同的认识，"性"只是各家共通的一个称谓，其实际意义则千差万别。从儒家的立场上进行判释，则各家所言之"性"有"性"之名，而无"性"之实。浮屠、老庄之"性"既非"真性"，则其"知"也非"真知"，"故可直折之曰，其所云性者非性，其所自谓知者非知。犹之乎谓云为天，闻笋菹而煮簜以食也"②。

那么王船山认为"浮屠氏"的"性论"是在哪一点上误入歧途的呢？他的看法是，佛教禅宗对"性"的错误认识在于以人心而非道心为"性"，差之毫厘，谬以千里，由此遁入虚无寂漠之乡，对宇宙人生的真实相状终无所知。他在《尚书引义》中说："浮屠之言曰：'即心即佛'；又曰：'非心非佛'；又曰：'一切众生皆有佛性'；又曰：'三界惟心'；亦人心之谓已。何以明其然也？彼所谓心，则觉了能知之心；彼所谓性，则作用之性也。以了以知，以作以用，昭昭灵灵于行住坐卧之间，觉了不诬者，作用以起。自非然者，亦不得谓之心。惟其然而可谓之心，惟其然故亦仅谓之人心矣。"③ 所谓人心，是人的知觉了别之心，亦包括情感、情绪等作用，它拘于形体之私，属于后天的经验层面；所谓道心，是指人

---

① 王夫之：《姜斋文集·知性论》，《船山全书》第 15 册，岳麓书社 1988 年版，第 84 页。
② 同上书，第 85 页。
③ 王夫之：《尚书引义》，《船山全书》第 2 册，岳麓书社 1988 年版，第 259—260 页。

的道德理性，不拘于形体之私，属于超越的天道层面。王船山认为"道心"为"性"，"人心"则仅可谓之"情"，佛教禅宗所认识的"性"其实是儒家的所谓"情"，执此以为修养，当人心湛然、情波澄静之时，暂时也会得到一些"清朗虚涵"的光影，但终归于镜花水月，了无所得。因此，"道心""人心"之分是儒、释之判的关键，以"道心"为"性"是儒家的立场，以"人心"为"性"就走入了释氏的歧途。在王船山看来，从陆象山、王阳明直到王龙溪、李卓吾等人，整个心学的发展都是以"人心"为"性"，因此虽名为儒学，其实已是佛教禅学思想的变种。"呜呼！大舜咨嗟以相戒，告子、释氏宝重以为宗，象山、姚江畔援以为儒，王畿、李贽窃附以为邪。其圣也如登，其狂也如崩，大概亦可睹矣。"①

王船山虽然对佛教持论严厉，但是对佛教思想深有认识之人。他不但精通唐宋以后的禅宗诸家之学，甚至对佛学中素称难治的"法相唯识"之学也深入堂奥，所著《相宗络索》一书在明末的唯识学著作中占有一席之地。当然，在明代末年的历史背景下，王船山了解的佛教思想主要是以《大乘起信论》为思想纲领的"真常佛性"思想，他对唯识学的理解也是建立在"真常佛性"的思想基础之上的。明代流行的佛教宗派主要是禅宗，而禅宗的哲学基础正是"真常佛性论"，因此在明末丛林中，以《起信论》的思想来注释唯识学著作是时代的风气。王船山在《相宗络索》中立"流转"和"还灭"二门，所展示的正是《起信论》"一心开二门"的结构。这说明王船山的佛学思想与明末的"丛林佛教"基本是一致的，他对当时佛教界的思想应当下过很深的研究工夫。

王船山和当时的佛教僧人也颇有交往，如著名学者方以智明亡后出家，曾以书招王船山，欲与之偕隐，并授以禅学密旨，船山答以"人各有心"而不赴招，但终怀缱绻之意，在《南窗漫记》中记其事与诗曰："方密之阁学逃禅，受觉浪记别，主青原，屡招余将有所授，诵'人各有心'之诗以答之；意乃愈迫，书示吉水刘安士诗，以寓悫奥之至。余终不能从，而不忍忘其缱绻，因录于此：'药铛□□一炉煎，霜雪堆头纸信

---

① 王夫之：《尚书引义》，《船山全书》第2册，岳麓书社1988年版，第261页。

传。松叶到春原堕地,竹花再种更参天。纵游泉石知同好,踏过刀枪亦偶然。何不翻身行别路,瓠落出没五湖烟?'"① 方以智死后,他在怀念友人的《广哀诗》中追叙前事说:"远舒摩顶臂,欲授金鸡粟。山心自存别,慈渡劳深祝。烹煮《南华》髓,调和双行粥。一意保孤危,为君全臣仆",② 表示自己虽不出家,但要以《庄子》的"两行"思想拯危保身。

此外,他与以明遗臣出家的惟印大师也有深厚的交谊,在《与惟印大师书》中,他称赞惟印萧然物外、不竞荣华的作风说:"三十年来,折脚□作鼎烹,鼎养浩浩遍天下,公独守野鸡潭一波罗提木叉,禅院法喜,萧然物外,三炷香中(原注:缺八字)不知佛图澄在石勒国土,有此自在否?"③ 明末遗臣中的出家者颇有广兴佛刹、追求利养者,如与王船山同事永历帝、以"直臣"而著称的金堡,出家后号"澹归大师",与清朝的定南王尚可喜往来,依恃其力量在广东韶州建丹霞寺,庙宇宏敞,盛极一时。王船山对这一类的行为不以为然,认为如同"佛图澄在石勒国土",虽然得到帝王之尊信,起到了轰动一时的效应,但离佛法教义的真谛甚远。相比之下,他与淡漠自守、严持戒律的惟印大师在精神上有更多的共鸣。"余丁亥至飞来船,有诗云:'偶然一叶落峰前,细雨微烟懒扣舷。长借岳云封几尺,潇湘春水座中天。'当时遍示山中人,无相解者。使一天冰雪留公住团瓢中,当登时领取,不待今日重为饶舌也。"④ 王船山的这首诗颇具禅味,而他与惟印大师的精神默契也具备了禅宗所谓"心行路绝、当下领取"的意味,这表现出他对禅宗的精神领会颇深。

王船山不但与佛教僧人有交谊,对禅宗的历史、思想也颇为熟悉。他在《宝宁寺志叙》中总结禅宗的历史发展说:"禅分五叶,其茎二也。南岳、江西,既两相对峙,抑互相印契,五茎二,二茎一也。"⑤ 所谓"二茎五叶"实是对禅宗历史高度准确的概括,"二茎"指南岳怀让和青原行

---

① 王夫之:《南窗漫记》,《船山全书》第15册,岳麓书社1988年版,第887页。
② 王夫之:《姜斋诗分体稿·广哀诗》,《船山全书》第15册,岳麓书社1988年版,第466页。
③ 王夫之:《船山诗文拾遗·与惟印大师书》,《船山全书》第15册,岳麓书社1988年版,第997页。
④ 同上书,第998页。
⑤ 王夫之:《船山诗文拾遗·宝宁寺志叙》,《船山全书》第15册,岳麓书社1988年版,第1004页。

思两大禅系统；五叶则是由此二系而衍生的临济、曹洞、沩仰、云门、法眼五宗，溯其源则总归于曹溪一脉。在《宝宁万峰大和尚语录叙》中，王船山还对禅宗思想进行了深刻的阐述："只此一事实，余二定非真。但有余二，即定非真，非有余二与一实为对待也。一切相，一切名义，一切言句文身，云兴雨降，烟卷雾舒，风回日转，摄入金色头陀指上花梢，无二无欠。"①"唯此一事实，余二则非真"见于《法华经·方便品》，禅史记载马祖道一临终示寂时，曾对门徒说："汝等诸人，当知心性本自有之，非因造作，犹如金刚，不可破坏。一切诸法，如影如响，无有实者。故《经》云：'唯此一事实，余二则非真。'若了一切俱空，无一物可当情，便是诸佛用心处。"② 在这里，"一事实"与"余二"相对，"一事实"喻指如来藏佛性，"余二"喻指现象界的"诸法"。如来藏佛性不变，"诸法"因缘生灭，无有定相。但需要进一步指出的是，从般若智慧的角度来看，性与诸法又不一不二，相互融通，不能用世俗的眼光将其理解为相互对立的关系。这是禅宗的根本智慧，在此智慧的观照下，千经万论，浩浩三藏，无数名相、言论和文句，无不归于禅史传说中灵山会上的一花一笑。王船山在此用简洁的文笔对禅宗的思想作了深刻的阐发，可谓深得禅宗之精髓。

三 船山的佛教观及其对士大夫禅学的批评

从整个明末思想界的风气而言，心学在阳明身后的发展进一步与禅宗结合，士大夫耽于禅悦，已不再以学禅为讳，甚至公开提倡"儒禅一致"的思想，形成了颇具规模和号召力的"士大夫禅学"群体。对于这一现象，王船山本着儒家的基本立场，给予了坚决的反对和严厉的批判，并顺由对心学的批判而波及佛教禅宗。他并从理论根源入手，抉发儒家心性论和佛教心性论的不同，指出一以道德心为基础，一以知觉心为基础，两者之间没有调和的余地。这说明船山基本上是一个佛教批判者，在他的思想体系中并没有"儒佛融合"之类的因素。

---

① 王夫之：《船山诗文拾遗·宝宁万峰大和尚语录叙》，《船山全书》第15册，岳麓书社1988年版，第1005—1006页。

② 《联灯会要》，《续藏经》第79册，第47页。

但另一方面，王船山又对佛教思想下过较深的研究工夫，精熟禅理，并与当时的一些高僧来往密切，相互唱和，甚至有兴趣著《相宗络索》这类颇为专门的佛学著作，这与他一贯的排佛立场显得不太调和。事实上，王船山对佛学的兴趣应主要有如下的原因：（一）理论批判的需要。这就是他在《老子衍》中所提出的"入其垒，袭其辎，暴其恃，而见其瑕"，例如他在《相宗络索》中分析唯识学的"能""所"观念，一转手即在《尚书引义》中加以严厉批判；（二）精神层面的共鸣。不可否认的是，佛教禅宗所具有的高超精神境界，对于王船山还是有一定吸引力的。特别是在南明覆灭、复国无望的情况下，大批遗民遁入佛教以图自保，其中不乏与王船山有亲密交谊者。在这残山剩水、冷焰孤灯的惨淡境地中，佛教禅宗的超脱精神对他们的心灵有很大的慰藉作用。国家沦亡的现实境遇使出世与入世的界限相对模糊，即使王船山也不得不承认："世有出世，出世有世，出不出，世不世，即世即出，即出即世，堂堂昂昂，眉毛下只许鼻头领过。"① 既已许出世与入世不二（即使是在明末清初朝代转换的特殊情势之下），那么在思想上与佛禅之道产生某种共鸣也就不足为异了。

总的来说，王船山一方面批判佛教，另一方面又"深入其垒"，与佛禅思想产生某种共鸣。但应该指出的是，"批判佛教"是船山思想的主流，是他经过深入分析、探索之后一以贯之的立场，体现了其"理性的抉择"；与佛禅之道的共鸣则是船山思想的旁支，是他在经受亡国惨痛、穷老深山时特殊心灵际遇的反映，体现的是其"情感之投向"。此外，在船山对佛教的认识中还有一条清晰的主线，即佛为佛，儒为儒，两者不能混合，佛禅之道虽有高超的精神境界，但终究不能治理天下、整合人心，像阳明心学，尤其是王畿、李贽那样混禅、儒于一家的做法，是船山所特别痛斥的。

第五节　胡适和禅宗史研究

胡适是中国近现代思想史、学术史上的重要人物，他一生所涉及的学

---

① 王夫之：《船山诗文拾遗·与惟印大师书》，《船山全书》第15册，岳麓书社1988年版，第998页。

术领域极为广泛，举凡经史子集，稗官小说，无所不包，信笔写来，无不斐然成章，以致他晚年对人感叹说"不知道自己的本业是什么"。在胡适极其广泛的治学范围中，禅宗史研究始终是他关注的一个焦点性问题。从1925年写作《从译本里研究佛教的禅法》开始，直到去世前的1961年，他还有长信与日本学者讨论禅宗史的相关问题（《与柳田圣山讨论禅宗史的纲领》）。可以说，对禅宗史研究的关注几乎持续和贯彻了胡适的一生。

以一个近代"新文化运动"的领袖人物而对古老神秘的禅宗佛教发生兴趣，这似乎是一个令人难以索解的问题。事实上，胡适最初是由于研究中国思想史的需要而接触到禅宗史研究的领域。他在1930年上海亚东图书馆出版的《神会和尚遗集》的《自序》中说："民国十三年，我试作《中国禅学史稿》，写到了慧能，我已很怀疑了；写到了神会，我不能不搁笔了。"胡适之所以在著书过程中发生怀疑并感到难以为继，是因为他以一个历史学家的严谨态度发现现存的禅宗史史料大都已经过后来禅宗信徒的改篡，无法呈现早期禅宗史的真实面貌。这使他决心另辟蹊径，发掘禅宗史的早期和原始史料。1926年，胡适以"中英庚款委员会"成员的身份旅行欧洲，通过有意识的搜寻，在巴黎和伦敦两地所收藏的敦煌卷子中发现了神会的语录，这使他对于禅宗史的观念有了颠覆性的改变。1930年胡适将所搜寻到的材料以《神会和尚遗集》的名义出版，并写了长篇的《荷泽神会大师传》，阐述他对于早期禅宗史的新看法。对于自己的这一发现，胡适直到晚年还相当满意，认为在中国思想史的研究工作上，他在1930年有一桩原始性的贡献。那就是对中古时期，他对中国禅宗佛教的真正开山宗师神会和尚的四部手钞本的收集。胡适的这一贡献也为学术界所共同承认，如台湾的佛教文献学家蓝吉富评论说：20世纪中国文化界的重要人物胡适，在佛教研究上也有一定的成绩。他的贡献主要是对《六祖坛经》的成书过程提出新颖的看法、对神会在禅宗史上的地位作一前所未有的肯定，以及对佛教文学在中国文学史上的地位作一适度的评估。由于这些创见，使他在国际佛学界也具有一定的学术地位。

胡适的禅学研究在取得辉煌成就的同时，也在身前身后留下了种种非议和责难，其中最为著名的事件是他和日本禅学家铃木大拙的争论。铃木和胡适同为20世纪蜚声宇内的禅学大家，二人之间多有交谊，在学术上也有交叉之处。胡适在禅宗史研究方面最为人称道的是他对敦煌卷子中禅宗史料的发掘，在这方面，铃木也怀有同样的兴趣。在《胡适日记》中，就记载有1951年1月25日，铃木赠送胡适一部他印的敦煌《坛经》与敦煌《神会语录》合编。1952年5月22日，铃木又赠送胡适日本公田连太郎藏的敦煌本《神会语录》的Microfilm（缩微胶卷）。但铃木和胡适一为对禅宗精神有深刻体会的禅宗佛教信徒，一为秉持理性批判精神的历史学家，二人在治学途径上存在着根本分歧。1952年正值铃木禅学在西方世界如日中天、信众如云的时候，胡适在普林斯顿大学哲学系的讨论会上就曾予以公开抨击，指出铃木禅学的缺陷在于"不讲历史"和"不求理解"。胡适并在日记中私下抱怨说，从二十五六年前，他就搜求可信的史料，重新写出禅宗变化形式的经过。铃木曾助他找寻材料。他在日本印行的《神会语录》和北宋本《坛经》都是很重要的材料。但铃木从不敢接受胡适研究的结论。对于胡适的批评，铃木大拙回应说，胡适只是一个历史学家，他只能从"历史背景"去理解禅，对禅本身则一无所知。铃木强调禅宗史的研究者首先必须对禅学的精神有内在的体会，然后才能对禅宗历史作客观的分析，胡适尽管对历史知道得很多，但他对历史背后的行为者却一无所知，因此他的禅宗史研究也就是将历史拆散之后的"一地碎片"而已。对于铃木和自己在禅学见解上的分歧，胡适认为这是"宗教信仰"和"现代科学方法"的差别，他在晚年致友人的信中解释说，日本的佛教学者大都是佛教徒，他们用"现代科学方法"研究佛教，当然是有限度的，是不完全彻底的。例如铃木大拙，他能批评净土宗，但他对于禅宗的假历史就不能接受胡适的看法了。

胡适的禅宗史研究在20世纪学术界有着重要影响，但也存在一些问题。首先是胡适对早期禅宗史料的发现整理，这一发现对当代禅史研究的方向有着根本性的影响，其贡献可谓无人能及。其次是胡适对这些史料的诠释，这些诠释有些为人认可，有些则为人非议，如钱穆就指出胡适过分夸大神会在早期禅宗史上的地位，是对史料的过度诠释，有主观性过强之嫌。最后是胡适对禅学精神的理解，这也是他和铃木大拙的根本分歧所在。应该说，就思想学说的研究而言，历史考证求其外，神解领悟求其内，合则双美，离则两伤。胡适和铃木各执一端，宛然一现代版的"汉宋之争"，其立场、论点都有值得商榷之处。当然，胡适是"五四"新文化运动的弄潮儿，禅史研究只是他"整理国故，重估价值"

的一部分。对于他来说，禅宗思想本无价值可言，他所做的工作只是"批判"和"破坏"而已，要求他领会禅宗的"内在精神"，似乎是强人所难，但这已不是胡适的个人问题，而是近现代以来中国学术界所遭遇的普遍困境。

第三章　中国禅宗与禅学

第一节　南岳慧思与北朝禅学

南岳慧思是天台宗的先驱人物，对智者大师的佛学思想有巨大影响。天台史家以慧思直接慧文，构造了一个以"一心三观"为核心的思想谱系，但从《续高僧传》和慧思的著作来看，慧思的禅学思想与北朝僧稠系统的禅学更具直接联系，是同一系统的分化流衍。这主要可以从禅法内容、思想特征和师承源流三个方面得到确证。慧思以北朝禅学的"四念处"为基础，引入般若空观，为天台禅法的成立奠定了基础。唐宋以后，由于宗派佛学思想观念的影响，天台史家另造法系，对慧思与北朝禅学的关系避而不谈。事实上，北朝禅学的丰富积淀是唐宋禅学得以开展的重要思想资源，慧思的禅学必须在这一背景下才能得以准确定位。

一　慧思禅学出现的历史背景

南岳慧思是天台宗的先驱人物，他身处于南北朝末期，由北入南，以"昼谈理义，夜便思择"的方式倡导"定慧双开"的新型学风，对天台宗的成立影响至大。南北朝末期，中国经过东汉末年以后的长期战乱，又重新处于统一的前夜。政治的统一为学术思想的统一提供了基础，儒家如此，佛家也同样如此。在儒家是由南北经学的对立逐渐转化为初唐孔颖达等人的《五经正义》之学，在佛教则是由智者大师"破斥南北"，为隋唐宗派佛教的出现铺平了道路。在这一过程中，南岳慧思是一个极其重要的人物，不但天台宗追认他为祖师，后世禅宗也承认他是"禅门达者"。究其原因，是因为慧思直承北朝禅学的传统，并以《法华经》的"诸法实相"原理为指导，极力在北朝禅学和江东义学之间取得平衡，从而为智者大师融合南北学风奠定了基础,天台和禅宗等与传统禅学关联较深的宗派才得以沿波而起。目前的研究者就慧思与天台宗的关系谈得比较多,而关于慧思与北朝禅学的关系则相对不太关心,笔者拟就此问题略作分疏,以就教于方家。

说起佛教中的"禅学",一般都会首先联想到禅宗。实际上禅宗之"禅"与中国历史上南北朝之际的"禅学"有很大不同。佛教传入中国之初,东汉末年的安世高首先译出小乘禅学系统的《安般守意经》,传播以"数息观"为主的"安般禅",也就是通过调身调息达到心灵的专注和宁静。其后东晋之际的鸠摩罗什应弟子僧叡之请编译《禅经》三卷,其内容融合大小乘禅学为一体,区分为"五门",又称为"五门禅法",具体为"不净观""慈心观""因缘观""数息观"和"念佛观"。罗什本人并不以禅学见长,他编译的禅经不主一家,没有明确的师承统系,因此东晋名僧庐山慧远评论他是"其道未融,盖是为山于一篑"[1]。其后江东佛学盛行义学,虽有觉贤、慧远等人提倡禅学,但始终并不兴盛,"自江东佛法,弘重义门,至于禅法,盖蔑如也"[2]。北朝佛教则盛行禅定止观,其中尤以北齐僧稠和北周僧实最为显赫,所谓"高齐河北,独盛僧稠;周氏关中,尊登僧实。……故使中原定苑,剖开纲领;惟此二贤,接踵传灯,流化靡歇"[3],即是当时情形的真实写照。唐代道宣律师在《续高僧传·习禅篇》中列举当时的各派"禅学",重要的有僧稠、僧实、达摩、慧思等人,并对僧稠、僧实明显表示推崇,认为其禅法次第分明,易于把握,远较达摩的"大乘壁观"之法为优。这一评价说明唐代初年人士对于北朝禅学犹有深刻的记忆。在僧稠和僧实之中,僧稠的禅学与慧思尤有关系。从史料上来看,僧稠的禅法得到北齐皇帝的尊崇,煊赫一时,流播广泛;慧思与僧稠同时同地,又同为禅僧,并曾亲近供养齐国诸大禅师,其禅法内容受到僧稠系统的影响,也就在情理之中。僧稠一系的禅法是北朝禅学的代表,慧思的禅学实出于这一系统。后世天台和禅宗兴盛,北朝禅学的传统中断,遂对这一段历史视而不见,不能不说是佛教史研究中的

---

[1] (梁)僧祐:《出三藏记集》卷9,《大正藏》第55册,第65页。
[2] (唐)道宣:《续高僧传》卷17,《大正藏》第50册,第562页。
[3] (唐)道宣:《续高僧传》卷20,《大正藏》第50册,第595页。

一项重大缺陷。

二 慧思禅学与北朝僧稠系统禅学的渊源关系

就笔者管见所及,慧思与僧稠系统北朝禅学的渊源脉络关系,可从三个方面进行分析:一是禅法内容;二是禅法特征;三是源流分合。汇合这三方面的内容,可以对慧思与北朝禅学的关系有较为明确的认识。

首先是禅法内容。僧稠的著作今已遗佚,仅在敦煌文书中发现几篇与僧稠有关的文献,目前学界尚不能确定其为僧稠所作。现存的一些史料表明,僧稠的禅法主要是以"四念处"和"十六特胜观"为主的小乘禅法。《续高僧传》记载,僧稠最初从道房禅师受行止观,无所证入,欲出山诵《涅槃经》,因遇泰山僧苦劝修禅,遂从其请,"旬日摄心,果然得定"[①]。僧稠所行之法为《大涅槃经·圣行品》所载的"四念处法",是依小乘的禅定之法而又有所变通。其后僧稠又诣赵州障供山道明禅师受十六特胜法,禅定境界日益深入,"稠以死要心,因证深定,九日不起,后从定觉,情想澄然。究略世间,全无乐者"[②]。当时的禅学权威佛陀跋陀称许僧稠说:"自葱岭已东,禅学之最,汝其人矣。"[③] 僧稠的禅法在内容上以小乘为主,层次分明而又简单易行,同时颇具神异色彩,因此在当时风行一时,得到了帝王和民众的普遍信仰。潘桂明教授等人在《中国天台宗通史》一书中对此评述说:"佛陀—道房—僧稠系统的禅法,不包含深奥的哲理背景,观想和对治的对象明确,修习的层次清楚而易于把握,所以它理所当然地受到一般禅僧和普通民众的热忱欢迎。又由于这一派系的禅法教人忍受现实痛苦,安于不幸遭际,因而也获得上层统治者的多方支持。"[④]

如果以僧稠与慧思作比较的话,可以发现两者的禅法内容有相通之处。慧思的禅法要旨是否如后世天台宗所说的"一心三观",从文献上颇难断定。但从慧思的著作来看,他实际上对"四念处"的禅法颇为关注。台湾学者王晴薇通过对慧思的三部著作《法华经安乐行义》《诸

---

① (唐)道宣:《续高僧传》卷16,《大正藏》第50册,第553页。
② 同上。
③ 同上。
④ 潘桂明、吴忠伟:《中国天台宗通史》,江苏古籍出版社2001年版,第47页。

法无净三昧法门》《随自意三昧》进行仔细的比照、分析，指出："慧思著作中多以'四念处'为架构，并根据《大般若经》、《大智度论》、《法华经》、《般舟三昧经》和《首楞严三昧经》等经典来重新诠释此一架构，以开展出天台禅法。"① 慧思以大乘中观哲学思想诠释"四念处"是其创造性的贡献，但其禅法内容源自北朝禅学的"四念处"也是不争的事实。此外，《续高僧传·慧思传》记载，慧思的禅法最初是从"昼夜摄心，理事筹度"入手，后又"束身长坐，系念在前。始三七日，发少静观"，最后"霍尔开悟法华三昧，大乘法门，一念明达，十六特胜、背舍除入便自通彻，不由他悟"②。可见慧思禅法虽以大乘思想为根底，但在修习次第上是以"摄心""系念"而最后达到通彻"十六特胜"的观法，这实际上与僧稠的禅法若合符契。正是因为慧思与僧稠在禅法内容上有共通之处，而天台禅法又出于慧思，所以唐代的宗密在纵论禅门源流时，也就将天台宗与僧稠的禅法归为一类，视为最初步的"息妄修心宗"，并指出这类禅法的"趣入方便"在于"远离愦闹，住闲静处，调身调息，跏趺宴默，舌拄上腭，心注一境"，不但禅宗北宗如此，而且"牛头、天台、惠稠（即僧稠，引者注）、求那等，进趣方便，迹即大同，见解即别"③。

其次，从禅法特征上来看，僧稠与慧思的禅法均注重苦行辅助禅定，由禅定引发神通，与隋唐以后的诸派禅法迥异。

在僧稠禅法中，"四念处"为"身念处""受念处""心念处"和"法念处"，其主旨是通过对身心活动和世间万物的思维观察而达到佛教的"无我"观念，最终破除对世间的恋著。"十六特胜观"则从数息出入开始，遍观身心诸法，最后达到"观灭"和"观弃舍"。这一类禅法以小乘佛教的"四谛"和"十二因缘"为原理，企图通过禅定之法舍离世间，以苦行离欲求解脱，因而有着浓重的悲观厌世情绪。僧稠本人除了修习"四念处"和"十六特胜观"之外，还"常修死想"，其修禅达到的境界

---

① 王晴薇：《慧思禅观思想中之"四念处"》，《佛学研究中心学报》1996 年 6 月第 13 期，第 10 页。
② （唐）道宣：《续高僧传》卷 17，《大正藏》第 50 册，第 562 页。
③ （唐）宗密：《禅源诸诠集都序》卷 1，《大正藏》第 48 册，第 402 页。

能够使他"遭贼怖之,了无畏色",并且"究略世间,全无乐者"①。在修禅过程中,他"九旬一食,米惟四升。单敷石上,不觉晨宵。布缕入肉,挽而不脱","乃至眠梦觉见,都无欲想"②,可见苦行离欲是僧稠禅法的基本特征。此外,僧稠禅法还注重以禅定引发神通。佛陀跋陀、道房、僧稠一系的禅法本有神异色彩,僧稠本人更以神通而著称于世,如唐代神清的《北山录》就郑重指出:"唯僧稠得佛陀之道,锡杖解虎,袈裟护难"③,将僧稠所得的"佛陀之道"理解为神通法术。值得一提的是,僧稠似乎与当时的道教神仙方术也有过接触,《续高僧传》记载说:"一时忽有仙经两卷在于床上,稠曰:我本修佛道,岂拘域中长生者乎?言已,须臾自失。"④ 这一传说在后世颇有流传,如唐代禅僧法常曾说:"昔僧稠不顾仙经,其卷自亡。"⑤ 可见这一事件予后人以深刻影响,而僧稠的形象也由此与神通、方术紧密联系在一起。

在慧思禅学中,以大乘中观思想为主的哲学思辨内容相对多一些,但这并不说明他就不重视苦行和神通。从慧思的传记材料来看,他早年的经历似乎是一个行"头陀行"的苦行僧人。"儿童时,梦梵僧劝令入道。或见朋类读《法华经》,乐法情深,得借本于空冢独观,无人教授,日夜悲泣。复以冢非人居,乃移托古城,凿穴栖神。昼则乞食,夜不事寝。对经流泪,顶礼不休。"⑥ 后来在修禅的过程中也是"常居林野,经行修禅"⑦,从北齐慧文禅师咨受口诀之后,"昼则驱驰僧事,夜则坐禅达旦"⑧。种种作为,非常符合北朝禅学以苦行辅助禅修的传统。与苦行相联系的是,慧思还十分重视"忍辱行",这应与他在北齐境内长期受到迫害的经历有关。但慧思对"忍辱行"的理解是以般若学"空观"为基础的,这与僧稠的思想稍有不同。如他在《法华经安乐行义》中诠释"忍

---

① (唐)道宣:《续高僧传》卷16,《大正藏》第50册,第553页。
② 同上。
③ (唐)神清:《北山录》卷6,《大正藏》第52册,第610页。
④ (唐)道宣:《续高僧传》卷16,《大正藏》第50册,第553页。
⑤ (宋)赞宁:《宋高僧传》卷11,《大藏经》第50册,第776页。
⑥ (宋)志磐:《佛祖统纪》卷6,《大正藏》第49册,第179页。
⑦ 同上。
⑧ 同上。

辱行"时说："菩萨受他打骂，轻辱毁訾，是时应忍而不还报。应作是观：由我有身，令来打骂。譬如因的，然后箭中。我若无身，谁来打者。我今当勤修习空观，空观若成，无有人能打杀我者。"① 至于以禅定引发神通，慧思也与北朝诸禅师一样，对此有很深的信仰，不宁唯此，他同时对道教的神仙方术也颇有涉猎。但慧思并不以神通为修禅的终极目标，而是将其作为教化的方便与工具，也就是他所谓的"欲求佛道持净戒，专修禅观得神通，能降天魔破外道，能度众生断烦恼"②。王晴薇对此概括说："综观慧思在《诸法无诤三昧法门》卷下对身、受、心、法等四个念处修法之描述，可知慧思之'四念处'修行，皆需在'初禅'至'四禅'的程度中进行，而进入甚深禅定之目的则是为了修得神通，以作为度众之方便。"③ 从以上的描述中可以看出，慧思的禅观思想仍继承了北朝禅学的传统，以苦行和神通作为禅法的基本特征，但在哲学观念上则有所调整，放弃了小乘佛教的"四谛""十二因缘观"而代之以般若学的"空观"，这反映了南北朝末期整个中国佛教思想变动的趋势，应视为禅学思想的进步。

最后，从师承关系的源流分合来看，慧思与僧稠的禅学应出自同一渊源而各自分化调整。

关于慧思禅法的师承源流，天台宗的史家多认为是出于北齐慧文禅师，但实际史料中北齐慧文的记载很少，慧思与他的师承关系也有许多语焉不详之处。《续高僧传·慧思传》提到"时禅师慧文，聚徒数百，众法清肃，道俗高尚，（慧思）乃往归依"④，但同书的《智𫖮传》部分又说"思（慧思）又从道于就师，就又受法于最师。此三人者，皆不测其位也"⑤，这样《续高僧传》对慧思的师承就有了两种不同的说法。后世的天台宗史家为了解决这一矛盾，遂提出"诸师同时，互相咨禀"的说法，

---

① （陈）慧思：《法华经安乐行义》卷1，《大正藏》第46册，第698页。
② （陈）慧思：《诸法无诤三昧法门》卷1，《大正藏》第46册，第627页。
③ 王晴薇：《慧思禅观思想中之"四念处"》，《佛学研究中心学报》第13期，1996年6月，第43页。
④ （唐）道宣：《续高僧传》卷17，《大正藏》第50册，第562页。
⑤ 同上书，第564页。

如《佛祖统纪》中说："智者受业思师，思师从道就师，就师受法最师。今详思师，本承文师，今又言从就师，是知诸师同时，互相咨禀，而法门改转，后多胜前，非复可论相承也。"① 按慧思生平的实际履历，他应该是一个学无常师的人，他在叙述自己生平经历的《南岳思大禅师立誓愿文》中就屡次提到"遍历齐国诸大禅师学摩诃衍，恒居林野，经行修禅"，"从年二十至三十八，恒在河南习学大乘，亲觐供养诸大禅师"②。《续高僧传》中也提到，慧思在修禅开悟"法华三昧"之后，曾经以所证境界呈鉴师、最师等齐国境内诸禅师，而皆蒙随喜。这些都说明慧思的禅法并非来自单一的慧文系统，而是有着更多的源头。唐代湛然在《止观辅行传弘决》中曾经将天台宗的早期源头概括为"九师传心"，"九师"分别为明师、最师、嵩师、就师、监（鉴）师、慧师、慧文、慧思、智𫖮。在"九师"中，除慧文、慧思和智𫖮三人以外，其余诸师大多是北齐的著名禅师，代表着天台禅法的早期来源。③ 值得注意的是，"九师"中的第一师"明师"当为道明禅师，也就是《续高僧传·僧稠传》中提到的"赵州障洪山道明禅师"，僧稠曾从之受"十六特胜观"的禅法。《止观辅行传弘决》中说明师"多用七方便，恐是小乘七方便耳"④，也指出了明师的禅法还属于小乘禅法的范畴。天台宗人以道明禅师为其禅法的最初来源，说明天台禅法和僧稠系统的禅法来自同一源头。不仅如此，天台宗人似乎亦颇将僧稠引为同调，并不因其禅法为小乘而忽略之。在《佛祖统纪》中，僧稠被列入《列传》部分，并推测他的止观禅定之术出自慧文禅师系统。⑤ 这一说法或许掺杂了天台宗人自我标榜的夸大之词，但也隐约指出僧稠系统的禅法与天台宗的早期历史有深厚的关系，同时这一重渊源还深藏在后世天台宗人的记忆之中，并未随时间的推

---

① （宋）志磐：《佛祖统纪》卷6，《大正藏》第49册，第178页。
② （陈）慧思：《南岳思大禅师立誓愿文》，《大正藏》第46册，第786页。
③ 刘朝霞对早期天台宗历史上的"九师"进行考辨后认为："如上诸师皆在同一时代，并多在同一地域，或许无严格的师弟授受，而是相互咨审的师友或道友关系。诸师修法虽有所不同，但有一些共同的特点，可以看作思师修学的氛围。"见刘朝霞《南岳慧思师承考辨》，《宗教学研究》2008年第2期。
④ （唐）湛然：《止观辅行传弘决》卷1，《大正藏》第46册，第141页。
⑤ 参见（宋）志磐《佛祖统纪》卷22，《大正藏》第49册，第245页。

移而湮没消逝。[1]

三 慧思对北朝禅学的修正和历史意义

慧思的禅法渊源于北朝禅法系统，但这并不说明慧思对此系统的禅法毫无修正，否则天台宗的统系就无法成立。胡适在1928年给汤用彤的一封书信中谈到中国早期禅学史时曾有以下观点："禅有印度禅，有中国禅。自安般经以至于达摩多罗禅经，皆是印度之禅。天台一派，《续僧传》列入'习禅'一门，其人皆承袭印度禅，而略加修正，'止观'即旧禅法的两个阶段，天台始以为禅之要旨。故天台是过渡时期。……此项半中半印的禅，盛行于陈隋之间，隋时尤盛行。"[2] 次年胡适在《菩提达摩考》一文中又顺便评述僧稠的禅法说："'念处'是禅法的'四念处'。僧稠传的是印度小乘以下的正宗禅法。"[3] 综合胡适的意见，他是以北朝僧稠系统的禅法为完全化的印度禅；慧思和智顗所代表的天台禅法则是"半中半印"的过渡时期，而马祖道一以下的禅宗才是完全的中国禅。在胡适看来，印度禅的特色偏重于"定学"，中国禅的特色则偏重于"慧学"，两相比较，中国禅取代印度禅在历史上有一种解放和革新的意味。胡适此处对于印度禅和中国禅的截然划分是否合理，姑且勿论，但他对于中国早期禅史的分期及其内容厘定实有独具慧眼之处。慧思禅法作为一项"半中半印"——或者说"半新半旧"更为准确——的禅法，在"定学"方面以传统的"四念处"为主，与北朝禅学的主流僧稠一系距离不大，但在"慧学"方面则已别开生面。与僧稠系统的北朝禅学相比，慧思在禅学的革新方面有三点：一是倡导"定慧双开"的新型禅风，以纠正北朝禅学偏重禅定、缺乏义理的过失；二是融会《大品般若经》和《法华

---

[1] 现代学者中，胡适即认为僧稠系统的禅法为天台禅法的远祖，他在《楞伽宗考》一文中说："在五世纪的晚期，北方有两个印度和尚提倡两种禅学，开辟了两个伟大的宗派。一个是跋陀，又译作佛陀；一个是菩提达摩。佛陀弟子道房传授'止观'禅法给僧稠（480—560年），僧稠成为北齐的大师，撰《止观法》两卷，道宣《续僧传》称其书'味定之宾，家藏一本'。止观禅法是南岳天台一派的主要教义；虽然南岳慧思（514—577年）和他的弟子天台智顗都远攀马鸣龙树做祖宗，而不肯明说他们和佛陀、僧稠有渊源，我们可以推测佛陀、僧稠是南岳天台一宗的远祖。"见《胡适说禅》，东方出版社1993年版，第201页。

[2] 《胡适说禅》，东方出版社1993年版，第13页。

[3] 同上书，第89页。

经》，以般若空观为禅定的指导性纲领和哲学原理，纠正北朝禅学的小乘化倾向；三是在"有相行"的基础上提出"无相行"的禅法，以之通达于日用常行中的行住坐卧、饮食语言，纠正北朝禅学遗世独立的倾向，为禅学的生活化打开了通道。由于慧思的这一革新，中国禅学的面貌遂截然发生变化，从而进入了一个新的阶段。

慧思的禅学出于北朝僧稠系统而加以调适变化，这一事实在历史上彰彰可考，为什么后世的天台史家对此几乎一字不提，相反却塑造出一个以龙树为高祖的法系呢？笔者认为，这实际上是唐宋以后佛教徒的宗派观念作祟。胡适认为，早期禅宗史有许多隐晦不明之处，实际上天台、华严等其他宗派也莫不如此。唐宋以后的佛教徒大都认为，本宗的思想是从西天祖师到东土祖师一线相承，其间并无发展变化，如禅宗的"心传"是从灵山会上的"拈花微笑"开始，衍化为东土的"一花五叶"；而天台宗的"一心三观"则直承龙树的《大智度论》，在东土由北齐慧文、南岳慧思、天台智𫖮一脉相传。① 佛教徒的"传灯"和儒家的"道统"一样，其中缺乏的是发展变化的历史观。从学术思想的传承来看，凡一大潮流之演进，绝非凭空而来，其间必经过许多铺垫。即以慧思的禅学而论，其所承接的传统为北朝禅学深厚的思想积淀，其自身的贡献在于引入般若空观的哲学纲领和倡导"定慧双开"的平衡学风，其发生的影响则在于天台智𫖮的"一心三观"学说和庞大完整的禅观学说体系。但在唐宋以后，由于宗派佛学的发展，特别是禅宗的兴盛导致了"禅"概念的转变，天台史家、禅宗史家开始轻视历史上原有的禅定之学，视之为小乘，而极力撇清与它们的关系。在这一背景下，不仅天台宗人绝口不提慧思与僧稠系统禅学的渊源，而以"一心三观"的天台禅法为慧思直接受之于慧文；即使禅宗也为慧思披上一层"禅门达者"的外衣，并编撰出他的"语录"。② 至此慧

---

① 张风雷认为，慧思的思想主要还是以《大品般若经》为宗旨而会通《法华经》，特重空谛；至于天台宗"止观双修"的宗风和"一心三观"的教理，是由智𫖮奠定和确立的。见张风雷《天台先驱慧思佛学思想初探》，《世界宗教研究》2001年第2期。

② （宋）道原《景德传灯录》以慧思为"禅门达者"，卷27有其语录云："有老宿令人传语思大禅师：'何不下山教化众生，目视云汉作么？'思大曰：'三世诸佛被我一口吞尽，更有甚众生可教化？'"《古尊宿语录》卷25《筠州大愚芝和尚语录》则以为"老宿"为宝志。《佛祖统纪》卷6则辩曰："《传灯》云：志公令人谓思师曰：何不下山教化众生？师报曰：三世诸佛被我一口吞却，有何众生可化？今考南岳《愿文》，自序诞生之年当梁武天监十四年，至陈光大二年始至南岳，时年五十四。志公已入灭于梁武之世久矣，不当有此遣问。今恐别有一师，后人误传为志公耳。"

思完全脱离了他在《续高僧传》中的原始形象,由深沉简默的"禅师"而变为哲思高超、机锋迅捷的"禅者",这不能不说是对历史真相的颠倒。

还原慧思的历史形象,应当从最早期的《续高僧传》等作品中寻找线索。在《续高僧传》中,慧思的"禅师"形象是很明显的。他尽管倡导"定慧双开",但宗旨还在于"因定发慧",不脱北朝禅师的本色,与他的弟子智顗"因浅定而发深解"是有不同的。因此在慧思门下,智顗仅被许为"说法第一","禅定第一"的则是僧照。慧思因此还对智顗深致不满,认为其定力太少。凡此都说明,在定、慧二学中,慧思最为重视的还是定学,这与隋唐以后中国佛学普遍轻视禅定、注重慧解的风气是不同的。如果按照胡适的禅史观念来看,这确是一种"半中半印"的禅法,属于禅学史上的过渡期,有其不够圆满和成熟之处。唐宋以后"禅道烂熟时期"(日本学者忽滑谷快天《禅学思想史》以两宋时期为中国禅学的"禅道烂熟时期")的佛教史书作者对这一类禅法多有不屑一顾之意,但这并不能掩盖这类禅法在中国禅学史上的意义。即使以慧思渊源所自的北朝禅学而言,僧稠的禅法虽以小乘的"四念处"为核心,但其依据的经典为《大涅槃经·圣行品》。按照冉云华的解释,《大涅槃经·圣行品》的中心问题在于说明大乘佛教的宗教目标,也就是超越一切世俗分别,达到不可分别的统一境界,不仅要超越世间法的分别,同时也要超越真、俗对立。[①] 如按照这一解释,那么僧稠的禅法实际上也有从小乘向大乘过渡的意味,与慧思的禅法具有同样的意义。

冉云华在研究《高僧传》和《续高僧传》的《习禅篇》时曾注意到,中国早期禅学史上的许多内容被人们忘却,而实际上从安世高到僧稠和慧思,这五百年的禅学积淀是后世禅宗据以开展的主要思想资源。[②] 从《续高僧传》中我们也可以发现,道宣对僧稠和慧思等人的评价远比达摩要高,僧稠和慧思等人代表的北朝禅学才是当时禅学思想的主流。如果我们不为后世宗派佛学成立以后的历史观念所拘囿,那么就不得不承认,北

[①] 冉云华在《敦煌文献与僧稠的禅法》一文中表达了以上观点,该文收入冉云华的论文集《中国禅学思想论集》,台湾东初出版社1991年版。

[②] 详见冉云华《中国早期禅法的流传和特点》,载氏著《中国禅学思想论集》,台湾东初出版社1991年版。

朝禅学是一个比我们所想象的更为广阔的世界，只有在这一背景下，慧思的禅学思想才能得到更为准确的定位和理解。

第二节　南泉普愿与洪州禅

马祖道一的洪州禅思想强调"平常心是道"，突出"体用不二"的思想原则，但在流传过程中，也产生了一定的流弊，那就是将"见闻觉知"的分别心混同于超越真心。南泉普愿是马祖的重要弟子，他对马祖禅学进行了一定的修正，主要是反对以"见闻觉知"等同于灵妙真心，同时指出禅道的终极境界超越于语言文字的对象化理解方式之上。南泉普愿对禅道的理解，是扫除见闻觉知和语言名相的前反思性"原本性世界"。通过海德格尔哲学的"实际生活经验"概念，可以更好地理解南泉普愿禅学的"原本性"特征。

一　洪州禅的特点

唐代南北禅宗并兴，南宗慧能门下屡经分化，至中唐时期，以马祖道一为宗师的"洪州禅"一枝独秀，成为临济、曹洞等"五家禅"的先声，此为中唐禅宗的一大转折。关于"洪州禅"的由来和特色，宗密在《中华传心地禅门师资承袭图》中概括说：

> 洪州宗者，先即六祖下傍出，谓有禅师，姓马，名道一。先是剑南金和尚弟子也，高节至道，游方头陀，随处坐禅。乃至南岳，遇让禅师，论量宗教，理不及让，方知传衣付法，曹溪为嫡。乃回心禀遵，便住处州、洪州。或山或郭，广开供养，接引道流。后于洪州开元寺弘传让之言旨，故时人号为洪州宗也。让即曹溪门下傍出之派徒，是荷泽之同学，但自率身修行，本不开法，因马和尚大扬其教，故成一宗之源。[1]

> 洪州意者，起心动念，弹指动目，所作所为，皆是佛性全体之用，更无别用。全体贪嗔痴，造善造恶，受乐受苦，此皆是佛性。如

---

[1] （唐）宗密：《禅源诸诠集都序》，中州古籍出版社2008年版，第111页。

面作种种饮食，一一皆面。①

洪州禅的开创者为马祖道一，他原本是"剑南金和尚"的弟子，后在南岳遇到曹溪门下的怀让禅师，乃"回心禀遵"，成为南宗禅的传人。马祖道一在洪州开元寺传道授业，因此得名为"洪州宗"。"洪州禅"是中唐时期南宗禅的主流派系，与神会所传的"荷泽宗"齐名且互相对立，因此有"荷泽洪州，参商之隙"②的说法。按照宗密的说法，"洪州宗"主张人的一切现实行为，如"起心动念，弹指动目"等，都是佛性的体现，犹如用面粉做成的种种饮食，虽然事相宛然、各各不同，但都是作为本质的"面粉"的不同表现形式。在另一处，宗密用"摩尼珠"比喻佛性，"如一摩尼珠，唯圆净明，都无一切差别色相。以体明故，对外物时，能现一切差别色相。色相自有差别，明珠不曾变易"。摩尼珠如被黑色缠缚，则现"黑珠"之相，但"明珠"之体则毫无变易。宗密在此随即指出，洪州宗人在此问题上有与众不同的见解：

复有一类人指示云：即此黑暗便是明珠，明珠之体，永不可见。欲得识者，即黑便是明珠，乃至青黄种种皆是。致令愚者的信此言，专记黑相，或认种种相为明珠。③

宗密在上引文字下面，用小字自注云："洪州见解如此也。言愚者，彼宗后学也。"④说明他主观上认为这是洪州宗的见解。

洪州宗的马祖道一，确有"平常心是道""理事无别"的说法：

平常心是道。何谓平常心？无造作，无是非，无取舍，无断常，无凡无圣。……只如今行住坐卧，应机接物，尽是道。……若立理，一切尽是理；若立事，一切尽是事。举一千从，理事无别，尽是妙用，更无别理，皆由心之回转。……一切法皆是佛法，诸法即是解

---

① （唐）宗密：《禅源诸诠集都序》，中州古籍出版社2008年版，第117—118页。
② 同上书，第27页。
③ 同上书，第124页。
④ 同上。

脱，解脱者即是真如。诸法不出于真如，行住坐卧，悉是不思议用，不待时节。①

马祖道一说"只如今行住坐卧，应机接物，尽是道"，强调的是在日常生活的具体行为中处处体现"道"的存在。这与宗密所概括的洪州禅宗旨"起心动念，弹指动目，所作所为，皆是佛性全体之用"大体上是一致的。但问题在于，在关注日常生活的同时，我们是否还有必要探究那隐藏在日常生活背后的"道"呢？按照马祖的说法，实际上还需要点出"平常心是道"这一命题。也就是说，由于有超越是非差别对待的"平常心"作为本体，日常生活中的"行住作卧"才生发出无穷的意义，因而成为"道"的显现。所谓"平常心"，马祖将其定义为"无造作，无是非，无取舍，无断常，无凡无圣"，实际上是般若智慧的代名词。因此在马祖道一那里，尽管处处强调要在日常生活中表现禅道的精神，但此"日常生活"并非我们普通人在"妄心"主宰下随波逐流的庸常生活世界，而是在"般若"智慧笼罩下的境域性生活世界。换句话说，领悟了马祖道一"平常心是道"的禅人，行住坐卧，担水砍柴，但无滞无碍，洒脱自在。

马祖所说的"平常心"是般若智慧之"体"，而"行住坐卧"则是般若智慧之"用"，从"体用一元"的角度来看，"起心动念，弹指动目，所作所为，皆是佛性全体之用"。用宗密的"摩尼珠"来比拟的话，摩尼珠是"平常心"，日常生活中的种种行为皆由"平常心"而生发，种种行为不同，而"平常心"的本体固湛然自若；正如摩尼珠现种种差别性的色相，青、黄、黑等色种种不同，而"明珠之体"则无所变易。

以马祖道一为代表的"洪州禅"思想，其特色就在于"平常心是道"，这一方面将禅宗思想从虚无寂灭的彼岸世界推向了生机勃勃的日常生活世界，为禅宗赢得了一片崭新广阔的思想天地；但另一方面，由于刻意强调"体用不二"以及日常生活世界的重要性，洪州禅也留下了许多思想流弊，其中之一就是将"平常心"视为日常生活中的分别心，真心与妄心不分，以至于将"用"等同于"体"。宗密说洪州宗的后学"认种

---

① 《马祖道一禅师广录》，《续藏经》第69册，第3页。

种相为明珠",执着摩尼珠显现的种种差别色相就是"明珠之体",实际上批评的就是洪州禅过于强调"体用不二"而产生的思想流弊。

二 南泉普愿对马祖道一的修正

马祖道一在"平常心是道"的基础上,还提出"即心是佛"的命题,这成为洪州禅的标志性口号。南泉普愿对马祖道一禅学思想的修正,主要就体现在对"即心是佛"命题的修正上。

南泉普愿(748—834),俗姓王,郑州新郑人。据《宋高僧传》《祖堂集》《景德传灯录》等资料记载,他在唐至德二年(757)投密县大隈山大慧禅师处受业,大历十二年(777)诣嵩山会善寺暠律师受具,先后学习律宗,以及《楞伽》《华严》《中论》《百论》《十二门论》等经论。后来投入马祖道一门下,"顿然忘筌,得游戏三昧"[①]。南泉普愿是马祖道一的重要弟子,与西堂智藏、百丈怀海并称为马祖门下的"三大士"。他在贞元十一年(795)驻锡于池阳南泉山,自耕自种,足不下南泉三十年,故被人们称为"南泉禅师"。《古尊宿语录》中有《池州南泉普愿禅师语要》一卷。

以马祖道一为首的洪州宗禅师,以"平常心是道""即心是佛"为口号,这是思想史上尽人皆知的事实。印顺法师在《中国禅宗史》中对洪州禅的思想主题进行概括说:"'平常心是道',是洪州宗的重要意见,与'即心是佛'一样,直指当前心本自如如;约心地说,保持了曹溪禅,也可说是佛法的特色。"[②]"平常心",或是"即心是佛"之"心",都是超越差别对待的本体"如如"之心,而非日常生活经验中的情识心、分别心。从"体用一元"的角度看,本体之心与分别心不一不二,但两者又有所区别,绝不能将分别心直接等同于本体之心。但在洪州宗的后学中,这一现象确实是普遍存在的,"当时洪州禅的一些学人对于马祖道一基于自性真如体用相即不二而强调'性在作用'的禅学思想主张产生了教条化的理解和实践。他们以相对意识的分别心来理解作为绝对本体而体用一

---

① (宋)道原:《景德传灯录》卷8,《大正藏》第51册,第257页。
② 印顺:《中国禅宗史》,江西人民出版社1990年版,第346页。

如的'作用是性'的真如佛性"①。以"分别心"等同于"本体心",也就是宗密所说的以"黑珠"等同于"明珠",这一错误思想的根源就在于错解马祖所说的"平常心是道"和"即心是佛"。

马祖在生前对"即心是佛"这一命题可能产生的思想流弊也有所意识,从而又提出"非心非佛"一说作为补充。《景德传灯录》卷六记载了这样一段语录:

僧问:和尚为什么说即心即佛?师(马祖)云:为止小儿啼。僧云:啼止后如何?师云:非心非佛。②

据葛兆光考证,"非心非佛"是马祖生命中最后十年思考而得出的命题,体现了马祖自身思想的转变。③ 在马祖弟子中,南泉普愿对"非心非佛"这一命题领会最为深刻,在语录中屡次加以发挥。《南泉语要》云:

时有僧问:"从上祖师至江西大师皆云即心是佛、平常心是道。今和尚云心不是佛,智不是道。学人悉生疑惑,请和尚慈悲指示。"师乃抗声答曰:"你若是佛,休更涉疑,却问老僧。何处有恁么傍家疑佛来。老僧且不是佛。亦不曾见祖师。你恁么道。自觅祖师去。"④

在南宗禅系统中,从慧能到马祖,都有"即心是佛""平常心是道"的类似说法⑤,南泉普愿禅师却将其一概抹倒,提出"心不是佛""智不是道",难怪有僧人对此疑惑不解。南泉在别处对此解释说:

是心是佛,是心作佛。情计所有,斯皆想成。佛是智人,心是采集主,皆对物时,他便妙用。大德莫认心认佛,设认得是境,被他唤作所知愚。故江西大师云:"不是心,不是佛,不是物。"且教你后

---

① 伍先林:《南泉普愿的禅学思想》,《佛学研究》2012年卷。
② (宋)道原:《景德传灯录》卷6,《大正藏》第51册,第246页。
③ 参见葛兆光《增订本中国禅思想史》,上海古籍出版社2008年版,第368—369页。
④ (宋)赜藏主集:《古尊宿语录》卷12,《续藏经》第68册,第69页。
⑤ 参见葛兆光《增订本中国禅思想史》,上海古籍出版社2008年版,第369—374页。

人恁么行履。今时学人,披个衣服,傍家疑怎么闲事还得否?①

若认心是佛,心是三界采集主,若认智是道。智是多矫诈。②

马祖早就说过"即心即佛"的说法不过是语言方便的权宜之计,是为了使人们纷乱的思想有所维系,所谓"为止小儿啼"而已。南泉禅师则进一步指出,普通人们所理解的"心"和"智",都是情计构想而成,"心"是与物相对的"三界采集主",也就是意识分别之心;"智"则是"多矫诈"的虚妄不实之智;此心并非超越的清净本心,此智也非遍照的般若之智。由此而言,"心不是佛","智不是道",正是针对洪州宗真心与妄心不分的思想流弊而作出的矫正之举。

洪州宗的思想强调见闻觉知,"立处皆真",所谓"立处皆真"的真实含义,是不离"见闻觉知"而显露真心妙用,这是指出禅道的修行必须体现在生活的各个方面,而非仅仅研习经论、坐禅入定。但在后世人们的理解和实践中,也经常自觉不自觉地将主宰"见闻觉知"的分别心识混同于绝对本体的超越真心与般若智慧。针对这种倾向,南泉普愿提出:

> 大道无形,真理无对。所以不属见闻觉知,无粗细想。……须会冥契自通,亦云了因非从见闻觉知有。见知属缘,对物始有。者个灵妙不可思议,不是有对。故云妙用自通,不依傍物。③

"见闻觉知"是对象性的认识,而"道"是非对象化的绝对本体,因此,"见闻觉知"等认识能力只能作用于对象化的世界,"见知属缘,对物始有";而终极目标的"道"则完全不是对象化的,"者个灵妙不可思议,不是有对"。由此可见,通过"见闻觉知"等对象化认识能力不可能领悟和掌握终极性的"道",这就有力地批判了将"见闻觉知"等同于灵妙真心的倾向。

"见闻觉知"所能认识的世界,是一个平面化的世界,在这个世界

---

① (宋)赜藏主集:《古尊宿语录》卷12,《续藏经》第68册,第69页。
② 同上书,第72页。
③ 同上书,第71页。

中，认识能力和认识对象形成二元对立的格局，认识能力"执持"对象，并以逻辑性、概念化的语言描述对象，形成一系列的经验性知识。这基本上是一个认识论和知识论的格局，绝非是禅宗所要追寻的终极境界。在南泉普愿看来，禅宗的终极性境界是远离语言文字和对象化思维的原本性世界：

> 且大道非明暗，法离有无，数数不能及。如空劫时无佛名，无众生名，与么时正是道。只是无人觉知见他，数不及他，唤作无名大道，早属名句了也。所以真理一如，更无思想，才有思想，即被阴拘，便有众生名，有佛名。佛出世来，唤作三界智人，只如未出世时，唤作什么？①

南泉所说的"空劫"，是指世界尚未发生的阶段，略同于宋代理学家周敦颐所说的"无极"，此时一切语言文字的"名相"尚未发生，"无佛名，无众生名"，而这正是"道"之理想境界，甚至将其称为"无名大道"也属多余。需要指出的是，南泉所说的"空劫"，并非世界历史上的时间性、阶段性概念，而是哲学意义上的原本性概念。大道是原本性的"匿名"的世界，一切语言文字的"名相"都是对大道的分裂化、破碎化，但"名相"碎片中又隐隐着原本性大道的存在与运行，这才是"平常心是道"的真义。理解了这层含义的禅人，才能够自由通达于"原本性世界"和"名相化世界"之间，"直向那边会了，却来者里行履"，神通游戏，得大自在。

三 南泉普愿禅学思想与海德格尔哲学

从马祖道一到南泉普愿，体现了洪州禅思想的步步深入。南泉普愿对马祖道一若干思想命题的修正，并非是由于他和马祖存在思想分歧，而是由于洪州禅后学过于执着马祖的言句，对马祖的思想产生了片面化的理解，因此南泉普愿需要对此进行一番扫荡，破除观念上的执着，荡遣语言文字的"名相"，重新展示马祖禅学"体用一元"，不离见闻觉知而显露

---

① （宋）赜藏主集：《古尊宿语录》卷12，《续藏经》第68册 第71页。

真心妙用的特色。日本学者土屋太祐指出："总而言之，南泉的思想是马祖思想的修正版。他强调概念的虚妄、本来性的永恒，都与马祖思想有所违背。但其目的则在于避免马祖思想的弊病，因此可以说南泉思想的本质还是与马祖一样的。他走的是与马祖不同的道路，但他达到的结果却与马祖没有差异，这是不足为怪的。"① 这一看法，可说是相当正确的。

土屋太祐在《北宋禅宗思想及其渊源》一书中还指出，南泉思想的主旨是在破除语言文字之"执"的基础上，由"本来性世界"而回归"现实性世界"。所谓"本来性世界"与"现实性世界"的区别，在土屋看来，就是"彼岸世界"和"此岸世界"，或者"形上世界"与"形下世界"的区别。② 在笔者看来，更好的区分方法是"原本性世界"与"名相化世界"。

张祥龙在《现象学导论七讲》中对禅宗思想与海德格尔哲学有一段对比："所以我们的生活经验只要足够原本，只要那个地方主客还没有分开，那么我们的生活就像禅宗讲的行起坐卧，无处不有禅，就是说无处不有意义发生的机制，你感受到的都是意义的世域。"③ 张祥龙所说的"原本的生活经验"，是指海德格尔早期的哲学概念"实际生活经验"。"实际生活经验"是在反思、概念和语言文字发生之前的原本性生活经验，又为一切反思、概念思维活动奠基，在《存在与时间》中，"存在"就是这样一种投入于"实际生活经验"的前反思、境域化之"在"，而"存在者"则建立在反思的态度之上，是"存在"的理论化和碎片化。

从海德格尔哲学的角度来看，南泉禅学所强调的"大道"，应该就是这样一种原本性的生活经验，或者更准确地说，是原本性的意义构成机制，"道不属知，不属不知。知是妄觉，不知是无记。若真达不疑之道，犹如太虚，廓然荡豁，岂可强是非也？""知"或者"不知"都是一种反思性的态度，而"大道"犹如太虚，虚无浩荡，无法以对象化的反思态度"强名是非"；一加审思打量，则"拟向即乖"。南泉所说的"道"，在许多方面，类似于海德格尔的"实际生活经验"。

---

① [日]土屋太祐：《北宋禅宗思想及其渊源》，巴蜀书社2008年版，第44页。
② 参见[日]土屋太祐《北宋禅宗思想及其渊源》，巴蜀书社2008年版，第40页。
③ 张祥龙：《现象学导论七讲》，中国人民大学出版社2011年版，第224页。

海德格尔所说的"实际生活经验",着重强调的是一种"前反思"的维度,在此维度中,主客对立的格局尚未形成,有一种天机盎然的姿态,由此构成充分而饱满的生活意义;但此天机盎然的"实际生活经验"也会如潮汐般退行,"首先表现为一种'使其意义淡薄化'(Verblassen der Bedeutsamkeit)、'平均兴趣化'、'可支配化'和'可使用化'的倾向,然后还在可能进一步退化或固化为对象区域式的理解和行为方式"①。原本性的"实际生活经验"退化为对象化的理解方式和行为方式,这是人生的固有格局,也是"实际生活经验"自身的趋势和倾向。

在南泉看来,"道"是原本性的,超越于语言文字等"名相"之上,但也不可避免地会落入"名相"的世界,"空劫之时,无一切名字。佛才出世来,便有名字,所以取相"②。"空劫"时无语言文字,佛出世则有语言文字,既有语言文字则有执持,因此"取相"是不可避免的。"只为今时执着文字,限量不等大道。一切实无凡圣,若有名字,皆属限量。"③语言文字是最大的"执",语言文字必定要命名对象,而这种对象化的理解方式恰恰遮蔽了"道"。"所以江西老宿云:不是心,不是佛,不是物。且教后人与么行履。"④江西老宿即马祖道一。南泉在这里指出,马祖先说"即心是佛",又说"非心非佛",其真实含义是用语言文字荡遣语言文字,用"随说随扫"的方式指示"道"的真义。

在洪州禅学中,对于语言文字的态度是相当矛盾的。一方面,语言文字是限定性的,有一名必有一相,迷恋于语言文字,必将落入"名相世界"的陷阱;另一方面,佛出世来,必然通过语言文字说法,原本性的"大道"也必须通过语言文字的"名相"来展示。如果说,在前期以马祖为代表的洪州禅学中,对语言文字的作用还怀有一定的信心,那么南泉对语言文字的认识则基本上是批判性的、负面性的。在马祖禅学中,"原本性世界"就栖身于"名相化世界"之中,因此由"见闻觉知"就可以彻

---

① 张祥龙:《中华古学与现象学》,山东友谊出版社 2008 年版,第 264 页。
② (宋)颐藏主集:《古尊宿语录》卷 12,《续藏经》第 68 册,第 72 页。
③ 同上。
④ 同上。

见佛性的全体作用。而在南泉禅学中，必须清除"见闻觉知"，扫除"名相"葛藤，才能够通达意义之源的"原本性世界"，"空劫"和"太虚"，才是南泉所认为的"道"的栖身所在。因此南泉主张"冥契"和"穷理尽性"，开启了南宗禅中别具一格的开悟法门。

第三节　沩山禅系与禅学
——以沩山灵祐禅师为中心的沩仰宗初期历史研究

禅宗史上的沩仰宗，系以沩山灵祐禅师及其弟子仰山慧寂而得名。沩山灵祐出自马祖禅系的百丈怀海门下，由江西而湖南，开辟沩山道场，极盛时期有弟子一千六百余人。仰山慧寂问法于灵祐，又回到江西仰山。经过两代人的努力，终于成立了"沩仰宗"这一极具特色的禅宗宗派。但在世人的眼中，沩仰宗的历史似乎是以仰山慧寂为中心，如日本学者石井修道的长篇论文《沩仰宗的盛衰》，所举出的14位沩仰宗重要人物，除了香严智闲和福州大安以外，其他均为仰山慧寂一系的人物，关于沩山灵祐及其僧团的情况，则一概从略。"沩仰宗"既以"沩山"和"仰山"而命名，则事实上也就是"沩山—仰山"禅系，仰山禅系来自沩山禅系，自然可以名正言顺地用"沩仰宗"这一名号；但沩山禅系却不包括仰山禅系，因而只是"沩仰宗"的前身和前史，在禅宗史上相对不太引人注意。关于沩山僧团的形成、分化等历史状况，以及其禅学思想的特点，目前在学术界讨论还不多。笔者拟以沩山灵祐禅师为中心，对沩山禅系的历史状况进行分析和还原。

沩山灵祐建立的沩山僧团和禅系，是沩仰宗的前身和前史。目前学术界关于沩仰宗的研究，主要集中在对仰山一系的研究上，沩山禅系的研究相对薄弱。这主要是由于中晚唐禅宗的史料大都出自宋代以后的"灯录"系统，有后人的增益、编造部分，资料的鉴定、甄别较难进行。如以《宋高僧传》为基础，补充相关的碑铭资料，并结合唐史研究的成果作为背景，则大致可以勾画出以沩山灵祐为中心的沩仰宗初期历史情况。其中包括沩山灵祐的生平和沩山僧团的创建、沩山灵祐的弟子、沩山禅系在灵祐身后的分化状况，以及沩山禅学的特点。灵祐禅师以湖南沩山为基地，创建了中晚唐历史上规模最大的僧团，是洪州禅向"五家禅"转化的关键点。沩山灵祐的禅学，有"古典禅"的作风，不尚玄虚，注重经典。但从他的弟子仰山慧寂开始，为后世所熟知的成熟的"机缘问答"教学方式已经占据了上风。

在此还需要对本文研究所运用的资料情况进行简略说明。沩山灵祐生活在中晚唐时期，这一时期的禅宗史资料极多，但大多出自宋代以后的"灯录"系统。以沩山灵祐为例，他的语录见于《祖堂集》和《景德传灯录》，晚至明代，才有人根据"灯录"的内容编撰成《潭州沩山灵祐禅师语录》1卷。相对这些晚出的资料而言，《宋高僧传》的记载虽然简略，却是依据唐代碑铭材料撰写而成，内容比较可靠。在《全唐文》中，还保存有沩仰宗的史料《警策文》《大圆禅师碑记》《仰山通智大师塔铭》。1953年，在福州出土了沩仰宗高僧福州大安禅师的塔铭《唐福州延寿禅院故延圣大师塔内真身记》。这些史料，比较真实地反映了沩仰宗的早期发展历史。本文的研究内容，即以这些比较原始的材料为中心，对唐五代到宋代的"灯录"系统记载进行甄别和分析，以期能够探索和发现沩仰宗早期历史的真实面貌。

一　灵祐禅师与沩山僧团的成立

禅宗史料记载，灵祐（771—853），俗姓赵，福州长溪人。关于灵祐出家的年龄，《景德传灯录》说："年十五辞亲出家，依本郡建善寺法常律师剃发。于杭州龙兴寺受戒，究大小乘经律。"[1] 明代郭凝之编集的《潭州沩山灵祐禅师语录》（以下简称《灵祐录》）与此同。宋代赞宁的《宋高僧传》则说："祐以椎髻短褐依本郡法恒律师，执劳每倍于役。冠年剃发，三年具戒。时有钱塘上士义宾，授其律科。"[2] 所谓"冠年"，是古人对"弱冠之年"的简称，《礼记·曲礼》云："二十曰弱冠。"由此而言，《宋高僧传》所指出的灵祐出家年龄是二十岁，受戒则是二十三岁。当代人的著作中，杜继文等人的《中国禅宗通史》取《景德传灯录》和《灵祐录》的说法，杨曾文的《唐五代禅宗史》则取《宋高僧传》的说法。

---

[1]　（宋）道原：《景德传灯录》卷9，《大正藏》第51册，第264页。
[2]　（宋）赞宁：《宋高僧传》卷11，《大正藏》第50册，第777页。

关于这两种说法的差异，笔者认为，《宋高僧传》的记载较为可信。《宋高僧传》在史料来源上有其特点，即以前代的碑记、塔铭为原始"史源"，且在篇末一一注明来源。①《宋高僧传》于"灵祐传"篇末云："四镇北庭行军泾原等州节度使右散骑常侍卢简求为碑，李商隐题额焉"②，可见其史料来源即来自卢简求的碑记。卢简求的传记见于《旧唐书》卷163。他是长庆元年（821）进士，曾长期担任裴休的幕僚，可能通过裴休的关系与沩山灵祐禅师有过交往。《旧唐书》记载他在宣宗大中九年（855）因党项反叛，朝廷"以简求为四镇北庭行军、泾州刺史、泾原渭武节度押蕃落等使、检校左散骑常侍、上柱国、范阳县男、食邑三百户"③，《宋高僧传》除了将"左散骑常侍"误为"右散骑常侍"，其余基本一致。由此可见，卢简求是在大中九年（855）到十一年（857）之间为沩山灵祐撰写了碑文④，沩山灵祐圆寂于大中七年（853），这件碑文是沩山灵祐辞世后第一份记录他生平的文献，应该是较为可信的原始记录。⑤

《宋高僧传》记载，灵祐在受戒之后，去过浙江天台山的国清寺，遇到过佛教史上的传奇人物寒山和拾得。此事在《祖堂集》中也有记录，且更为详尽。按照《祖堂集》和《宋高僧传》的记载，寒山、拾得告诉灵祐"逢潭则止，遇沩则住"，并预言他将会成为"一千五百人善知识"，这显然是沩山僧团建立、昌盛之后由后人所编造的神异说法，不足为信。但灵祐参访天台山国清寺，则可能是历史事实。《宋高僧传》记载，有钱塘僧人义宾授其律学；《景德传灯录》则说他受戒于杭

---

① 陈援庵先生在《中国佛教史籍概论》中指出："此书（指《宋高僧传》）所本，多是碑文，故每传末恒言某某为立碑铭或塔铭，此即本传所据，不啻注明出处。"《中国佛教史籍概论》，上海书店出版社2001年版，第32页。

② （宋）赞宁：《宋高僧传》，《大正藏》第50册，第777页。

③ 《旧唐书》第13册，第163卷，中华书局1975年版，第4272页。

④ 据《旧唐书》第163卷《卢简求传》记载：卢简求于大中九年（855）为四镇北庭行军、泾州刺史、泾原渭武节度押蕃落等使，大中十一年（857）调任为定州刺史、义武军节度使。由此可进，卢简求担任泾州刺史是从大中九年（855）到大中十一年（857），他为灵祐禅师撰写碑铭也必在这三年之间。

⑤ 遗憾的是，卢简求为灵祐所做的碑文今已遗佚。《全唐文》收录卢简求所撰碑文有两篇，一为《禅门大师碑阴记》，一为《杭州盐官县海昌院禅门大师塔碑》。

州龙兴寺；可见灵祐在家乡福建出家之后，又来到浙江杭州受戒学律。《祖堂集》说："师小乘略览，大乘精阅。年二十三，乃一日叹曰：'诸佛至论，虽则妙理渊（渊）深，毕竟终未是吾栖神之地。'于是杖锡天台，礼智者遗迹，有数僧相随。"①《宋高僧传》说他"冠年剃发，三年具戒"，则二十三岁正是他受戒的年龄。灵祐在杭州受戒，从钱塘僧人义宾学律，可能也包括大小乘的经论。他受戒之后，对所学的佛教经论犹感不能满足，于是"杖锡天台"，欲寻访天台宗创始人智者大师的遗迹。后人即以此段经历为蓝本，创作了寒山、拾得的预言，从而为沩仰宗的兴起增添了神秘色彩。

灵祐离开天台山以后，即往江西寻访百丈怀海禅师。《宋高僧传》云："遂诣泐潭谒大智师，顿了祖意。"②"泐潭"即泐潭寺，在江西建昌西南的石门山，是马祖道一的墓塔所在③；"大智"，则是百丈禅师的谥号。灵祐在泐潭寺谒见百丈禅师，"顿了祖意"，领悟了南宗禅的精髓，成为百丈僧团中的重要成员。

关于灵祐与百丈禅师的师资传承，《宋高僧传》依据卢简求的碑文撰写的《灵祐传》中叙述不多，另一份唐人郑愚的《大圆禅师碑记》（见《全唐文》）则完全没有提及。南唐时形成的早期灯录《祖堂集》则提到有一则"拨火"公案：灵祐深夜参百丈，百丈云："你与我拨开火。"灵祐云："无火。"百丈云："我适来见有。"自起来拨开炭灰，见一星火，夹起来云："这个不是火，是什么？"灵祐遂于言下开悟。④ 这则公案比较平实，百丈以炭灰下的火星比喻习气、妄想遮蔽的心性本体，灵祐也就由此领悟了佛性本有、不从外得的道理，可能反映了这一时期禅宗授受的真实面貌。五代时永明延寿的《宗镜录》记载了这则公案。宋代撰成的《景德传灯录》和明代编集的《灵祐录》，也基本上采用了这则"拨火"公案，但又增添了一些答问语句，可能是出于后代僧人的想象补充，不尽

---

① 张美兰：《祖堂集校注》，商务印书馆2009年版，第413页。
② （宋）赞宁：《宋高僧传》卷11，《大正藏》第50册，第777页。
③ （宋）祖琇：《隆兴编年通论》："元贞四年二月，江西马祖大师道一示寂……先是，师尝经由豫章泐潭之石门，爱其山水奇胜，洞壑平坦，谓其徒曰：吾朽质之日，归骨于此。至是，门弟子奉灵骨舍利，建道场于石门。"《续藏经》第75册，第202页。
④ 张美兰：《祖堂集校注》，商务印书馆2009年版，第370页。

可信。

灵祐离开百丈僧团、开创沩山道场的时间,《宋高僧传》说是"元和末"。《祖堂集》未记灵祐入沩山的时间,但提道:"师匡化四十二年,现扬宗教。自大中七年癸酉岁示化。"① 大中七年是853年,以此为基点逆推四十二年,则为元和七年(812),此与《宋高僧传》所说的"元和末"虽不尽合,亦相差不远。② 郑愚《大圆禅师碑记》则说:"师始僧号灵祐,福州人,笠首□足,背闽来游,庵于翳荟,非食时不出,栖栖风雨默坐而已。……师既以兹为事,其徒稍知所从。从之,则与之结构庐室,与之伐去阴黑,以至于千有余人,自为饮食纲纪。……数十年言佛者,天下以为称首。武宗毁寺逐僧,遂空其所。"③ 唐武宗禁毁佛教是在会昌五年(845),"数十年"应为约数,如从元和六年(811)到会昌五年(845),应为三十四年;即使"元和末"是元和的最后一年,即元和十五年(820),到会昌五年(845)也有二十五年了。总之,虽然不能确定灵祐来到沩山的具体时间,但大体可以肯定是元和六年(811)到元和十五年(820)之间,此时灵祐的年龄在40岁到49岁之间,正是年富力强的阶段。④

到会昌灭佛之前,灵祐创建的沩山僧团已有很大规模。如前面引述的郑愚《大圆禅师碑记》记载,会昌灭佛前,沩山僧团已有1000多人。关于沩山僧团的人数,杨曾文先生在《唐五代禅宗史》一书中,根据《祖堂集》等相关记载,认为应该是500人左右。但郑愚《大圆禅师碑》的记载也不容忽视,《祖堂集》《景德传灯录》诸书屡屡言及沩山可聚千五百人,灵祐是"一千五百人善知识",似非虚语。如果认为沩山僧团在会昌灭佛之前仅有500人左右,会昌之后才达到一千五六百人的规模,则从大中元年(847)宣宗恢复佛教到大中七年(853)灵祐示寂,仅有六年

---

① 张美兰:《祖堂集校注》,商务印书馆2009年版,第416页。
② 铃木哲雄认为灵祐到沩山是在公元810年前后,其依据是《景德传灯录》。见铃木哲雄《唐五代禅宗史——湖南江西篇》,日本东京大东出版社1984年版,第28页。
③ 郑愚:《大圆禅师碑记》,载陶汝鼐、陶之典《大沩山古密印寺志》,岳麓书社2008年版,第180页。
④ 清人陶汝鼐、陶之典父子所修《大沩山古密印寺志》"开山缘起"部分记载,灵祐于"元和八年八月十五日入沩",年月日如此详细,不知有何依据,不可信。参见陶汝鼐、陶之典《大沩山古密印寺志》,岳麓书社2008年版,第30页。

时间，沩山僧团在这六年间，由原先的500人规模发展到1500人，发展似乎过于神速。因此，郑愚的《大圆禅师碑》所记应有所根据，沩山僧团的建立，是灵祐从元和六年（811）之后进入沩山，经过三十多年的苦心经营，到会昌五年（845）唐武宗灭佛之年，形成了1000多人的规模。这1000多人的沩山僧团，是当时湖南、江西境内最大的佛教僧团，"数十年言佛者，天下以为称首"。

  沩山僧团的建立，从禅宗史书上来看，前因后果不太明了，但除去神话的帷幕，我们依然可以发现一些历史信息。《景德传灯录》记载，江西的百丈僧团中有一位司马头陀，他在湖南时，发现了大沩山可容纳上千人聚居，回到江西以后，便在百丈僧团中寻访人才，通过一系列复杂的勘验，最后确定灵祐才是沩山的真正主人。《景德传灯录》的叙述中夹杂着许多风水家的迷信说法，如司马头陀认为百丈是"骨人"，沩山是"肉山"，因此百丈不适合住持沩山，即使去了，徒众也不会超过1000。关于司马头陀的这则史料，《宋高僧传》《祖堂集》都没有记载，因此铃木哲雄认为是不可靠的。① 但这则史料即使是后人的杜撰，其中也反映了一些历史的真实情况，即灵祐离开江西进入湖南，似乎并不是漫不经心的随意行为，而是经过了百丈僧团的周密筹划，其根本原因是百丈僧团出于生存压力而需要新的发展空间，而沩山的地理状况正好适合百丈僧团的需要，灵祐作为最合适的人选，就被委以重任，担负起了开发沩山的责任。

  杜继文等人在《中国禅宗通史》中提出，中国禅宗的形成，与中国历史上的土地问题密切相关。农民因失去土地而成为流民，进而大量流入寺院，又因寺院不能容纳而成为游僧，"从北魏到五代，北方流民，包括以游僧的形式向南移动，其规模之大，持续之久，以及由此推动江淮、东南、岭南等地区的开发，在历史上曾蔚为壮观。"② 南宗禅的胜利，实际上是农禅的胜利，也就是以禅宗团体的形式使游僧结合起来，获得土地并自主开发，百丈怀海的僧团就是这种典型的农禅群体。"自觉总结农禅经

---

  ① 参见铃木哲雄《唐五代禅宗史——湖南江西篇》，日本东京大东出版社1984年版，第31—32页。

  ② 杜继文、魏道儒：《中国禅宗通史》，江苏古籍出版社1993年版，第3页。

验，并为之制定了理想模式的，乃是百丈怀海。所以出自百丈的禅师，成了以后禅宗五家繁盛的真正基干。"①

百丈怀海在中国禅宗史上的划时代地位，是由于他"别立禅居"，打破了过去禅僧依附于律院的传统，同时制定《禅门规式》，为禅宗群体的农禅生活订立制度，使之形成规范，持续发展。百丈僧团的规模和声势极大，据说"齐鲁燕代荆吴闽蜀，望影星奔，聆声飙至"②，无疑聚集了为数众多的农禅僧人。百丈一生中数次迁徙，都是因为僧团数量的扩张所致，初居石门，"后以众所归集，意在遐深"，移居新吴的百丈山后，"庵庐环绕，供施仍积，众又逾于石门"。③《宋高僧传·怀海传》则说，在百丈山时，"海既居之，禅客无远不至，堂室隘矣"④。同书的《普岸传》又云："时怀海禅师居百丈山，毳纳之人骈肩累足，时号大丛林焉。"⑤ 这些都说明，由于人数的扩张，百丈僧团受到一定的压力，迫切需要寻找新的发展空间。而灵祐沩山僧团的创立，则是百丈僧团拓展生存空间的一次新的尝试。

灵祐的沩山僧团发展到"会昌灭佛"时期，开始遇到前所未有的困难，灵祐解散了沩山僧团而藏匿民间。郑愚《大圆禅师碑记》说："武宗毁寺逐僧，遂空其所。师遽裹首为民，惟恐出茧茧之辈，有识者益贵重之矣。"⑥ 唐武宗下诏灭佛是在会昌五年（845），至宣宗大中元年（847），正式取消灭佛诏令，恢复佛教寺宇。灵祐也于此时由裴休迎请而复出。"后湖南观察使、故相国裴公休，酷好佛事，值宣宗释武宗之禁，固请迎而出之。乘之以己舆，亲为其徒列，又议重削其须发。师始不欲，戏其徒曰：'尔以须发为佛耶？'其徒愈强之。不得已，又笑而从之。复到其所居，为同庆寺而归之。诸徒复来，共事（于）〔如〕初。"⑦ 沩山僧团躲

---

① 杜继文、魏道儒：《中国禅宗通史》，江苏古籍出版社1993年版，第4页。
② （元）德辉：《敕修百丈清规》卷8，《大正藏》第48册，第1156页。
③ 同上。
④ （宋）赞宁：《宋高僧传》卷10，《大正藏》第50册，第770页。
⑤ （宋）赞宁：《宋高僧传》卷27，《大正藏》第50册，第880页。
⑥ 郑愚：《大圆禅师碑记》，载陶汝鼐、陶之典《大沩山古密印寺志》，岳麓书社2008年版，第180页。
⑦ 郑愚：《大圆禅师碑记》，载陶汝鼐、陶之典《大沩山古密印寺志》，岳麓书社2008年版，第180页。

过会昌灭佛的高潮,在大中元年(847)恢复之后,得到了当时湖南当地官员的支持。据《宋高僧传》记载:"时襄阳连率李景让统摄湘潭,愿预良缘,乃奏请山门号同庆寺。后相国裴公相亲道合。祐为遭会昌之澄汰,又遇相国崔公慎由,崇重加礼。"①

根据郁贤皓《唐刺史考全编》的考证,裴休是在会昌三年到大中元年(843—847)期间任湖南观察使、潭州刺史②,崔慎由则在大中六年到七年(852—853)任湖南观察使、潭州刺史③,李景让在大中六年到十年(852—856)任山南东道节度使、襄州刺史④。在裴休任职潭州期间,发生了武宗会昌灭佛和宣宗恢复佛教的事件,他在会昌灭佛时应对灵祐有所保护,并在灭佛令取消后立即迎请灵祐复出,对沩山僧团的复兴有巨大贡献。崔慎由任职潭州时佛教已经恢复,他对沩山灵祐"崇重加礼",一定程度上也增强了沩山僧团的社会影响力。李景让虽然不在潭州任职,但在任山南东道节度使、襄州刺史期间,"统摄湘潭",是潭州地区的最高长官。李景让对沩山僧团的贡献是"乃奏请山门号同庆寺",自此沩山僧团的寺院即称为同庆寺。裴休、崔慎由、李景让都是崇信佛教的高级官僚,裴休、崔慎由后来都官至宰相,他们的敬信和支持,为沩山僧团的发展创造了有利条件。

灵祐在大中七年(853)正月九日圆寂,《宋高僧传》和郑愚《大圆禅师碑记》记载皆同。灵祐圆寂后,卢简求在大中九年(855)到十一年(857)之间为沩山灵祐撰写了碑文,李商隐题写了碑额,《宋高僧传》中的《灵祐传》大体就是根据这一碑文撰写的。《大圆禅师碑记》还记载:"师亡后十一年,徒有以师之道上闻,始诏加其谥号坟塔。"⑤灵祐圆寂后的十一年是唐懿宗咸通四年(863),是年敕谥"大圆禅师",塔号"清净"。⑥ 咸通七年(866),郑愚又为灵祐撰写了

---

① (宋)赞宁:《宋高僧传》卷11,《大正藏》第50册,第777页。
② 郁贤皓:《唐刺史考全编》,安徽大学出版社2000年版,第2423页。
③ 同上书,第2424—2425页。
④ 同上书,第2597页。
⑤ 郑愚:《大圆禅师碑记》,载陶汝鼐、陶之典《大沩山古密印寺志》,岳麓书社2008年版,第180页。
⑥ 灵祐的敕谥和塔号,据《景德传灯录》卷9"灵祐传"。

《大圆禅师碑记》。

二 沩山灵祐弟子考

沩山灵祐的弟子，著名的有仰山慧寂和香严智闲。宋代名僧惠洪在《大沩山中兴记》中说："昔大圆禅师开法此山也，有众千人。硕大而秀出者，有若大仰寂子、香严闲禅师。"[①] 在宋代人的记录中，仰山慧寂和香严智闲是沩山灵祐门下最有成就的禅师。

《宋高僧传》中有记载的灵祐弟子，也是仰山慧寂和香严智闲两人。

《祖堂集》记载的灵祐弟子有5人，分别是仰山慧寂、香严智闲、径山鸿諲、灵云志勤、王敬初常侍。

《景德传灯录》所记灵祐弟子有43人，其中5人与《祖堂集》同，

此外，郑愚《大圆禅师碑记》中，还记录了1名叫作"审虔"的灵祐弟子。

以《景德传灯录》的43人名单为基础，再加上《大圆禅师碑记》中的"审虔"，则灵祐有名可考的弟子共有44人。但笔者认为，这份44人的名单还应该加上"福州大安"。此外，灵祐弟子中，灵云志勤、延庆法端的师承在《景德传灯录》中有前后不一致之处，也应该进行进一步的考证。最后，笔者提出的灵祐弟子名单是45人。

（一）福州大安考

福州大安禅师是灵祐禅师开发沩山的重要助手，这在一系列的僧史、灯录、碑铭中都有记载。《祖堂集》卷17"福州西院和尚"（即大安禅师）传云："后随祐禅师同创沩山，则十数年间，僧众犹小（少）。师乃头头耕耨，处处劳形，日夜忘疲，未尝辄暇。……不久之间，僧众果至五百。"[②] 1953年出土的唐代碑文《唐福州延寿禅院故延圣大师塔内真身记》（延圣大师是唐王朝给大安禅师的封号）则记载说："爰至长沙大沩山，谒大圆大师，渐见徒，拥半

[①] （宋）惠洪：《大沩山中兴记》，载陶汝鼐、陶之典《大沩山古密印寺志》，岳麓书社2008年版，第183页。

[②] 张美兰：《祖堂集校注》，商务印书馆2009年版，第424页。

千。师即高卧深岩。"① 这说明灵祐在沩山的初期，徒众并不太多，直到大安禅师来到沩山之后，经过努力经营和辛勤劳作，才有了500人左右的规模。②

大安的法脉源流，在《祖堂集》和《景德传灯录》中，都把他作为百丈怀海的法嗣，沩山灵祐的师弟。大安协助灵祐开发沩山，《五灯会元》记载其是从百丈山而来。但近人王荣国在《唐大安禅师生平考》一文中经过详细考证后指出，《五灯会元》的记载属于臆造，大安实际上并非由江西百丈山而来，而是在游方时由长安前往沩山。③

大安并非由百丈山前往沩山，不特如此，他嗣法于百丈的说法也值得怀疑。在《宋高僧传》中，并不见大安参百丈的相关记载，倒是说他去临川见了石巩惠藏，得到了一些启示。唐碑《唐福州延寿禅院故延圣大师塔内真身记》中，说他在游上元的途中，遇到一位老人，劝说他去南昌，在南昌时，"夕闻二禅长老云：百丈知识，一宝自明，繁文徒倦。师顿悟"④。接下来便说他去抚州参访石巩惠（慧）藏，也没有提到他参访百丈的经历。大安参百丈而顿悟的说法，最早见于《祖堂集》，而后则见于《景德传灯录》，可能是后代灯录的编撰者掺入的不实之词。

在唐人陆希声为仰山慧寂所做的《仰山通智大师塔铭》中，有这样一种说法："自文宗朝，有大沩山大圆禅师，居士养道，以曹溪心地，直指学人，使入元理。天下云从雾集，常数千人。然承其宗旨者，三人而已。一曰仰山，二曰大安，三曰香严。……予顷在襄州，有香严门人请予为香严碑。已论三人同体异用之意。其辞曰：仰山龙从于江西，大安雨聚

----

① 参学比丘允明：《唐福州延寿禅院故延圣大师塔内真身记》，载石井修道《沩仰宗的盛衰》（六），《驹泽大学佛教学部论集》1993年第24号，第96页。
② 这500人应该是大安来沩山后沩山僧团达到的数量，至会昌年间，则有千人以上。详见郑愚《大圆禅师碑记》。
③ 参见王荣国《唐大安禅师生平考》，《宗教学研究》2001年第3期。
④ 参学比丘允明：《唐福州延寿禅院故延圣大师塔内真身记》，载石井修道《沩仰宗的盛衰》（六），《驹泽大学佛教学部论集》1993年第24号，第96页。

于闽越,香严霰霁于南阳。皆寻流得源,同出异名之谓也。"① 可见大安实为沩山灵祐的法嗣。灯录将他归属在百丈门下,应是后代弟子的传闻失误。②

(二) 灵云志勤考

灵云志勤是禅宗史上的著名高僧,他因桃花而悟道,并作诗偈:"三十年来寻剑客,几逢花发几抽枝。自从一见桃花后,直至如今更不疑。"③ 诗句清俊,意在言外,体现了悟道人的心境,一直为禅僧和文人学士所传唱。

灵云志勤的传记见《祖堂集》《景德传灯录》《联灯会要》《五灯会元》等书,今人王荣国有《唐志勤禅师生平考》考释其生平④。

灵云志勤的师承,《祖堂集》和《景德传灯录》将其列为沩山灵祐的法嗣,但在《联灯会要》和《五灯会元》中,则将其列为福州大安禅师的法嗣。

对此,王荣国认为,《祖堂集》和《景德传灯录》成书较早,相对来说比较可靠;《联灯会要》和《五灯会元》将灵云志勤列为大安禅师的法

---

① 陆希声:《仰山通智大师塔铭》,董诰等编《全唐文》卷813,中华书局1983年版,第8554页。关于陆希声此文的真假,历来有所争议。贾晋华在《古典禅的研究——中唐至五代禅宗发展新探》一书中的意见值得参考:"收于晚唐文人陆希声名下的《仰山通智大师塔铭》,记述仰山慧寂(807—883)先后住持袁州仰山、洪州石亭及韶州东平山,及陆希声本人在这些地方任郑愚节府从事时与仰山交往的经历。这些记载与其他唐宋碑文如公乘亿《魏州故禅大德奖公塔铭》、宋齐邱(887—959)《仰山光涌长老塔铭记》、余靖《韶州重建东平山正觉寺记》等所记相关内容,新旧《唐书》所载陆希声和郑愚的事迹,禅宗文献如《祖堂集》等所载仰山的事迹,地方志所载有关这些寺院的建设等,皆一一吻合,而且宋代的金石志《宝刻类编》早已著录陆希声此碑。有的学者以此文载于《全唐文》及未见陆希声对禅宗感兴趣的其他记载为由,就怀疑此碑不可靠,显然缺乏必要的论据和考论。"见贾晋华《古典禅的研究——中唐至五代禅宗发展新探》(修订版),上海人民出版社2013年版,第5页。

② 杨曾文《唐五代禅宗史》亦认为:"在《祖堂集》、《景德传灯录》等史书中,大安皆被作为百丈怀海的法嗣。实际上他在灵祐门下时间最长,从《祖堂集》所载灵祐和他本人传记的有关记载来看,他是视灵祐为师的,灵祐也将他当作自己的弟子看待。禅宗史书将他视作怀海的法嗣,也许反映的是他后继弟子的主张。"见杨曾文《唐五代禅宗史》,中国社会科学出版社1999年版,第473页。

③ 张美兰:《祖堂集校注》,商务印书馆2009年版,第481页。

④ 详见王荣国《唐志勤禅师生平考》,《宗教学研究》2002年第1期。

嗣,是这两书的编撰者篡改了原有的记载。① 笔者基本同意王荣国的考证,但认为《联灯会要》和《五灯会元》的作者可能并非有意篡改史实,而是误读了相关史料,造成了这一错误。

《祖堂集》中记沩山灵祐的法嗣有5人,灵云志勤即居其一,可见灵云志勤是灵祐门下的重要弟子,地位突出。《祖堂集》和《景德传灯录》均记载灵云嗣法于沩山,在沩山睹桃花而悟道,这一记载应该是不会错的。惠洪的《林间录》记载说:"灵云见桃花偈曰:'三十年来寻剑客,几回叶落又抽枝。自从一见桃花后,直至如今更不疑。'沩山老子无大人相,便云:'从缘入者,永无退失。'"② 惠洪是北宋末年的人,《景德传灯录》也成书于北宋,这说明北宋时期的人们普遍把灵云看作沩山灵祐的法嗣。

但南宋时成书的《联灯会要》和《五灯会元》则将灵云作为大安的法嗣。究其原因,是因为大安曾主持沩山法席,灯录中有时也将他称为"大沩"。《景德传灯录》卷11说:"前福州大安禅师,亦称大沩和尚。"③ 北宋昙秀的《人天宝鉴》中说:"大隋真禅师,……妙龄夙悟,决志寻师。遂南下见药山道吾,次谒大沩。服勤众务,食不至充,卧不求暖。清苦炼行,履操不群。大沩常器之。"④ 大隋真禅师,即益州大随法真禅师,在《景德传灯录》中是大安禅师的弟子。因此很明显,《人天宝鉴》中所说的"大沩",实际上是大安禅师,并不是沩山灵祐。在《五灯会元》中,灵云志勤与大随法真一起被列为大安禅师的法嗣,估计就是出于这种误读和误解。

(三) 延庆法端考

延庆法端,《景德传灯录》记其住地在襄州,由此可以判断,襄州延庆寺是法端的驻锡之地。《舆地纪胜》"襄阳府"目下云:"凤山,在襄阳县东南十里。梁韦叡于山立寺,唐《孟浩然传》云:'楚泽为刻碑凤林山

---

① 参见王荣国《唐志勤禅师生平考》,《宗教学研究》2002年第1期;以及王荣国《福建佛教史》,厦门大学出版社1997年版。
② (宋)惠洪集:《林间录》卷2,《续藏经》第87册,第267页。
③ (宋)道原:《景德传灯录》卷11,《大正藏》第51册,第286页。
④ (宋)昙秀辑:《人天宝鉴》,《续藏经》第87册,第8页。

南',即此。"①另一条则说："延庆寺,在襄阳县,梁韦叡所立。"②韦叡是南朝梁武帝时期的名将。综合这两条材料,可见襄州延庆寺是南朝梁武帝时期由韦叡所建立,地址在襄阳县东南十里的凤山。延庆法端的住地就是襄阳县凤山的延庆寺。

《湖北金石志》中记录了关于襄州延庆寺的一系列碑刻,计有《延庆院记并碑阴敕牒》(佚)、《延庆洞行记》(佚)、《延庆禅院经藏碑铭》(佚)、《唐延庆院重修法堂记》(佚)、《延庆寺僧惠广寿塔碑铭》,时间从唐咸通二年(861)到北宋淳化五年(994)。③可见从中晚唐到北宋初年,襄州延庆寺一直是一所非常兴盛的寺院。

延庆法端是沩山僧团的成员,他驻锡于襄阳县凤山的延庆寺,应该是离开沩山之后的事。关于延庆法端的师承,《景德传灯录》有两种说法。在《景德传灯录》卷 11 中,将延庆法端列为沩山灵祐的法嗣;但在同书卷 12 中,又将他列为香严智闲的法嗣。之所以会出现这种情况,由于资料的缺乏,目前还只能存疑。

(四)灵祐禅师弟子表

沩山灵祐的弟子,名字见于史籍可考者有 45 人。为进一步说明这 45 人的情况,笔者根据《宋高僧传》《祖堂集》《景德传灯录》,以及相关碑铭材料,制作了灵祐禅师弟子表。此表的制作,除了依据上述的原始史料,亦参考了近人的研究著作和论文,生卒年部分,则参考了陈垣先生的《释氏疑年录》。

编号	所在地区	名字	生卒年	属籍	寺院所在	资料出处
1	湖南	沩山如真			潭州	《景德传灯录》卷 11
2	湖南	大沩简			潭州	《景德传灯录》卷 11
3	湖南	沩山普润			潭州	《景德传灯录》卷 11
4	湖南	沩山法真			潭州	《景德传灯录》卷 11

---

① 王象之:《舆地纪胜》卷 12,中华书局 1992 年版,第 2653 页。
② 同上书,第 2661 页。
③ 这些碑文的内容,见清人张仲炘编撰的《湖北金石志》和日本学者铃木哲雄编撰的《有关湖北禅宗的资料(唐五代)》。

续表

编号	所在地区	名字	生卒年	属籍	寺院所在	资料出处
5	湖南	沩山冲逸			潭州	《景德传灯录》卷11
6	湖南	沩山彦			潭州	《景德传灯录》卷11
7	湖南	审虔			潭州	郑愚《大圆禅师碑记》（《全唐文》卷820；《大沩山古密印寺志》卷5）
8	江西	仰山慧寂	807—883	韶州	袁州	陆希声《仰山通智大师塔铭》（《全唐文》卷813）；余靖《韶州重建东平山正觉寺记》（四库全书本《武溪集》卷7）；《宋高僧传》卷12；《祖堂集》卷18；《景德传灯录》卷11
9	江西	西山道方			洪州	《景德传灯录》卷11
10	福建	福州大安	792—882	福州	福州	《宋高僧传》卷12；《祖堂集》卷12；《景德传灯录》卷9；《唐福州延寿禅院故延圣大师塔内真身记》（载石井修道《沩仰宗的盛衰》（六），《驹泽大学佛教学部论集》1993年第24号）；王荣国《唐大安禅师生平考》（《宗教学研究》2001年第3期）

续表

编号	所在地区	名字	生卒年	属籍	寺院所在	资料出处
11	福建	灵云志勤		福州	闽县	《祖堂集》卷19；《景德传灯录》卷11；王荣国《唐志勤禅师生平考》（《宗教学研究》2002年第1期）
12	福建	九峰慈慧			福州	《景德传灯录》卷11
13	福建	福州双峰			福州	《景德传灯录》卷11
14	湖北	全诿禅师			鄂州	《景德传灯录》卷11
15	湖北	黄鹤山超达			鄂州	《景德传灯录》卷11
16	湖北	智朗禅师			荆南	《景德传灯录》卷11
17	湖北	三角山法遇			蕲州	《景德传灯录》卷11
18	湖北	弘珪禅师			荆州	《景德传灯录》卷11
19	湖北	延庆法端			襄州	《景德传灯录》卷11
20	湖北	王敬初常侍			襄州	《景德传灯录》卷11
21	江浙	径山鸿諲	？—901	吴兴	杭州	《宋高僧传》卷12；《祖堂集》卷19；《景德传灯录》卷11
22	江浙	文立禅师			余杭	《景德传灯录》卷11
23	江浙	光相禅师			越州	《景德传灯录》卷11
24	江浙	灵空禅师			温州	《景德传灯录》卷11
25	江浙	文约禅师			苏州	《景德传灯录》卷11
26	江浙	智满禅师			上元	《景德传灯录》卷11
27	北方	香严智闲	？—898	青州	邓州	《宋高僧传》卷13；《祖堂集》卷19；《景德传灯录》卷11
28	北方	京兆米和尚			京兆	《景德传灯录》卷11
29	北方	元顺禅师			并州	《景德传灯录》卷11

续表

编号	所在地区	名字	生卒年	属籍	寺院所在	资料出处
30	北方	崇皓禅师			兴元府	《景德传灯录》卷11
31	北方	神剑禅师			嵩山	《景德传灯录》卷11
32	北方	弘进禅师			许州	《景德传灯录》卷11
33	北方	法朗禅师			金州	《景德传灯录》卷11
34	北方	志诠禅师			邓州	《景德传灯录》卷11
35	北方	霍山和尚			晋州	《景德传灯录》卷11
36	四川	应天和尚			益州	《景德传灯录》卷11
37	安徽	定山神英			滁州	《景德传灯录》卷11
38	不明	长延圆鉴				《景德传灯录》卷11
39	不明	志和禅师				《景德传灯录》卷11
40	不明	白鹿从约				《景德传灯录》卷11
41	不明	西堂复				《景德传灯录》卷11
42	不明	黑山和尚				《景德传灯录》卷11
43	不明	霜山和尚				《景德传灯录》卷11
44	不明	南源和尚				《景德传灯录》卷11
45	不明	岩背道旷				《景德传灯录》卷11

三 沩山禅系的分化

元和末年，大约是公元810年到820年，灵祐在沩山创建寺院，组织僧团进行农禅生活，至会昌灭佛之前，已有上千人的规模。会昌灭佛之后，沩山僧团得到进一步的发展，灵祐的三位重要弟子仰山慧寂、福州大安、香严智闲继续发扬沩山禅学，对唐五代的禅宗史产生了持续而深刻的影响。陆希声在《仰山通智大师塔铭》中说："仰山龙从于江西，大安雨聚于闽越，香严霰霁于南阳。皆寻流得源，同出异名之谓也。"[①] 说明在灵祐身后，沩山禅系发生了分化，除了湖南大沩山作为基地继续存在以

---

① 陆希声：《仰山通智大师塔铭》，董诰等编《全唐文》卷813，中华书局1983年版，第8554页。

外，沩山系的禅僧还分化到了江西、福建、河南等地。沩山禅系分化的具体情况，尽管还不太清楚，但我们可以从灵祐弟子所住寺院的分布情况，得到一些大致的线索。在目前我们所知的灵祐45名弟子中，他们大致分布在湖南、江西、福建、湖北、江浙（包括今天的江苏、浙江和安徽南部）等地，还有部分弟子在黄河以北的北方地区传教。

通过对沩山灵祐弟子传教区域的考察和统计，可以发现，沩山灵祐有名字可考的弟子共计45人，除了王敬初常侍1人为在家居士以外，其他44人均为僧侣，他们的分化区域是：留在湖南的有7人；流入江西的有2人；流入福建的有4人；流入湖北的有6人；流入江浙地区的有6人；在北方地区的有9人；在今四川地区的有1人；在今安徽境内的有1人；其余还有8人情况不明。沩山禅系在灵祐身后分化为湖南、江西、福建、湖北、江浙、北方等各个支系，除了江西的仰山慧寂一系发展为著名的"沩仰宗"之外，福建、江浙、北方等地的沩山禅脉支系也得到了很大的发展。如大安禅师在福州怡山传教，僧团数量达到千人，"闽之大乘，以此兴盛"①。沩山禅系的流布，对全国范围内的禅宗发展都起到了举足轻重的影响。

（一）湖南的沩山禅系

灵祐在大中七年（853）去世，继灵祐主持沩山法席的是福州大安禅师。《景德传灯录·大安传》记载："师躬耕助道，及祐禅师归寂，众请接踵住持。"②唐碑《唐福州延寿禅院故延圣大师塔内真身记》则说，会昌灭佛时，大安独自在山中隐居；宣宗下诏恢复佛教寺宇，大安居住在道州的开元寺；"庚辰年，却入大沩，接诸来学。懿宗丙戌岁，春离沩水，秋到福州"③。庚辰年是唐懿宗咸通元年（860），丙戌岁则是咸通七年（866）。按照《真身记》的记载，大中七年（853）灵祐去世后，沩山法席空虚了8年之久，直到咸通元年（860）大安禅师才从道州的开元寺回到沩山，接主法席。大安禅师住持沩山的时间有7年，咸通七年（866）

---

① 参学比丘允明：《唐福州延寿禅院故延圣大师塔内真身记》，载石井修道《沩仰宗的盛衰》（六），《驹泽大学佛教学部论集》1993年第24号，第96页。
② （宋）道原：《景德传灯录》卷9，《大正藏》第51册，第267页。
③ 参学比丘允明：《唐福州延寿禅院故延圣大师塔内真身记》，载石井修道《沩仰宗的盛衰》（六），《驹泽大学佛教学部论集》1993年第24号，第96页。

的春天，便离开沩山回到家乡福州。

大安禅师住持沩山法席前后的这段时间，沩山禅系达到了极盛阶段，主要表现在两个方面：

一是禅学思想风动天下。《宋高僧传·曹山本寂传》中说："咸通之初，禅宗兴盛，风起于大沩也。至如石头、药山，其名寝顿。"① 咸通初年正是大安禅师住持沩山的时期，在大安的住持下，沩山禅学风行于禅林，以至于石头希迁、药山惟俨一系的声望为之削减。

二是僧团经济规模的扩大。陶岳《五代史补》云："长沙有大沩同庆寺，僧多而地广，佃户仅千余家。齐己则佃户胡氏之子也，七岁与诸童子为寺司牧牛。"② 齐己在一首诗里说自己"同年生在咸通里"，则为咸通年间生人无疑。他的具体生年，据今人考证，或为咸通五年（864）③，则他7岁时为咸通十一年（870）。关于这则史料，贾晋华在《古典禅的研究——中唐至五代禅宗发展新探》一书中指出："齐己（864—943?）7岁为咸通十一年（870），去沩山白手起家开山创寺仅约50年，去沩山去世亦仅17年，而其时沩山寺已经拥有大量土地，并且更为重要的是，这些土地并非由寺中禅僧自耕自种，而是由一千余家佃户耕种。"④ 对于贾晋华的这个结论，笔者略有不同意见。《五代史补》云："长沙有大沩同庆寺，僧多而地广，佃户仅千余家"，其意当指寺院土地众多，而佃户"仅千余家"，因此是由僧众和佃户共同耕种的，僧众并没有完全脱离劳动。但不管怎样，此时沩山僧团的经济规模已经急速扩张，由农禅群体而变为寺院地主，仅佃户就有1000多家，这是不争的事实。

在灵祐弟子中，有沩山如真、大沩简、沩山普润、沩山法真、沩山冲逸、沩山彦6人，均以"沩山"（或"大沩"）为号，可以确定是沩山僧团的留守人员。此外，郑愚《大圆禅师碑记》中记录了一名叫作"审虔"

---

① （宋）赞宁：《宋高僧传》卷13，《大正藏》第50册，第786页。
② 陶岳：《五代史补》，《景印文渊阁四库全书》第407册，台湾商务印书馆1986年版，第665页。
③ 参见田道英《齐己行年考述》，《天津大学学报》2009年第3期；邓新跃：《齐己生卒年考证》，《益阳师专学报》2000年第3期。
④ 贾晋华：《古典禅的研究——中唐至五代禅宗发展新探》（修订版），上海人民出版社2013年版，第209页。

的灵祐弟子,"适师之徒有审虔者,以师之图形自大沩来,知予学佛,求为赞说"①。审虔既从大沩山来,则也是沩山僧团的留守者。碑记中还提到,审虔对郑愚说:"吾从居大沩者尚多,感师之开悟者不一。"② 说明灵祐弟子中,有不少人留居在沩山,沩山如真、大沩简、沩山普润、沩山法真、沩山冲逸、沩山彦等人可能是其中较为知名的一批,但这些人的法嗣情况,在文献中也没有记载。

沩山禅系在湖南的分布,除了大沩山以外,还有郴州王莽山一支。《景德传灯录》仰山慧寂传记载:"暨受沩山密印,领众住王莽山。"③ 则郴州王莽山也有沩山僧团的成员,但限于文献资料的限制,具体情况已不明。

(二) 江西的沩山禅系

沩山禅系传入江西的主要是仰山慧寂一支,沩仰宗的得名即由此而来。仰山慧寂(807—883)是沩仰宗历史上的重要人物,俗姓叶,韶州人,17岁时在广东曹溪的南华寺出家。他的第一位老师是南阳慧忠国师的弟子耽源真应禅师,耽源传授他"九十七种圆相"。此后,慧寂又来到沩山,成为灵祐的弟子,学习了大约有十四五年的时间。35岁的时候,开始独立传法。先是在湖南境内的郴州王莽山,后又至江西境内的袁州仰山,在袁州时,禅门大启,声誉卓著,被称为"仰山大师"。又迁洪州石亭观音院。晚年回到家乡韶州东平山居住,中和三年(883)去世,年77岁。

仰山慧寂的法嗣,《景德传灯录》卷12记载有10人,其中著名的有西塔光穆、霍山景通、杭州文喜、南塔光涌、新罗顺之等人。

自仰山慧寂将沩山禅法传入江西仰山后,禅宗史上的"沩仰宗"即正式成立。仰山慧寂在沩山灵祐禅法的基础上加入了许多内容,如著名的"圆相",就是仰山慧寂一系重点强调的内容,为沩山一系所无。沩仰宗的传承亦以仰山系为主,此宗传至五代末,即在佛教史籍中湮没无闻,但由仰山弟子新罗顺之传至韩国的"海东沩仰宗",则至今还在流传。

---

① 郑愚:《大圆禅师碑记》,载陶汝鼐、陶之典《大沩山古密印寺志》,岳麓书社2008年版,第181页。

② 同上。

③ (宋)道原:《景德传灯录》卷11,《大正藏》第51册,第282页。

灵祐弟子流入江西的，还有西山道方禅师，住地为洪州，具体情况未见史籍记载。

（三）福建的沩山禅系

灵祐弟子中可考的入闽僧人有九峰慈慧、福州双峰、灵云志勤和福州大安4人。

九峰慈慧禅师，《景德传灯录》卷11载其语录，但没有生平记载，因其住福州九峰山，故称"福州九峰慈慧禅师"。《淳熙三山志》记载："九峰院……大中二年（848），僧□贤创，咸通二年（861），号'九峰镇国禅院'。柳公权书。大顺元年（890），赐僧'慈惠禅师'并紫衣。"[①]王荣国在《福建佛教史》一书中认为，《三山志》中的僧贤即沩山灵祐的弟子九峰慈慧，九峰慈慧辞别灵祐后入闽，于大中二年（848）在福州闽县九峰山创建"九峰院"，昭宗大顺元年（890），朝廷赐僧号紫衣，名为"慈惠禅师"。[②]慈慧禅师的弟子，史籍无征。

福州双峰和尚，《景德传灯录》卷11记其为灵祐弟子，但没有语录和生平记载。《三山志》记福州侯官有"双峰院"，为僧师复所建，创于咸通五年（864），六年（865）赐号"护国禅院"。王荣国《福建佛教史》据此认为，僧师复创院传教的时间段和福州双峰和尚基本重合，因此师复可能就是双峰和尚。[③]《景德传灯录》卷12还记载，福州双峰和尚有一名弟子"双峰古禅师"，在双峰和尚圆寂后继续住持，可见福州双峰这一脉的禅系有一定程度的流传。

灵云志勤，《祖堂集》卷19、《景德传灯录》卷11有传。《祖堂集》云："灵云和尚，嗣沩山，在福州。师讳志勤，福州人也。"[④]则灵云志勤本为福州人。灵云在大沩山悟道后，"遂而返锡瓯闽"[⑤]，在福州传扬沩山禅法，并创建禅院，"师初创灵应，后住灵云，玄徒臻凑矣"[⑥]。可见灵云

---

① 梁克家：《淳熙三山志》卷38，《宋元方志丛刊》第八册，中华书局1990年版，第8230页。
② 王荣国：《福建佛教史》，厦门大学出版社1997年版，第109—110页。
③ 同上书，第111页。
④ 张美兰：《祖堂集校注》，商务印书馆2009年版，第481页。
⑤ 同上。
⑥ 同上。

志勤当时的法席之盛，但灵云志勤的法嗣情况，相关史志中均没有记载。

福州大安禅师，《宋高僧传》卷 12 有传，称为"唐福州怡山院大安"；《祖堂集》卷 17 有传，称为"福州西院和尚"；《景德传灯录》卷 9 亦有传，称为"福州大安禅师"。关于福州大安的史料，还有 1953 年出土的唐代碑文《唐福州延寿禅院故延圣大师塔内真身记》（延圣大师是唐王朝给大安禅师的封号）。福州大安禅师是沩山灵祐的弟子，见陆希声《仰山通智大师塔铭》中的记载。根据唐碑《真身记》，大安禅师是在咸通七年（866）春离开沩山回到家乡福州，"居府西八里怡山，禅宫俨豁。尝有千僧，闽之大乘，以此兴盛。师每登座谭无为曰：'有什么事？快出头来道却着。先圣出世如电扫，莫禁却他作用去。快活去！'天下禀法之流，得而密契"①。咸通十四年（873），敕封所居为"延寿禅院"；乾符三年（876）朝廷赐紫衣僧号"延寿大师"。中和三年（883）冬十月二十二日坐化圆寂，寿终九十一载，谈法四十余年。②《景德传灯录》卷 11 记大安有法嗣 10 人。

（四）湖北的沩山禅系

灵祐弟子中，分化到湖北的一支有鄂州黄鹤山超达禅师、鄂州全谂禅师、蕲州三角山法遇禅师、荆南智朗禅师、荆州弘珪禅师、襄州延庆法端禅师 6 人。这 6 人的名字均见于《景德传灯录》卷 11 的目录，作为灵祐的弟子被记载。除了襄州延庆法端禅师以外，其他人均没有语录记载，关于他们的生平和传法情况，都不是很清楚。仅从他们的住地可以看出，他们将沩山禅法传扬到了湖北境内的各个地方。

（五）江浙的沩山禅系

灵祐弟子中，分化到今江浙地区的有 6 人，其中在今江苏境内有 2 人，在今浙江境内有 4 人。

在今江苏境内传法的灵祐弟子，有苏州文约禅师和上元智满禅师。他们的名字均见于《景德传灯录》卷 11 的目录，没有语录和生平情况的记载。

---

① 参学比丘允明：《唐福州延寿禅院故延圣大师塔内真身记》，载石井修道《沩仰宗的盛衰》（六），《驹泽大学佛教学部论集》1993 年第 24 号，第 96 页。

② 以上关于福州大安的生平记载均据参学比丘允明所撰《唐福州延寿禅院故延圣大师塔内真身记》。

在今浙江境内传法的灵祐弟子，有杭州径山鸿諲禅师、余杭文立禅师、越州光相禅师和温州灵空禅师。文立禅师、光相禅师和灵空禅师3人见于《景德传灯录》卷11目录，没有语录和生平记载。鸿諲禅师的传记则见于《宋高僧传》卷12、《祖堂集》卷19和《景德传灯录》卷11。

鸿諲禅师（？—901），俗姓吴，吴兴人。年十九于开元寺礼无上大师出家，二十二往嵩山具戒。他大约在具戒以后就来到沩山，在会昌灭佛期间离开。此后在大中初年，即公元847年稍后，回到故乡吴兴的西峰院。咸通六年（865）上杭州径山，次年（866）为住持，"始唯百许僧，后盈千数。于时四众共居，肃然无过"①。唐僖宗赐院额为"乾符镇国"，并于中和三年（883）赐紫衣。唐昭宗景福二年（893），因吴越国王钱镠的荐举，朝廷赐号"法济大师"。唐光化四年（901）九月二十八日圆寂。②

鸿諲禅师的弟子，《景德传灯录》卷12记载有4人，《宋高僧传》则说："传法弟子庐山栖贤寺寂公、临川义直、功臣院令达。达于两浙大行道化。"③ 令达是他最重要的弟子。

（六）北方的沩山禅系

灵祐弟子中，在北方地区传教的有邓州香严智闲、京兆米和尚、并州元顺禅师、兴元府崇皓禅师、嵩山神剑禅师、许州弘进禅师、金州法朗禅师、邓州志诠禅师、晋州霍山和尚等9人。在这些人中，香严智贤的情况比较清楚，其余的人在史传中记载不多，大多数人仅见于《景德传灯录》卷11的目录，少数人如京兆米和尚、晋州霍山和尚在《景德传灯录》中有零星的语录，但也无从探索其生平。

香严智闲（？—898），沩山灵祐最为重要的弟子之一。陆希声曾为他作塔铭，今已佚失。④ 他的传记和著作情况，日本学者衣川贤次有较为详细的考证和说明，现引录如下：

---

① （宋）道原：《宋高僧传》卷12，《大正藏》第50册，第780页。
② 以上关于鸿諲禅师的生平记载均据《宋高僧传》卷12《鸿諲传》的内容。
③ （宋）道原：《宋高僧传》卷12，《大正藏》第50册，第780页。
④ 《仰山通智大师塔铭》中说："予顷在襄州，有香严门人请予为香严碑，已论三人同体异用之意。"见《全唐文》卷813，中华书局1983年版，第8554页。由此记载，可见陆希声曾为香严智闲撰写碑文，但此碑文没有流传下来。

香严智闲禅师（？—898），青州人，沩山灵祐法嗣，陆希声曾撰碑铭（已佚，见《全唐文》卷八一三《仰山通智大师塔铭》）；《宋高僧传》卷一三、《祖堂集》卷一九、《景德传灯录》卷一一、《宗门统要》卷五、《联灯会要》卷八、朝鲜本《祖源通录撮要》卷三、《大光明藏》卷中、《五灯会元》卷九等均记载传记和语录。至于他的偈颂，《新唐书·艺文志三》著录"智闲偈颂一卷二百余篇"（《通志略·艺文略》同），《景德传灯录》谓"有偈颂二百余首，随缘对机，不拘声律，诸方盛行"。[1]

香严智闲的偈颂在禅林中极为有名，见于《新唐书·艺文志》的著录，《祖堂集》《宗镜录》《景德传灯录》等书都收录了其中的一部分，比较完整的则有日本金泽文库所藏的《香严颂》七十六首。[2]

据《宋高僧传》记载，香严智闲禅师出家后，"至南方礼沩山大圆禅师，盛会咸推闲为俊敏。沩山一日召对茫然，将诸方语要一时煨烬，曰：'画饼弗可充饥也。'便望南阳忠国师遗迹而居。偶芟除草木，击瓦砾，失笑，冥有所证，抒颂唱之，由兹盛化。终后，敕谥袭灯大师，塔号延福焉。"[3]

智闲离开沩山后所住的"南阳忠国师遗迹"，即唐代著名禅师南阳慧忠住过的邓州香岩山，在今河南邓州市。智闲禅师长期在北方传教，是沩山系下成就最为卓著的禅师之一。陆希声将他与仰山慧寂、福州大安并列为沩山系三大禅师，赞扬他"香严霰霁于南阳"[4]；北宋惠洪禅师则称沩

---

[1] ［日］衣川贤次：《日本金泽文库藏抄本〈香严颂〉七十六首覆校》，《中华文史论丛》（总第八十四辑），上海古籍出版社2003年版，第220页。

[2] 日本金泽文库所藏的《香严颂》七十六首的具体内容，可参见石井修道《沩仰宗的盛衰》（五），《驹泽大学佛教学部论集》1991年第22号；以及衣川贤次《日本金泽文库藏抄本〈香严颂〉七十六首覆校》，《中华文史论丛》（总第八十四辑），上海古籍出版社2003年版。

[3] （宋）赞宁：《宋高僧传》卷13，《大正藏》第50册，第785页。

[4] 陆希声：《仰山通智大师塔铭》，董诰等编《全唐文》卷813，中华书局1983年版，第8554页。

山门下"硕大而秀出者,有若大仰寂子、香严闲禅师"①,将他与仰山慧寂并称为沩山的杰出门徒。

智闲禅师弟子众多,《景德传灯录》卷12记录他有法嗣12人。

四 沩山禅学思想的特点

贾晋华在《古典禅的研究——中唐至五代禅宗发展新探》一书中提出,"沩仰"合称,最早出现在法眼文益的《宗门十规论》中,代表了五代后期人的看法。②事实上,《宗门十规论》说"逮其德山、林际、沩仰、曹洞、雪峰、云门等,各有门庭设施,高下品提(题)",③是将"沩仰"看作晚唐五代时的一个禅宗支流,与德山、雪峰、云门等禅系并列,还没有将其看作独立的宗派。"沩仰宗"这一名词的提出,应该是在北宋时期。宣和六年(1124)侯延庆为惠洪《禅林僧宝传》所做的《引》中说:"觉范谓余曰:'自达磨之来,六传至大鉴。鉴之后析为二宗,其一为石头,云门、曹洞、法眼宗之;其一为马祖,临济、沩仰宗之,是为五家宗派。"④惠洪此时所说的"沩仰",已与法眼文益不同,是后世公认的"五家禅"之一。

沩仰宗得名很晚,实际上在晚唐五代的历史上,许多禅学系统先后出现,相互竞争,造成了宗风的差异,不但"沩仰"一系与同时代的临济、德山、曹洞、雪峰等禅系有差别,即在"沩仰"系统中,沩山系的禅学风气与仰山系也有微妙的差别。长期以来,由于禅宗史研究者拘泥于宋代以后形成的"沩仰宗"概念,往往将沩山禅系与仰山禅系视为一体,不加区分,常常会忽视这些细微的差别。在此,本文拟以沩山灵祐为中心,对沩山禅系的特点进行一些初步的探索。

沩山灵祐的资料,传世的著作有《潭州沩山灵祐禅师语录》1卷,但这一卷语录是明代的语风圆信和郭凝之等人编成的,年代偏后,明显不能

---

① (宋)惠洪:《大沩山中兴记》,载陶汝鼐、陶之典《大沩山古密印寺志》,岳麓书社2008年版,第183页。

② 参见贾晋华《古典禅的研究——中唐至五代禅宗发展新探》(修订版),上海人民出版社2013年版,第248页。

③ (唐)文益:《宗门十规论》卷1,《续藏经》第63册,第37页。

④ (宋)惠洪:《禅林僧宝传》,《续藏经》第79册,第490页。

作为可信的资料来运用。此外,《祖堂集》和《景德传灯录》等禅宗灯录中也有大量沩山灵祐的机缘对答,但"灯录"这一体裁直到五代末和宋初才出现,并且掺入了编撰者的一些主观意图,其可靠性也值得怀疑。沩山灵祐有一篇名为《警策文》的文章,《续藏经》中收录有两种版本,一为宋代守遂注释的《沩山警策注》,一为明代弘赞注释的《沩山警策句释记》。敦煌禅宗文献中,亦发现一种抄写于五代后期的《大沩警策》。[①]《沩山警策》或《大沩警策》,应该是后人所起的名称,《全唐文》中则直称为《警策文》。这三种版本文字略有差异,但可以确定为沩山灵祐本人的著作。

除了《警策文》以外,郑愚的《大圆禅师碑记》也讲了沩山灵祐的一些思想特点。作为同时代人的记录,应该比较可信。关于灵祐的语录,传世的文本如《景德传灯录》《灵祐录》等并不完全可信,但将沩山灵祐、仰山慧寂的语录与可信的文本《警策文》进行对照,可以发现,部分语录与《警策文》语意相关、语脉相连,这部分语录有较高的可信度。此外,还有一些语录为永明延寿的《宗镜录》所引用。《宗镜录》取材比较严谨,为《宗镜录》所引用的灵祐语录亦相对比较可靠。从以上的这些经过分析为可信度较高的材料,可以看出灵祐思想的一些基本特点。

《警策文》(本文依据《全唐文》采录)体现的沩山灵祐思想,与传世的灵祐语录(包括《祖堂集》《景德传灯录》和《灵祐录》)并不完全一致。"灯录"系统记载的灵祐语录,大都充满玄机,令人如堕五里雾中,而《警策文》的表达则比较朴素平实,并不故弄玄虚。如关于参禅学道的问题,《警策文》中说:

> 若欲参禅学道,顿超方便之门,心契元津,研几精妙,决择深奥,启悟真源,博问先知,亲近善友。此宗难得其妙,切须仔细用心,可中顿悟正因,便是出尘阶渐。此则破三界二十五有,内外诸法,尽知不实。从心变起,悉是假名,不用将心凑泊。但情不附物,物岂碍人?任他法性周流,莫断莫续。闻声见色,盖是寻常,者边那

[①] 参见贾晋华《古典禅的研究——中唐至五代禅宗发展新探》(修订版)第十章《晚唐五代禅宗重要家系门风辨析》中关于"沩仰门风"的相关论述。

边，应用不阙。如斯行止，实不枉披法服，亦乃酬报四恩，拔济三有。生生若能不退，佛阶决定可期，往来三界之宾，出没为他作则。①

《警策文》所说的参禅思路，是从"般若性空"的道理说起，"内外诸法，尽知不实。从心变起，悉是假名"。面对虚妄不实的现象世界，参禅者并不需要对其进行彻底否定，只需要调整自己的主观态度，"不用将心凑泊。但情不附物，物岂碍人？任他法性周流，莫断莫续。闻声见色，盖是寻常，者边那边，应用不阙"。佛教的般若性空学说认为，现象世界的一切存在都是"假名"，本质是"空"，但对此"空""假"又不能执着，必须善于拨遮两边，才能直显"中道"。沩山灵祐说"但情不附物，物岂碍人"，说的就是般若性空学面对世界的这样一种态度，也就是放弃对世界存在之"有""无"的概念性分析和判断，这样，世间诸法即使依旧以"假名"的形式存在，但本质为"空"的名相世界再也不会对人的主观心灵造成困惑和障碍。

禅人对现象世界的存在必须做到"情不附物"，这是沩山灵祐禅学的中心思想。在《景德传灯录》的灵祐语录中也有类似的一条：

夫道人之心质直无伪，无背无面，无诈妄心行，一切时中视听寻常，更无委曲，亦不闭眼塞耳。但情不附物，即得从上诸圣只是说浊边过患，若无如许多恶觉情见想习之事。譬如秋水澄停，清静无为，淡泞无碍，唤他作道人，亦名无事之人。②

这条语录与《警策文》的语气类似，应该比较可信。灵祐这条语录反映的思想是，参禅者只要"情不附物"，就可以达到如"秋水澄停"般的空灵和澄明心境，而禅修的目标就是要做一个"无事之人"。

灵祐的这种禅学，以世界为"假"，如空花梦影，强调"情不附物"，直心无伪，做一个"无事之人"。从《警策文》中，我们可以发现，灵祐

---

① （唐）灵祐：《警策文》，董诰等编《全唐文》卷919，中华书局1983年版，第9572页。
② （宋）道原：《景德传灯录》卷9，《大正藏》第51册，第264页。

的禅学思想以般若学为背景,有清晰的理路,完全不同于后世禅宗注重机锋问答的玄虚语录,与仰山一系也大相径庭,反而与宗密在《禅源诸诠集都序》中所指出的"泯绝无寄宗"有一些共同点。宗密说"泯绝无寄宗"的特点是:"平等法界,无佛无众生,法界亦是假名。……如此了达,本来无事,心无所寄,方免颠倒,始名解脱。"[1] 以世界为"假名",以"无事"为解脱,这样的思想,在灵祐的《警策文》中也有反映,可见二者在思想上很接近。宗密认为,"泯绝无寄宗"是石头希迁和牛头宗的思想概括。而在传统的禅学史上,沩山灵祐被认为是出自马祖道一的禅学系统,与石头希迁无关。此处不拟深入讨论这一问题,仅由此而略微提示一下中晚唐禅宗史的微妙和复杂情况,许多约定俗成的观念,被我们视为当然,但随着资料和研究方法的更新,这些约定俗成的观念也许还需要进一步的探究和确定。

灵祐禅学与后世印象不一致的地方还在于,他并不否定经教,反而相当重视对佛教经典的学习。前引《警策文》中体现出般若性空学的思想,反映出灵祐对般若经典有很深的理解。《警策文》还有一段专门论述经教之重要性的文字:

> 若有中流之士,未能顿超,且于教法留心,温寻贝叶,精搜义理,传唱敷扬,接引后来,报佛恩德。时光亦不虚弃,必须以此扶持。住止威仪,便是僧中法器。[2]

灵祐认为,即使是参禅未能得到顿悟,但留心教法、精研义理,也能成为"僧中法器"。这种说法,显然与我们平常所得到的关于禅宗"教外别传"、不读经典的印象相反。不但如此,灵祐的沩山禅系在参禅之外,可能还兼修净土法门。宋僧惠洪在《大沩山中兴记》文中说:"昔大圆禅师开法此山也,有众千人。……方欲广摄异根,则修净土观法,不以宗门

---

[1] (唐)宗密撰,邱高兴校释:《禅源诸诠集都序》,中州古籍出版社2008年版,第37页。
[2] (唐)灵祐:《警策文》,董诰等编:《全唐文》卷919,中华书局1983年版,第9572页。

为谦。"① 惠洪的说法应该是有根据的。灵祐在沩山集众千人，为禅宗史上前所未有的大僧团，面对此根机千差百异的千人之众，不可能皆以玄妙精微的禅理进行教诲，使之登堂入室。为凝聚僧团的信仰，用简易直截、通俗易懂的"净土法门"来统一人心、施行教化，也就在所难免了。

总的来说，灵祐的传世资料极多，如果我们不囿于宋代以后"灯录"系统的视域，对这些资料进行甄别，则可以发现，灵祐的沩山禅系在很多方面与后世的"灯录"记载有不尽一致之处。灵祐的禅学思想理路清晰，风格则有"古典化"的一方面，重视以经典为依据进行理论化的论述，与仰山系的"机锋问答"大相径庭。② 这种清新朴素的禅风，体现了马祖洪州禅之后、五家禅成立之前这一阶段禅宗发展的特点。沩山禅系和禅学的出现，反映了禅宗即将由"古典时期"的洪州禅转入相对成熟而固定的"五家禅"，对沩山禅系、禅学的研究，将有助于我们拨开宋以后"灯录"系统造成的迷雾，认识中晚唐时期禅宗的真实面目和特殊风貌。本文的论述仅是对沩山禅系和禅学的初步探索，这一领域中的许多问题，尚有待于研究者的进一步深入挖掘。

附录：

仰山慧寂禅师年谱

元和二年（807）六月二十一日，慧寂出生。

　　陆希声《仰山通智大师塔铭》："大师元和二年六月二十一日生。"③

---

① （宋）惠洪：《大沩山中兴记》，载陶汝鼐、陶之典《大沩山古密印寺志》，岳麓书社2008年版，第183—184页。
② 郑愚《大圆禅师碑记》中也说："其有问者，随语而答，不强所不能也。"这说明灵祐与禅僧的问答是相当随和的，机锋问答之类尚未出现。而贾晋华则指出，仰山慧寂才是晚唐时期成熟机缘问答的最早倡导者之一。见贾晋华《晚唐五代禅宗发展新探》，《华文文学》2011年第4期。
③ 陆希声：《仰山通智大师塔铭》，董诰等编《全唐文》卷813，中华书局1983年版，第8554页。

长庆三年（823），17 岁，在南华寺依通禅师出家。

《宋高僧传·唐袁州仰山慧寂传》："登年十五，恳请出家，父母都不听允止。十七再求，……父母其不可留，舍之，依南华寺通禅师下削染。"①

长庆四年（824），18 岁，游方参学，先参宗禅师，后谒见耽源真应禅师。在耽源真应禅师门下，得到南阳慧忠以来的"圆相"传授。

《祖堂集》："年十八，为沙弥。行脚，先参宗禅师，次礼耽源，在左右数年，学境智明暗一相，一闻而不再问。"②

《宋高僧传》："年及十八，尚为息慈。营持道具，行寻知识。先见耽源，数年良有所得。"③

约大和元年（827），21 岁，到大沩山，成为灵祐禅师弟子，在沩山十四五年。

《祖堂集》："后舍之而造大沩……在沩山盘泊十四五年间……年三十五，领众出世住。"④

《宋高僧传》："后参大沩山禅师，提诱哀之，栖泊十四五载而足跋。"⑤

按：慧寂元和二年（807）生，35 岁领众出世，是为会昌元年（841）。此前在沩山十四五年，按 15 年计算，当为大和元年（827）来到沩山。

会昌元年（841），35 岁，领众出世，初住郴州王莽山。

---

① （宋）赞宁：《宋高僧传》卷 12，《大正藏》第 50 册，第 783 页。
② 张美兰：《祖堂集校注》，商务印书馆 2009 年版，第 455 页。
③ （宋）赞宁：《宋高僧传》卷 12，《大正藏》第 50 册，第 783 页。
④ 张美兰：《祖堂集校注》，商务印书馆 2009 年版，第 456 页。
⑤ （宋）赞宁：《宋高僧传》卷 12，《大正藏》第 50 册，第 783 页。

《祖堂集》："年三十五，领众出世住。"①

《景德传灯录》："暨受沩山密印，领众住王莽山。"②

会昌三年（843），37 岁，移住袁州仰山。

《景德传灯录》："暨受沩山密印，领众住王莽山。化缘未契，迁止仰山，学徒臻萃。"③

《人天宝鉴》："暨受密印，领众住王莽山。化缘未契，至袁州访仰山。……乃会昌三年夏四月也。"④

《祖堂集·仰山和尚》："菀陵僧道存问曰：'和尚沙汰后，再到湖南礼觐沩山和尚，复有何微妙言说？'和尚云：'我难后到沩山，……'"⑤

按：据《景德传灯录》，慧寂是从郴州王莽山移住袁州仰山。《人天宝鉴》则记载慧寂迁仰山是在会昌三年（843）夏四月。《人天宝鉴》是南宋僧人昙秀所收集的古人碑传实录遗编，上述关于慧寂的引文，昙秀自注出自《寺记》，当有所依据。考《祖堂集》记载仰山与菀陵僧道存的问答，提到会昌法难沙汰僧人后，仰山"再到湖南礼觐沩山和尚"，则会昌五年（845）沙汰僧人之前，仰山已不在湖南。由此也可证，《人天宝鉴》记载慧寂会昌三年（843）移居江西境内的袁州仰山，应该是可信的。

大中十三年（859），53 岁，移住洪州石亭观音院。

陆希声《仰山通智大师塔铭》："希声顷因从事岭南，遇仰山大师于洪州石亭观音院。"⑥

---

① 张美兰：《祖堂集校注》，商务印书馆 2009 年版，第 456 页。
② （宋）道原：《景德传灯录》卷 11，《大正藏》第 51 册，第 282 页。
③ 同上。
④ （宋）昙秀辑：《人天宝鉴》卷 1，《续藏经》第 87 册，第 12 页。
⑤ 张美兰：《祖堂集校注》，商务印书馆 2009 年版，第 462 页。
⑥ 陆希声：《仰山通智大师塔铭》，董诰等编《全唐文》卷 813，中华书局 1983 年版，第 8554 页。

《祖庭事苑》："大中十三年，韦宙中丞为师创洪州观音院居之。"①

《佛祖历代通载》："己卯，韦寅于洪州创观音寺，躬请仰山惠寂禅师开山住持。今为官讲。"②［大中十三年（859）为己卯岁。"韦寅"当为"韦宙"之误。］

清康熙十九年刊本《新建县志》："石亭寺，在章江门外，唐建，前观察使韦丹有遗爱碑，覆以石亭。大中十三年，丹子宙观察江西，奏以为石亭院，裴休题额。"③

咸通三年（862），56岁，文喜禅师至观音院谒见慧寂。

《宋高僧传·唐杭州龙泉院文喜传》："咸通壬午岁至豫章观音院见仰山，喜于言下了其心契。仰山令典常住。"④（咸通壬午岁为咸通三年，即公元862年）

咸通五年（864），58岁，移居韶州东平山。

余靖《韶州重建东平山正觉寺记》："咸通中，知宗大师慧寂再肃僧仪，恢复兹地。四方来学，缁褐千人。寂师前住仰山时，号小释迦者是也。"⑤

陆希声《仰山通智大师塔铭》："希声顷因从事岭南，遇仰山大师于洪州石亭观音院。……及大师自石亭入东平，会希声府罢，冒暑蹑□，礼辞于岩下。违师仅三十年，师归圆寂。"⑥

---

① （宋）善卿编正：《祖庭事苑》卷7，《续藏经》第64册，第420页。
② （元）念常集：《佛祖历代通载》卷16，《大正藏》第49册，第642页。
③ 转引自杨曾文《唐五代禅宗史》，中国社会科学出版社1999年版，第476页。
④ （宋）赞宁：《宋高僧传》卷12，《大正藏》第50册，第783页。
⑤ 余靖：《武溪集》，《景印文渊阁四库全书》第1089册，台湾商务印书馆1986年版，第14页。
⑥ 陆希声：《仰山通智大师塔铭》，董诰等编《全唐文》卷813，中华书局1983年版，第8554页。

按：由余靖的《韶州重建东平山正觉寺记》，首先可以确知，慧寂是咸通年间回到韶州东平山的。

《新唐书》陆希声传并未言及其"从事岭南"的经历，但提及"商州刺史郑愚表为属"①，郑愚曾为沩山灵祐撰写碑文，与沩仰宗有很深关系。郑愚，两唐书无传，《资治通鉴》卷250记其在咸通三年（862）任岭南西道节度使。因此，《新唐书》所记陆希声为郑愚部属，可能是郑愚先任商州刺史，后为岭南西道节度使，陆希声是在郑愚任岭南西道节度使时为其部属，故《仰山通智大师塔铭》有"从事岭南"的自述。

按照《仰山通智大师塔铭》的记载，仰山慧寂由石亭观音院迁往韶州的时候，陆希声"府罢"，即脱离了郑愚的岭南幕府，并冒着暑热前往韶州东平辞别仰山慧寂；三十年后，仰山慧寂圆寂。仰山慧寂圆寂于中和三年（883），逆推三十年，是为中和八年（854）；而据《资治通鉴》，郑愚开府岭南，是在咸通三年（862），陆希声"从事岭南"也应该在咸通三年（862）之后，不可能于中和八年（854）在韶州见到仰山慧寂。故此，《仰山通智大师塔铭》中的"违师仅三十年，师归圆寂"，"三十年"应为"二十年"之误记②，由仰山慧寂圆寂的中和三年（883）逆推二十年，是为咸通五年（864），陆希声应该是在咸通五年（864）离开郑愚的岭南幕府，并在韶州东平山辞别仰山慧寂大师。

综合以上材料可知，郑愚在咸通三年（862）任岭南西道节度使，表奏陆希声为其幕僚，陆希声在咸通三年（862）南下，路经今江西南昌的洪州府石亭观音院，谒见仰山慧寂大师，深得推许。咸通五年（864），仰山慧寂由洪州府石亭观音院迁往韶州东平山，陆希声则于此时脱离郑愚幕府，并前往韶州东平山辞别仰山慧寂。这一推断，也符合余靖《韶州重建东平山正觉寺记》中所说的"咸通中，知宗大师慧寂再肃僧仪，恢复兹地"的记载，仰山慧寂应该是咸通五年（864）迁往韶州东平山的。

中和三年（883）二月十三日，慧寂77岁，圆寂于韶州东平山。

陆希声《仰山通智大师塔铭》："大师……中和三年二月十三日

---

① 《新唐书》卷116，中华书局1975年版，第4238页。
② 杨曾文《唐五代禅宗史》亦言三十年为二十年之误，但未说明原因。

入灭。"①

《高丽了悟和尚碑》:"忽于中和岁,传闻□□□先大□迁化□……□斋。仍遣门人赍持金玉助□□□法恩也。"②

《祖堂集》:"东平迁化,后归仰山矣。"③

按:高丽了悟和尚即仰山慧寂弟子五冠山顺之。

大顺二年(891)三月十日,朝廷赐谥"通智大师",塔号"妙光"。

陆希声《仰山通智大师塔铭》:"大顺二年三月十日,敕号通智大师,塔号妙光云尔。"④

《宋高僧传》:"后敕追谥大师曰智通,塔号妙光矣。"⑤

第四节 法演禅师的生平事略与研究动态

法演在禅宗史上又称为"五祖演",是宋代临济宗的重要禅师。他嗣法于白云守端,弟子则有佛果克勤、佛鉴慧勤、佛眼清远等所谓"三佛","三佛"中的佛果克勤(圆悟克勤)又传法于大慧宗杲,大慧宗杲开创"看话禅",杨岐派超越黄龙派成为南宋禅林主流,对南宋时期的禅林风气有深刻影响。追源溯始,五祖法演的作用不可轻视。

由于法演禅师的传记资料散见于各种禅宗语录和史书,目前尚非十分完整,笔者经过综合、整理和比对考证,试为之提出一份提纲性的"生平事略",以供禅宗史研究者参考。此外,还对近代以来中日学术界有关法演禅师的研究动态进行了简要评述。

---

① 陆希声:《仰山通智大师塔铭》,董诰等编《全唐文》卷813,中华书局1983年版,第8554页。

② 《高丽了悟和尚碑》,载石井修道《沩仰宗的盛衰》(四),《驹泽大学佛教学部论集》1993年第24号,第87页。

③ 张美兰:《祖堂集校注》,商务印书馆2009年版,第468页。

④ 陆希声:《仰山通智大师塔铭》,董诰等编《全唐文》卷813,中华书局1983年版,第8554页。

⑤ (宋)赞宁:《宋高僧传》卷12,《大正藏》第50册,第783页。

一　法演禅师的相关传记资料

禅宗临济宗以义玄为祖师，传承次序依次为临济义玄（？—867）—兴化存奖（？—924）—南院慧颙（？—952）—风穴延沼（896—973）—首山省念（926—993）—汾阳善昭（947—1024）—石霜楚圆（986—1039）[①]，石霜楚圆有两名大弟子：黄龙慧南和杨岐方会，分别开创了临济宗下的"黄龙派"和"杨岐派"。杨岐方会传白云守端，白云守端传法演禅师，法演禅师又有圆悟克勤等著名弟子。在北宋末年到南宋初年，这一系统的禅师人数极多，社会影响也很大，临济宗在当时号为"中兴"。"临济祖师六传而至汾阳大宗师，汾阳下杰出六大尊者——曰慈明圆、曰琅琊觉。圆传阳歧会，会传白云端，端传五祖演，演传佛果勤、佛鉴、天目齐。"[②]"临济六传至杨岐。杨岐再世，而圆悟禅师克勤得法于五祖演，被遇两朝，其道盖盛行矣。"[③]

宋代禅宗的发展，初期云门宗和临济宗并行，云门宗在两宋交替之际已经衰微，临济宗独盛一时。北宋中期以后，临济宗分化出"黄龙"和"杨岐"两派，"黄龙派"初期人才济济，但三传以后，就没有再出现著名禅师。"杨岐派"则三传至法演禅师，门下出现了圆悟克勤等著名弟子，声名显赫，盛极一时。圆悟克勤有大慧宗杲和虎丘绍隆两大弟子，大慧宗杲以"看话禅"的新型禅法驰名南宋禅林；虎丘绍隆在禅法上虽无创新，但他的法系"虎丘派"则一直延续到明清时期。宋代道融的《丛林盛事》云："黄龙、杨岐二宗皆出于石霜慈明。初黄龙之道大振，子孙世之，皆班班不减马大师之数。自真净四传而至涂毒，杨岐再世而得老演。演居海会，乃得南堂三佛以大其门户，故今天下多杨岐之派。"[④] 魏道儒先生在《宋代禅宗文化》一书中也指出："从方会到法演，尽管杨岐派不断发展，但其影响还是远不如黄龙派。杨岐派是从法演的弟子开始兴

---

①　参见魏道儒《宋代禅宗文化》，中州古籍出版社1993年版，第59页。
②　五峰普秀：《临济慧照玄公大宗师语录序》，载于《镇州临济慧照禅师语录》卷1，《大正藏》第47册，第495页。
③　张浚：《大慧普觉禅师塔铭》，载于《大慧普觉禅师语录》卷6，《大正藏》第47册，第836页。
④　（宋）道融：《丛林盛事》，《续藏经》第86册，第704页。

盛,并逐渐取代黄龙派,成为临济正宗。"① 从这一论述中可以看出,在"杨岐派"取代"黄龙派"成为"临济正宗"的过程中,法演禅师是一个关键性的人物。

法演禅师的传记,比较详细的,最早见于北宋僧人惠洪撰写的《禅林僧宝传》(卷30),此后的禅宗史书如《嘉泰普灯录》《五灯会元》《续传灯录》《佛祖历代通载》也列有法演的传记,基本上沿袭《禅林僧宝传》,没有提供新的史料。《禅林僧宝传》的作者惠洪禅师是临济宗黄龙派僧人,与法演同时代,所记载的法演生平事迹翔实可靠,但缺憾是没有详细的系年。如果要编写一部法演禅师的年谱或事略,仅依靠《禅林僧宝传》或其他几部禅宗灯史是不够的。

法演本人以及他的重要弟子佛眼清远,在其《语录》中都谈到了一些法演的生平事迹。如佛眼清远说:"先师三十五方落发"②,"先师出世四十余年,于舒、蕲二郡,四坐巨刹"③;法演本人则说:"某十五年行脚","在舒郡二十七年,三处住院"④;这些言论出自法演本人和他的弟子,属于可靠的第一手资料,对于考证法演的行年事迹有重要的作用。

法演辞世后,仅留下《法演禅师语录》三卷,未见有碑记、塔铭等生平传记资料。笔者查检《安徽金石略》《湖北金石略》以及《(民国)太湖县志》,也未见有法演禅师的碑记塔铭。

在检索史料过程中,笔者意外发现清代僧人纪荫的《宗统编年》对法演禅师的生平有明确的系年。《宗统编年》将法演禅师列为"临济第十世祖",以宋神宗熙宁六年(1073)为法演禅师嗣临济宗统之年,由此至宋徽宗崇宁三年(1104)圆寂,共计嗣统31年。《宗统编年》的系年方法,是将法演禅师在白云守端会下分座说法的年份定为宋英宗治平二年(1065),此后在淮南"舒郡"三次住院,直到宋哲宗元祐六年(1091)始离开太湖县赴湖北黄梅,其间共计27年,正符合法演自述"在舒郡二十七年,三处住院"的说法。《宗统编年》以法演在宋英宗治平二年

---

① 魏道儒:《宋代禅宗文化》,中州古籍出版社1993年版,第67页。
② (宋) 赜藏主集:《古尊宿语录》卷32《舒州龙门佛眼和尚普说语录》,《续藏经》第68册,第211页。
③ 同上书,第174页。
④ (宋) 才良等编:《法演禅师语录》,《大正藏》第47册,第662页。

(1065）始分座说法，至宋徽宗崇宁三年（1104）圆寂，前后说法共计40年，考之佛眼清远所说"先师出世四十余年，于舒、蕲二郡，四坐巨刹"，亦无不合。由此可以认为，《宗统编年》对法演禅师生平事迹的系年，有一定程度的可信性。

综合以上各方面材料，笔者认为，关于法演禅师的生平事迹，法演及其弟子、法孙的叙述是最可信的第一手材料，这方面的材料，主要有《法演禅师语录》《舒州龙门佛眼和尚普说语录》（法演弟子），《雪堂行拾遗录》（佛眼禅师弟子、法演法孙）；其次是各种禅宗史书、灯录、笔记中的资料，如北宋的《禅林僧宝传》，南宋《罗湖野录》《嘉泰普灯录》等；清代的《宗统编年》在系年方面也有一定的参考价值。

二 法演禅师生平事迹编年

依据以上所述材料，笔者试为法演禅师撰写一份简略的生平事略，以供禅宗史研究者参考、批评。"生平事略"共计10条，每条先列事迹，中录史料，末附按语考辨。

1. 系本蜀川，俗姓邓，绵州巴西人。

《法演禅师语录序》："演公系本蜀川，令行淮甸，三提宗印，二纪于兹。"①

《禅林僧宝传》："禅师讳法演，绵州巴西邓氏。"②

《嘉泰普灯录》："蕲州五祖法演禅师，绵之巴西人，族邓氏。"③

2. 35岁出家，在成都听习《唯识》《百法》等论，因讲师不能解答疑难，遂决意南游参学。一说因礼拜《妙法莲华经》（《莲经》）生疑，决心南下参学。

《古尊宿语录·舒州龙门佛眼和尚普说语录》："不见先师三十五方落发，便在成都听习《唯识》《百法》。因闻说：'菩萨入见道时，智与理冥，境与神会，不分能证、所证。外道就难：既不分能所证，却以何为证？时无能对者，不鸣钟鼓，返披袈裟。后来唐三藏至彼，救此义云：智

---

① （宋）才良等编：《法演禅师语录》，《大正藏》第47册，第668页。
② （宋）惠洪：《禅林僧宝传》，《续藏经》第79册，第554页。
③ （宋）正受编：《嘉泰普灯录》，《续藏经》第79册，第335页。

与理冥、境与神会时,如人饮水,冷暖自知。'遂自思惟:'冷暖则可矣,作么生是自知底事?'无不深疑,因问讲师:'不知自知之理如何?'讲师不能对,乃云:'座主要明此理,我却说不到。南方有传佛心宗尊宿却知此事。汝须行脚始得。'"①

《雪堂行拾遗录》:"五祖在受业寺逐字礼《莲经》。一夕,遇'屎'字欲唱礼,遽疑。乃白诸老宿曰:'如何屎字亦称为法宝?某礼至此,疑不自解。'老宿曰:'据汝所问,可以南询。汝正是宗门中根器也。'"②

《禅林僧宝传》:"少落发受具,预城都讲席,习《百法》《唯识论》。窥其奥,置之曰:'胶柱安能鼓瑟乎?'"③

按:舒州龙门佛眼和尚,即法演门下重要弟子佛眼清远,为"南堂三佛"之一。按照佛眼禅师所述,法演35岁在成都出家,习《唯识》《百法》等论,因疑"智与理冥,境与神会"一语,讲师不能回答,遂决心游方参学。雪堂行,即雪堂道行,佛眼禅师弟子、法演法孙。《莲经》,即《妙法莲华经》,《法华经》。雪堂行所说与佛眼禅师略有不同,今两说并存。

3. 游方十五年。初到兴元府(今陕西汉中),经时逗留;后往浙西参宗本圆照;又到浮山(今属安徽枞阳县)参圆鉴禅师;最后到白云山海会寺(今属安徽太湖县)参白云守端禅师,顿释心中所疑,乃献《投机颂》。

《法演禅师语录》:"某十五年行脚,初参迁和尚得其毛,次于四海参见尊宿得其皮,又到浮山圆鉴老处得其骨,后在白云端和尚处得其髓,方敢承受与人为师。"④

《法演禅师语录》:"法演游方十有余年,海上参寻,见数员尊宿,自谓了当。后到白云门下,咬破一个铁酸馅,直得百味具足。"⑤

《法演禅师语录》:"十有余年海上云游,讨一个冤仇,未曾遭遇。一

---

① (宋)赜藏主集:《古尊宿语录》卷32《舒州龙门佛眼和尚普说语录》,《续藏经》第68册,第211页。
② (宋)道行编:《雪堂行拾遗录》,《续藏经》第83册,第373页。
③ (宋)惠洪:《禅林僧宝传》,《续藏经》第79册,第554页。
④ (宋)才良等编:《法演禅师语录》,《大正藏》第47册,第662页。
⑤ 同上。

到龙舒，果遇其人，方契愤愤之心。今日对大众雪屈，须至爇却，为我见住白云端和尚，从教熏天炙地，一任穿过蔡州。有鼻孔底辨取。"①

《古尊宿语录·舒州龙门佛眼和尚普说语录》："先师便行脚游京师、两浙，凡是尊宿，便问此事，无不对者。也有说底，也有下语底，只是疑情不破。后来浮山见圆鉴，看他升堂入室，所说者尽皆说着心下事，遂住一年。令看'如来有密语，迦叶不覆藏'之语。一日云：'子何不早来？吾年老矣，可往参白云端和尚。'先师到白云，一日上法堂，便大悟：'如来有密语，迦叶不覆藏。果然智与理冥，境与神会，如人饮水，冷暖自知。诚哉是言也！'乃有《投机颂》云：'山前一片闲天地，叉手叮咛问祖翁。几度卖来还自买，为怜松竹引清风。'端和尚觑了点头。"②

《雪堂行拾遗录》："祖遂南游。初抵兴元府，经时逗留，随房僧赴请，稍违初志。授业师闻之，寄信至祖，祖开缄，只见两行字云：'汝既出得醋瓮，又却淹在酱缸里。'祖读罢，即日登途，往浙西参圆照。次见浮山远，远知其根器异，指见白云端。端示以'世尊有密语，迦叶不覆藏'因缘，久之未契。一日，自廊趋上法堂，疑情顿息。"③

按：法演游方参学的经历，以其自述最为可信。法演自言"十五年行脚，初参迁和尚得其毛，次于四海参见尊宿得其皮，又到浮山圆鉴老处得其骨，后在白云端和尚处得其髓"，则所参者为迁和尚、四海尊宿（或即圆照宗本）、浮山圆鉴、白云守端。佛眼清远与雪堂道行所述与法演自述基本相同，唯佛眼清远指出法演的游学路线为京师、两浙，最后到淮南的浮山、白云山；雪堂道行又指出法演游学初站为兴元府（今陕西汉中），后由兴元府到浙西，又由浙西到淮南。佛眼清远与雪堂道行所述，可补法演自述之不足。

4. 宋英宗治平二年（1065），在白云守端禅师会下充磨头，在守端禅师指示下，彻悟禅宗要旨，自谓"吾因兹出得一身白汗，自是明得下载清风"。又一说（据大慧宗杲），法演在白云守端处充磨头，为人嫉妒，

---

① （宋）才良等编：《法演禅师语录》，《大正藏》第47册，第662页。
② （宋）赜藏主集：《古尊宿语录》卷32《舒州龙门佛眼和尚普说语录》，《续藏经》第68册，第211页。
③ （宋）道行编：《雪堂行拾遗录》，《续藏经》第83册，第373页。

时圆通法秀禅师出世淮之四面山,请法演为首座。

《雪堂行拾遗录》:"令充磨头。白云一日到磨院云:'有数僧自庐山来,教伊说禅亦说得,下语亦下得,批判古今亦判得。'祖云:'和尚如何?'端云:'我向伊道:直是未在。'祖得此语,数日饮食无味,后七日方谕厥旨。祖常以此语谓学者曰:'吾因兹出得一身白汗,自是明得下载清风。'"①

《罗湖野录》:"五祖演和尚在白云掌磨所。一日,端和尚至,语之曰:'有数禅客自庐山来,诘之皆有悟入处,教伊说亦说得有来由,举因缘向伊亦明得,教下语亦下得,只是未在。你道如何?'演于是大疑,即私自计曰:'既悟了,说亦说得,明亦明得,如何却未在?'遂参究累日,忽然省悟,从前宝惜一时放下。厥后尝曰:'吾因兹出一身白汗,便明得下载清风。'"②

《大慧普觉禅师宗门武库》:"五祖演和尚,依舒州白云海会端和尚,咨决大事,深彻骨髓。端令山前作磨头。演逐年磨下收糠麸钱解典出息,雇人工及开供外,剩钱入常住。每被人于端处斗谍是非云:'演逐日磨下饮酒食肉,及养庄客妇女。'一院纷纭。演闻之,故意买肉沽酒,悬于磨院,及买坏粉,与庄客妇女搽画。每有禅和来游磨院,演以手与妇女揶揄语笑,全无忌惮。端一日唤至方丈问其故,演诺诺无他语。端劈面掌之,演颜色不动,遂作礼而去。端咄云:'急退却。'演云:'俟某算计了,请人交割。'一日白端曰:'某在磨下,除沽酒买肉之余,剩钱三百千入常住。'端大惊骇,方知小人嫉妒。时秀圆通为座元,受四面请,即请祖为第一座。"③

《宗统编年》:"乙巳二年,禅师法演自瑞光抵浮山,遂参祖领悟分座。……未几祖至,语演曰:'有数禅客自庐山来,皆有悟入处,教伊说亦说得有来由,举因缘问伊亦明得,教伊下语亦下得,只是未在。'演于是大疑,私自计曰:'既悟了,说亦说得,明亦明得,如何却未在?'遂参究累日,忽然省悟,从前宝惜一时放下。走见祖,祖为手舞足蹈,演亦

---

① (宋)道行编:《雪堂行拾遗录》,《续藏经》第83册,第373页。
② (宋)晓莹集:《罗湖野录》,《续藏经》第83册,第381页。
③ (宋)道谦编:《大慧普觉禅师宗门武库》,《大正藏》第47册,第955页。

一笑而已。演后曰：'吾因兹出一身白汗，便明得下载清风。'祖一日示众曰：'古人道如镜铸像，像成后镜在甚么处？'众下语不契，举以问演。演近前问讯曰：'也不校多。'祖笑曰：'须是道者始得。'乃命分座，开示方来。"①

按：法演在白云守端处充磨头，此事宋人记载中多有之，唯具体岁月不详。今依《宗统编年》，暂定为宋英宗治平二年（1065）。大慧宗杲《宗门武库》则云，法演在白云守端处作磨头时，圆通法秀禅师受请住持四面山，请法演为首座。考《禅林僧宝传》云："（法秀）初说法于淮四面山，杖笠之包具而已。衲子追逐，不厌饥寒。秀哀祖道不振，丛林凋落，以身任之。"②《五灯会元》亦云："（法秀）初住龙舒四面。"③ 由此旁证可以断定，大慧宗杲所言当为实录，法演是在圆通法秀禅师敦请下来到四面山任首座，圆通法秀离开后才升任住持。

5. 宋神宗熙宁五年（1072），白云守端禅师圆寂。

《嘉泰普灯录》："舒州白云守端禅师，……熙宁五年迁化，寿四十八。"④

《五灯全书》："舒州白云守端禅师，……宋神宗熙宁壬子示寂，世寿四十八。塔于本山。"⑤

《宗统编年》："壬子五年。……临济第九世白云祖示寂。祖住白云，应化龙门、兴化。六住道场，所至众如云集。寿四十八。"⑥

按：陈垣《释氏疑年录》云："舒州白云守端，衡阳葛氏。宋熙宁五年卒，年四十八（1025—1072）。《嘉泰录》四。语录附小传，云：'熙宁五年丙戌卒'，熙宁五年非丙戌也。"⑦ 今查《嘉泰普灯录》，仅云"熙宁五年迁化"，无"熙宁五年丙戌卒"字样。熙宁五年（1072）为"壬子"，故《五灯全书》云"宋神宗熙宁壬子示寂"，《宗统编年》则云

---

① （清）纪荫编纂：《宗统编年》，《续藏经》第86册，第215页。
② （宋）惠洪：《禅林僧宝传》，《续藏经》第79册，第543页。
③ （宋）普济集：《五灯会元》，《续藏经》第80册，第334页。
④ （宋）正受编：《嘉泰普灯录》，《续藏经》第79册，第315页。
⑤ （清）超永编辑：《五灯全书》，《继藏经》第82册，第76页。
⑥ （清）纪荫编纂：《宗统编年》，《续藏经》第86册，第217页。
⑦ （清）陈垣：《释氏疑年录》，中华书局1964年版，第224页。

"壬子五年"。

6. 宋神宗熙宁六年（1073），住持舒州四面山双泉禅院。

《宗统编年》："神宗癸丑熙宁六年。临济第十世五祖祖嗣宗统（三十一年）。祖住舒州四面山双泉禅院。卍菴颜曰：'演祖初住四面山，孑然独处凡二年，始有一道士来问道，乃请作知事。又三年，僧宝良来，与道士朝夕参叩，皆得法。于是祖之道寖为人知，而四方学者始稍有至者。虽其后门人之盛称天下，然终身不过数十众。'"①

按：《法演禅师语录》中有《初住四面山语录》，唯住院岁月不详。今从《宗统编年》，系于宋神宗熙宁六年（1073）。

7. 宋神宗熙宁十年（1077），迁住太平。

《宗统编年》："丁巳十年。祖住太平，示众：'将四大海水为一枚砚，须弥山作一管笔，有人向虚空里写祖师西来意五字，太平下座，大展坐具，礼拜为师；若写不得，佛法无灵验。'"②

《法演禅师语录·次住太平语录》："上堂云：'将四大海水为一枚砚，须弥山作一管笔，有人向虚空里写祖师西来意五字，太平下座，大展坐具，礼拜为师；若写不得，佛法无灵验。有么？有么？'便下座。大众散，师高声云：'侍者。'侍者应喏。师云：'收取坐具。'复问侍者云：'还收得坐具么？'侍者提起坐具，师云：'我早知尔恁么也。'"③

按：《法演禅师语录》中有《次住太平语录》，"太平"为今安徽省潜山县的太平寺。住院岁月不详，今从《宗统编年》，系于宋神宗熙宁十年（1077）。

8. 宋哲宗元祐六年（1091），自海会移东山。

《宗统编年》："哲宗辛未元祐六年，祖自海会移东山。入院，祖师塔烧香，以手指云：'当时与么全身去，今日重来记得无？'复云：'以何为验？以此为验。'遂礼拜。黄梅邑宰请开堂，垂语曰：'譬如水牯牛过窗櫺，头角四蹄都过了，因甚尾巴过不得？'"④

《法演禅师语录·黄梅东山演和尚语录》："入院，祖师塔烧香，以手

---

① （清）纪荫编纂：《宗统编年》，《续藏经》第 86 册，第 217 页。
② （清）纪荫编纂：《宗统编年》，《续藏经》第 86 册，第 218 页。
③ （宋）才良等编：《法演禅师语录》，《大正藏》第 47 册，第 653 页。
④ （清）纪荫编纂：《宗统编年》，《续藏经》第 86 册，第 223 页。

指云：'当时与么全身去，今日重来记得无？'复云：'以何为验？以此为验。'遂礼拜。"①

按：法演禅师自言："在舒郡二十七年，三处住院，诸人总知。"如按《宗统编年》的记录，则法演于宋英宗治平二年（1065）在白云山海会寺分座说法，嗣后先后住持四面山双泉禅院（今属安徽省太湖县）、太平寺（今属安徽省潜山县）和白云山海会寺（今属安徽省太湖县），宋哲宗元祐六年（1091）移住湖北黄梅的东山五祖寺。从宋英宗治平二年（1065）到宋哲宗元祐六年（1091），前后共计27年，正符合法演自述"在舒郡二十七年，三处住院"。

9. 宋哲宗绍圣二年（1095），圆悟克勤纂集其淮南"舒郡"时期语录，刻印《法演禅师语录》。

《法演禅师语录序》："演公系本蜀川，令行淮甸，三提宗印，二纪于兹。……克勤上人录其语要，俾之赞扬。兔角龟毛，敢言有实。狐裘羔袖，终愧非宜。绍圣二年十二月二十四日，河间刘跂谨序。"②

《法演禅师语录序》："海会禅师，……自四面而住太平，父子相承；由太平而来海会，随机答问。因事举扬，不假尖新，自然奇特。其徒纂集，请余为之序，欲传于世云。绍圣二年十一月初十日，吴郡朱元序。"③

按：法演禅师的语录由其弟子圆悟克勤所纂集、记录，刻印于宋哲宗绍圣二年（1095）。刘跂《序》称"三提宗印，二纪于兹"，与法演自述"在舒郡二十七年，三处住院"语义相符。朱元《序》则云"自四面而住太平，父子相承；由太平而来海会，随机答问"，且称法演为"海会禅师"。由此判断，绍圣二年（1095）刻印的《法演禅师语录》当包括法演"在舒郡二十七年，三处住院"的语录，即《初住四面山语录》《次住太平语录》《次住海会语录》，后期的《黄梅东山演和尚语录》则不包括在内。

10. 宋徽宗崇宁三年（1104）示寂，年80余。

《古尊宿语录·舒州龙门佛眼和尚普说语录》："五祖演和尚迁化，遗

---

① （宋）才良等编：《法演禅师语录》，《大正藏》第47册，第662页。
② （宋）才良等编：《法演禅师语录》，《大正藏》第47册，第668页。
③ 同上书，第669页。

书至。上堂：'……我先师出世四十余年，于舒、蕲二郡，四坐巨刹，垂慈苦口，接物利生，未尝少暇。于二十五日早，升座告众，至晚净发归方丈。二十六日早，安然长往。"①

《禅林僧宝传》："崇宁三年六月二十五日，上堂辞众。时山门有土木之工，演躬自督役，诫曰：'汝等好作息，吾不复来矣。'归方丈，净发澡浴。旦日吉祥而逝。阇维得舍利甚伙，塔于东山之南。盖年八十余。"②

按：法演圆寂于宋徽宗崇宁三年（1104），此事殆无疑义，陈垣《释氏疑年录》亦以为然。龙门佛眼禅师为法演的重要弟子，其《语录》所述"先师出世四十余年，于舒、蕲二郡，四坐巨刹"为考证法演生平的重要依据。按《宗统编年》所叙，法演于宋英宗治平二年（1065）在白云山海会寺分座说法，至宋徽宗崇宁三年（1104）示寂，前后共计40年，在此期间，法演在淮南"舒郡"地方三次住院，分别是四面山双泉禅院（今属安徽省太湖县）、太平寺（今属安徽省潜山县）和白云山海会寺（今属安徽省太湖县），最后住持湖北黄梅的东山五祖寺，合计前后住持四座寺院，此即龙门佛眼所谓"先师出世四十余年，于舒、蕲二郡，四坐巨刹"。

三 法演禅师研究动态述略

法演禅师在宋代禅宗史上的突出地位已如前述，他上承白云守端和杨岐方会，下启"南堂三佛"和大慧宗杲，实为两宋禅风转折的关键性人物。但是这样一位重要人物，近代学术界对于他的研究却并不深入，以下就笔者所知略加叙述和评点。

笔者利用台湾中华佛学研究所开发的"宋元明清汉传佛教人物资料库"，用"法演"作为关键词进行检索，发现有研究论文4篇，分别是：

1. 1935《宋蕲州五祖法演禅师像及略传》，《民国佛教期刊文献集成》51，页41。

2. 岩村康夫1996《五祖法演の宗风》，《印度学仏教学研究》89，页

---

① （宋）颐藏主集：《古尊宿语录》卷27《舒州龙门佛眼和尚普说语录》，《续藏经》第68册，第174页。

② （宋）惠洪：《禅林僧宝传》，《续藏经》第79册，第554页。

68—70。

3. 张文良 1994《五祖法演及其禅法述评》，《佛学研究》3，页112—116。

4. 铃木省训 1988《五祖法演禅师研究序说》，《镰田茂雄博士还历纪念论集：中国の仏教と文化》，页 509—538。

利用中国知网的"中国学术文献网络出版总库"进行检索，发现有关法演禅师的研究论文共计 5 篇，除张文良《五祖法演及其禅法述评》已见于"宋元明清汉传佛教人物资料库"外，其余 4 篇是：

1. 朱传忠、赵娜：《五祖法演的语言观》，《宁夏大学学报》2012 年第 2 期，页 22—25。

2. 冯焕珍：《五祖法演禅师及其禅风略述》，《世界宗教研究》2011 年第 4 期，页 23—30。

3. 张兆勇：《日本近代几位禅师法演观评述》，《池州学院学报》2010 年第 4 期，页 28—35。

4. 张兆勇：《五祖法演评述》，《淮北煤炭师范学院学报》2007 年第 1 期，页 118—123。

张兆勇还有 1 篇题为《五祖法演诗简笺》的论文，刊登于王政、周有斌主编的《古典文献学术论丛》（第二辑），页 177—188，黄山书社 2011 年 12 月出版。

此外，近代以来学术界出版的大量禅宗史，也鲜有将法演禅师列为专门章节进行研究。就笔者目前所见，仅有杨曾文的《宋元禅宗史》，在第四章《临济宗的迅速兴起》第七节《方会和临济宗杨岐派》下，列有《五祖法演及其禅法》的专门一小节。杨曾文先生在这一部分花了将近 10 页的篇幅，对法演禅师的禅法特征进行了比较系统的阐述：（1）强调"第一义"不可言说，然而为世、出世一切之本；（2）将"尽本分事"的修行贯彻到日常生活中；（3）上堂念描景诗偈，富有生活情趣。[①]

日本学者忽滑谷快天的《中国禅学思想史》第 22 章《五祖法演与石门慧洪》、第 23 章《五祖门下之三佛》，对法演这一支禅系有较为系统和详尽的叙述。忽滑谷快天对法演禅师的评述是："洎赵宋末期，杨岐门下

[①] 参见杨曾文《宋元禅宗史》，中国社会科学出版社 2006 年版。

得人多，有麟游凤翔之观。五祖山之法演其一也。"① 对于法演的弟子则评述说："五祖山法演下出三哲，佛果克勤、佛眼清远、佛鉴慧勤是也，世呼之曰三佛。"② 法演门下的"三佛"之中，忽滑谷快天对圆悟克勤评价尤高，"克勤超宗越格，想华绚焕，杂以圆融无尽之法门。其拈提宗乘，活机纵横，如老将之用兵。此勤之《碧岩录》所以盛行于世。"③

日本著名佛教学者柳田圣山的《禅与中国》一书中，尽管没有关于法演禅师的专门章节，但在第11章《无字的发现》中，对于法演禅师推动、发展"赵州无字"公案有精彩的阐述。柳田圣山的具体说法有："在《五祖法演禅师语录》中，关于'赵州无字'的公案，有如下记录：……这大概是关于'赵州无字'公案的最早说法。"④ "五祖法演之后，人们对无字公案的处理，已经和以前大不相同。"⑤ "从法演开始，经过大慧的强化而得来的'无字'工夫，逐渐形成了南宋以后禅的一贯方法。在无门慧开（1183—1260）著名的《无门关》中，就有最鲜明的事例。"⑥ "按祖系，法演是他的先辈。事实上，《无门关》与法演的内在联系是很紧密的。这并不是以法演为基础的公案被大量采用，而是《无门关》对'赵州无字'的处理，完全按照法演的方法。"⑦ 柳田圣山敏锐地发现了从法演到大慧宗杲、无门慧开之间，有一条虽不明显但甚为重要的线索，那就是如何处理"赵州无字"公案。笔者认为，柳田的提示虽然简单，但对于我们理解两宋之际法演禅系的演变和发展有着至关重要的意义。

第五节 "洞山麻三斤"的葛藤
——以《碧岩录》中的圆悟克勤评唱为中心

"洞山麻三斤"是禅宗历史上最著名的公案之一，圆悟克勤在《碧岩

---

① ［日］忽滑谷快天：《中国禅学思想史》，朱谦之译，上海古籍出版社1994年版，第501页。
② 同上书，第512页。
③ 同上。
④ ［日］柳田圣山：《禅与中国》，毛丹青译，三联书店1988年版，第171—172页。
⑤ 同上书，第173页。
⑥ 同上书，第175页。
⑦ 同上书，第176页。

录》卷2中对其进行了"垂示"和"评唱"。通过"洞山麻三斤"公案，圆悟克勤展示了他在语言观上的矛盾态度：即如何在"以语言文字解禅"的同时又不为语言文字所囿，透脱出"句外之意"？圆悟克勤提出"杀人刀活人剑"，"死句活句"，都是试图消解这种矛盾。但实际上，在语言之路上，圆悟克勤的《碧岩录》是站在了唐宋禅宗的"中点"上，并未走到这旅程的最后一站。他试图在解构语言意义的同时保留语言形式，这一不彻底的主张使《碧岩录》产生种种流弊。彻底贯彻圆悟克勤《碧岩录》精神的，是对《碧岩录》进行毁版的大慧宗杲。大慧宗杲的"看话禅"不但解构了语言的意义，同时取消了语言的形式，只留下一个"麻三斤""柏树子"之类的话头，使中国禅走到了语言的"山穷水尽"之处，反而霍然出现生机。但这种禅，与唐五代立足于日常生活、当场发生的"纯禅"已有很大分别。

关于"洞山麻三斤"这则禅语，宋代以后的禅宗语录中屡屡提及，反复论究，但一般都遵循圆悟克勤在《碧岩录》中所提示的理路。随着对禅宗语言学、语言哲学的进一步深入研究，近代以来的学者（如日本的入矢义高）逐渐试图打破《碧岩录》的框架，为"洞山麻三斤"之类的唐五代禅宗语言建立语言脉络、上下语境。在这一研究过程中，逐步可以摸索到唐五代禅宗与宋代禅宗在语言观上的根本不同。简略言之，唐五代禅宗的禅语是在日常生活场景中当场发生的，充满了活泼的生活气息，既有上下语境，也有前后脉络；而宋代的公案禅语言是对文本（语录、公案）的参究，具体来说，是将一则禅语抽离其发生语境和脉络，成为在形式上极为荒诞的"无义味语"，从而对人们的日常理性思维、形式逻辑思考形成挑战和震动，由此追求开悟之契机。在语言之路上，圆悟克勤的《碧岩录》站在了唐宋禅宗的"中点"：一方面以语言文字解禅，另一方面又试图解构语言的意义。这些矛盾、发展和转机，都可以通过《碧岩录》中"洞山麻三斤"公案得到启示和说明。

一 《碧岩录》中的"杀人刀"与"活人剑"

段玉明等人所著的《圆悟克勤传》，第四章《圆悟克勤〈碧岩录〉研究》，由日本学者大泽邦由撰写。在这一章的第三节《〈碧岩录〉之思想分析》中，大泽邦由以"洞山麻三斤"的公案为例，对《碧岩录》的思想进行分析。大泽邦由在这里提出了一个很少被人所关注到的现象，即唐宋禅林中有一则广为流传的禅语"杀人刀，活人剑"，其意义在圆悟克勤的《碧岩录》中悄悄发生了变化。

《碧岩录》第 12 则公案名为"洞山麻三斤"，"僧问洞山：如何是佛？山云：麻三斤！"圆悟克勤在这则公案的篇首"垂示"中说："杀人刀活人剑，乃上古之风规，亦今时之枢要。若论杀也，不伤一毫；若论活也，丧身失命。所以道：向上一路，千圣不传，学者劳形，如猿捉影。且道，既是不传，为什么却有许多葛藤公案？具眼者试说看。"①

圆悟克勤在"垂示"中明确点出了"杀人刀活人剑"。对此，大泽邦由在《圆悟克勤传》一书中解释说："'杀人刀'和'活人剑'，这两个词在《祖堂集》中可以看到，表示师僧接化学人的两个方法，意味着肯定和否定，或者叫做把住和放行。"②但在《碧岩录》中，"杀人刀活人剑"的意义已和唐代禅僧的用法不同，"在这里，我们看得出'杀人刀活人剑'的意思已经从本义发生了改变，本义是师僧接化的两个手段，在圆悟克勤这里，已经成了修道者对公案的态度"③。

"杀人刀活人剑"这个词语，吴汝钧《佛教大辞典》是这样解释的："禅僧在教导修行者时，要具有杀活自在的力量。杀人刀活人剑即譬喻这种力量。杀活自在是就主体处理对象的姿态言。杀是否定对象，活是肯定对象。或杀是夺对象之有，使之成无；活是与对象以有，使之由无成有。《无门关》：'眼流星，机掣电，杀人刀，活人剑。'"④ 在禅宗的传统语境中，"杀人刀活人剑"主要是一种机锋的运用，"杀人刀"是"夺对象之有，使之成无"，也就是斩断、打破参禅者的执念和情见，使之顿悟万法本空的道理；而"活人剑"则是"与对象以有，使之由无成有"，如果参禅者一味沉没在空无的境界之中，那么"空"本身也会成为一种执着和障碍，这时候就要施展"活人剑"的手段，使参禅者从空无之中活转过来，回到风光宛然、色色无碍的"活泼泼"生命世界。"杀人刀"和"活

---

① 尚之煜校注：《碧岩录》，中州古籍出版社 2011 年版，第 70 页。
② 段玉明等：《圆悟克勤传》，宗教文化出版社 2012 年版，第 174 页。
③ 同上书，第 175 页。
④ 吴汝钧编著：《佛教大辞典》，商务印书馆国际有限公司 1992 年台湾第 1 版，1995 年北京第 3 次印刷，第 418 页。

人剑"在禅宗中的运用,是佛教"中道观"的具体体现。

在圆悟克勤的禅学中,"杀人刀""活人剑"的意义发生了微妙的变化。《碧岩录》中,圆悟克勤针对"洞山麻三斤"这则公案"垂示"说:"杀人刀活人剑,乃上古之风规,亦今时之枢要。若论杀也,不伤一毫;若论活也,丧身失命。"① 这里的说法未免有些含糊不清。在圆悟克勤的《语录》中,有一则上堂语录与《碧岩录》中的上述"垂示"十分相似,意义则更加分明。

> 杀人刀,活人剑。上古之风规,亦是今时之枢要。言句上作解会,泥里洗土块;不向言句上会,方木逗圆孔。未拟议已错过,正拟议隔关山。击石火,闪电光。构得构不得,未免丧身失命。且道,此理如何?苦瓠连根苦,甜瓜彻蒂甜。②

在圆悟克勤那里,"杀人刀""活人剑"不但是"上古之风规",即不仅是以往禅僧接人的手段,同时也是"今时之枢要",即在宋代公案禅宗的风气下,禅僧对待公案的两种态度。圆悟克勤认为,公案禅是由语言组织而成的,但是如果对古人的语句试图进行理性的认识、脉络化的理解,那就如同企图从泥团中洗去土块一样,最终会一无所有;如果试图彻底消解语言,那也如同用方的木头凿入圆形的孔洞一样,方圆凿枘,格格不入。总之,在禅僧那里,语言就像一个烫手的山芋,总是使人左右为难。"杀人刀""活人剑"的真义就在这里,公案禅语言的双向作用就是一柄利刃,端看你如何使用,对于"死在句下"的人来说,公案禅就是"杀人刀";对于透过语句活转过来的人来说,公案禅则是"活人剑","构得构不得,未免丧身失命",这是对公案禅的一种极端谨慎态度。

二 《碧岩录》中的活句与死句

在圆悟克勤的《碧岩录》中,还有与"杀人刀"与"活人剑"相近的表述方法,那就是"活句"与"死句"。圆悟克勤一再告诫禅僧,对于

---

① 尚之煜校注:《碧岩录》,中州古籍出版社2011年版,第70页。
② 《圆悟佛果禅师语录》卷2,《大正藏》第47册,第720页。

公案中的语言，要将其当作"活句"而非"死句"来对待，"须参活句，莫参死句。活句下荐得，永劫不忘；死句下荐得，自救不了"①。

小川隆在《语录的思想史——解释中国禅》一书中，在讨论《碧岩录》的思想时，对"活句""死句"有这样的解释："对于言句的这种立场，叫做'参活句，不参死句'。意思是说，应该不为语言所缚，但又不舍弃语言，彻底以'活句'去参究该语言。不过，从这里的行文可以看到，'活句'与'死句'，并没有固定的差别，而对于语句参究的方法上，则呈现出了差异。也就是说，如果通过'言句'上加以有意义的解释，其言句将堕入'死句'。然而，如果与意义无关，以一击看透'活处'之本身，同样的言句将成为一种'活句'。"②

如何是"活句"？如何又是"死句"？对于试图透过公案领略禅之真谛的人们来说，永远是一个困难的问题。按照小川隆的解释，实际上"活句"和"死句"的差别并非语言本身的差异，而是参禅者对于语言的态度差异。同样的言句，对于有些人来说就是"死句"，而对于另外一些人而言，又成了"活句"。关键在于，当聆听和阅读"言句"时，不能对"言句"进行有意义的解释，而是在电光石火之间，透过语言的帷幕，窥视到真实之"存在"之现身。这是一个参禅者对于公案语言所应有的态度。

回到《碧岩录》中，我们发现，圆悟克勤对所有的公案，实际上都进行了"活句"化的处理。也就是说，他除了提示公案的历史背景、解释典故、串讲语句，在这一系列的铺垫之后，最终努力试图使听讲者领会的是公案的"言外之意"。如针对"洞山麻三斤"这则公案，他在"本则评唱"中说：

> 这个公案，多少人错会。直是难咬嚼，无你下口处。……人多作话会道："洞山是时在库下秤麻。有僧问，所以如此答。"有底道："洞山问东答西。"有底道："你是佛，更去问佛，所以洞山绕路答

---

① 尚之煜校注：《碧岩录》，中州古籍出版社2011年版，第118页。
② ［日］小川隆：《语录的思想史——解析中国禅》，何燕生译，复旦大学出版社2015年版，第192页。

之。"死汉更有一般道:"只这麻三斤便是佛。"且得没交涉。你若恁么去洞山句下寻讨,参到弥勒佛下生,也未梦见在。①

圆悟克勤指出,关于"洞山麻三斤"这则公案,人们历来众说纷纭。其中有些人说,当有僧人问洞山"如何是佛"的问题时,洞山正在仓库中称量麻的重量,所以随口以"麻三斤"作答。也有的人说,洞山这是"问东答西",回避了这个问题。还有人从佛教义理的角度出发衡量这则公案,认为既然众生皆有佛性,那么自身就是佛,因此提出"如何是佛"的问题就有不识自身佛性的嫌疑,所以洞山"绕路答之"。最为恶劣的是,有人将洞山答话视作了实质性的答案,竟然一口咬定"麻三斤就是佛"。所有这些说法都没有切中这则公案的要害,是因为这些人都对公案禅的语言进行了意义化、脉络化的处理,认为在语言之中一定传达了一些有意义的东西。

> 何故?言语只是载道之器。殊不知古人意,只管去句中求,有什么巴鼻?不见故人道:"道本无言,因言显道。"见道即忘言。若到这里,还我第一机来始得。只这麻三斤,一似长安大路一条相似。举足下足,无有不是。这个话与云门糊饼话是一般,不妨难会。五祖先师颂云:"贱卖担板汉,贴秤麻三斤。千百年滞货,无处着浑身。"你但打叠得情尘、意想、计较、得失、是非,一时净尽,自然会去。②

圆悟克勤认为,语言是"载道之器",禅宗的真谛通过语言而显现,但真理或"道"现身之后,语言就应该隐退了。"洞山麻三斤"这则公案的意义,就如同长安大路那样的平坦大道,直接呈现在人们眼前,"举足下足,无有不是",只需要坦然行走,不必对其进行各种无谓的猜测和分析。对于参禅者来说,最重要的是放下一切是非得失的计较和判断,这样自然就能领会公案的真实意蕴。

---

① 尚之煜校注:《碧岩录》,中州古籍出版社2011年版,第70—71页。
② 同上书,第71页。

圆悟克勤《碧岩录》中对"洞山麻三斤"公案的阐释,是他"参活句,不参死句"思想的具体体现。在圆悟克勤看来,参禅者面对公案,都必须将其作为"活句"来对待和处理,也就是说,不必理会公案发生的具体时空环境、语言的前后脉络和意义,只是将"麻三斤"作为参禅的一个契入点,在"麻三斤"这一与常规理性背离的答案面前放下一切的分析判断,直接进入概念、分析、逻辑判断发生之前的本原世界,由此而领略禅者的"本地风光"。而与此相反,对"麻三斤"的时空背景、语言脉络试图进行理解的做法,都会使这则公案成为"死句",参禅者的意识将会陷于概念逻辑的重重陷阱而不能自拔。

三 北宋公案禅的语言解构

公案禅所参的"公案",其主体部分是禅宗祖师的"言句",自然与语言是密不可分的。禅宗自创立以来,宣传的口号之一就是"不立文字",事实上唐代禅师大部分是在日常生活中对参禅者进行随机性的指点,很少将文字经典的学习作为主要功课。如《临济录》记载,临济门下的禅僧,既不学经,也不学禅,但临济义玄却宣称"总教伊成佛作祖去"。但这种风尚在宋代有了很大改变,"北宋封建文化的全面复兴,为公案的流行提供了深厚的文化土壤,灯录和语录开始取代佛经论藏而成为禅宗的新经典。而作为经典文献的仿效,北宋又进一步出现了记载当代宗师言行的灯录语录,甚至宗师自编自选的语录。与此同时,对公案的整理、阐释也以各种形式全面展开"[①]。

与唐代禅僧在生活中"担水砍柴",直接领会禅之真谛不同,宋代禅僧大多是通过理解和阐释前代祖师的"言句"(也就是公案)来参禅的,《碧岩录》之所以在当时广为流行,就在于它为禅僧理解公案提供了一条方便的捷径。对于宋代禅僧来说,祖师的言行已经取代了佛陀的言教成为最高标准,而如何理解祖师的言行,就成为一个参禅者必须面对的问题。

在由祖师言行组成的公案中,记录着禅师的开悟过程和场景、言论,这些言论大多体现了禅师们开悟时的心境,如果正确理解这些语言文字,就可以契入禅师们开悟时的心境,参禅的大事也就可以了却。但由此而延

[①] 周裕锴:《禅宗语言》,浙江人民出版社1999年版,第104页。

伸出来的问题是，如何才是对待语言文字的正确态度？这对宋代禅僧来说可能是至关重要的。

从圆悟克勤的《碧岩录》来看，他一方面用大量篇幅进行"文字解禅"的工作；另一方面，则对语言文字的功用有独特的界定。总体而言，在公案禅的语言世界中，圆悟克勤的分类法是"死句"和"活句"两种，公案禅的语言，用日常理性的角度进行理解，那就是"死句"；而一旦穿透了日常理性的铜墙铁壁，则公案禅的语言就会成为生机盎然的"活句"。

禅宗语言的研究，历来是禅宗研究中的一个疑难问题。从《碧岩录》等宋代禅籍来看，宋代禅师尽管热衷于编撰灯录、参究公案，但在根本上却对语言有一种虚无主义的态度，最典型的就是圆悟克勤所说的"言语只是载道之器"，作为载道的"器具"，语言本身是空无一物的，在"见道"之后就应该彻底放弃。例如"洞山麻三斤"这则公案，圆悟就认为，如果死守着语言本身，"你若恁么去洞山句下寻讨，参到弥勒佛下生，也未梦见在"[1]。

洞山禅师所说的"麻三斤"真的就是一句毫无理路、脉络可寻的"无义味话"吗？至少日本学者入矢义高对此有不同看法。入矢义高对"麻三斤"的解释见日文版《禅学大辞典》，笔者未能找到此书，在此转引周裕锴的《百僧一案》："日本学者入矢义高通过详细的考证，发现'麻三斤'是制一件袈裟所需的丝麻，并认为'麻三斤'是指缝制一件袈裟的材料备齐了，这是为佛准备的。能成此事者，就是'与佛同参'。"[2] 周裕锴却认为："'麻三斤'→'三斤麻，一匹布'→'袈裟'→'佛着袈裟'→'与佛同参'这样的环环相扣的演绎，却完全陷入了情识知见的泥坑。换言之，入矢义高符合逻辑的解释多少违背了禅宗基本的语言观，至少是违背了洞山守初的语言观。"[3]

对入矢义高的"麻三斤"考证，笔者个人尽管并不完全认同其结论，

---

[1] 尚之煜校注：《碧岩录》，中州古籍出版社2011年版，第71页。
[2] 周裕锴：《百僧一案》，上海古籍出版社2007年版，第162页。
[3] 同上书，第163页。

但对其为禅宗语录补充、完善语言脉络的做法是极其钦佩的。① 事实上禅宗语言不可能在一开始就是没头没脑的"无义味话"。就以"麻三斤"为例，尽管由于资料的缺乏，我们已经无法确知这一问答发生的前因后果，但依然可以推断"麻三斤"一语是有含义的。在唐朝"租庸调"的赋税制度下，"麻三斤"是人民向政府缴纳的一种赋税定额。唐朝"租庸调"制度规定，成丁每年要缴纳丝、绢等物，"其无蚕桑之处，则输布二丈五尺，麻三斤"②。"租庸调"制度在唐代中后期已经废止而改行"两税法"，但在南方的绢、麻产区，仍有将税钱折算为绢、布缴纳的习惯。③布和麻是人民必须向政府缴纳的赋税，故在唐五代时期，"麻三斤""布一匹"之类应该是当时人们极为熟悉的常用语。云门宗的祖师云门禅师也有一则类似的禅语"三斤麻，一匹布"。④ 对于在古代农庄中生活的农民来说，男耕女织、交粮纳税就是生活的全部，生命的意义就在这日复一日的生活中得到体现。宋代范成大的《四时田园杂兴》："昼出耘田夜绩麻，村庄儿女各当家。童孙未解供耕织，也傍桑阴学种瓜"，就是对这种田园生活的描绘，也说明了麻与普通民众生活的密切关系。

因此，当时的场景可能是：有僧问洞山："如何是佛？"这一问说明这名禅僧是将"佛"作为外在的对象来追求。洞山禅师则用人们极为熟悉的"麻三斤"一语作答，意在要求禅僧回到当下的日常生活，不要驱驰外求。

当然，这样解释"麻三斤"，是与《碧岩录》的立场背道而驰的。以《碧岩录》为代表的宋代公案禅学，对禅师"言句"的理解是要截断其语言脉络，虚化其语言背景，只剩下一个语言的空壳，让你"直是难咬嚼，

---

① 关于对入矢义高的反对意见，还有刘瑞明的论文《禅籍词语校释的再讨论》，见氏著《刘瑞明文史述林》，甘肃人民出版社2012年版。刘瑞明认为，入矢义高对"麻三斤"的考证有不能自圆其说之处，"麻三斤"的正确意思应该是"乱麻一堆"，洞山禅师以此来暗示俗僧对佛理的各种玄虚不实的理解。
② 陆贽：《均节赋税恤百姓六条》，《陆贽集》（下），中华书局2004年版，第717页。
③ 参见张泽咸《唐五代赋役史草》，中华书局1986年版，第38页。
④ 云门禅师与僧有如下对答："师在雪峰时，有僧问雪峰：'如何是触目不会道，运足焉知路？'峰云：'苍天！苍天！'僧不明，遂问师：'苍天意旨如何？'师云：'三斤麻，一匹布。'僧云：'不会。'师云：'更奉三尺竹。'后雪峰闻，喜云：'我常疑个布衲。'"见宋僧守坚所编集的《云门匡真禅师语录》卷3，《大正藏》第47册，第573页。

无你下口处",在情识理路的山穷水尽处让你蓦然转身,直下领会。这是宋代公案禅与唐五代禅宗的根本区别。

四 南宋"看话禅"的语言虚无主义

说到《碧岩录》,不能不提到圆悟克勤最著名的弟子大慧宗杲。大慧宗杲曾经将《碧岩录》毁版,此事尽人皆知。自大慧毁版之后,《碧岩录》不传达二百多年,直到元代中期才重现于世。

关于大慧毁版一事,希陵在《碧岩录后序》中说:

> 圆悟禅师评唱雪窦和尚《颂古》一百则,剖决玄微,抉剔幽邃,显列祖之机用,开后学之心源。况妙智虚凝,神机默运,晶旭辉而玄扃洞照,圆蟾升而幽室朗明,岂浅识而能致极哉?后大慧禅师,因学人入室,下语颇异,疑之。才勘而邪锋自挫,再鞫而纳款自降。曰:"我《碧岩集》中记来,实非有悟。"因虑其后不明根本,专尚语言以图口捷,由是火之,以救斯弊也。[①]

大慧宗杲与学僧对答,而学僧的语言颇为诡异,大慧宗杲对他进行试探,学僧当即就承认这些语言是从《碧岩录》中学来的,并非自己有什么真实的证悟。大慧宗杲担心《碧岩录》的流传会造成"专尚语言"的弊病,因此将《碧岩录》毁版,"火之",不让它在人世间流传。

前面说过,圆悟克勤在《碧岩录》中所展示的语言观是很微妙的,他一方面并不信任语言能够传达真理,另一方面又不得不借助于语言来传达一些"言外之意"。因此,圆悟克勤试图将所有的公案都作为"活句"来理解,即切断公案的语言脉络,仅仅保留语言形式,让禅僧面对一个语言的空壳茫然失措,从而在电光石火间、心行路绝处"一击便行",达到对禅的证悟。但是《碧岩录》的这套参禅方法不久之后便显露出弊端,因为禅僧们在读到《碧岩录》时,往往震惊于其语言的新奇,而忘却了圆悟克勤"言语是载道之器"的苦心教诲,因而出现了大慧宗杲所看到的"专尚语言以图口捷"的"口头禅"现象。可以说,《碧岩录》的面

[①] 尚之煜校注:《碧岩录》,中州古籍出版社2011年版,第506—507页。

世并没有达到圆悟克勤所期望的目的，大慧宗杲对其毁版也就是迫不得已而又在情理之中了。

从唐代禅到宋代禅，其间有一个重大的范式转换。"具有单一的一种活生生意涵的唐代禅问答，在北宋时期'文字禅'的运动中，一律被作为'语中无语'的'活句'来看待，在实践中加以方法化而形成'看话禅'。如实地肯定现实自己的所谓唐代禅，在其演变过程中，重新建构为追求'大悟'体验的禅了。"① 唐五代到宋初的禅语，如"洞山麻三斤"之类，本来并不是全无意义的，但北宋的公案禅学，尤其是圆悟克勤的《碧岩录》，坚持对其进行破除意义的解构工作，由此本来包含在上下语境中的有意味话语变成了无意味的"活句"，即只是一个语言的空壳而毫无内容；但即使是"活句"，由于其保持着语言的形式，就难保人们不对其进行有意义的理解。大慧宗杲对《碧岩录》毁版，象征着宋代公案禅学的再一次转进，即由保持语言形式的"文字禅"到彻底摆脱语言葛藤的"看话禅"。

同样以"洞山麻三斤"为例，在《碧岩录》中，尽管一再对其进行破除意义的语言解构，但总体上还是保持着问答的形式，禅僧面对这则公案，必须在其一问一答的语言脉络中进行参究（尽管这语言脉络已经尽量虚化）；而对于大慧宗杲来说，"麻三斤""庭前柏树子""祖师西来意"之类的流传禅语，只是一则"话头"，无须考虑语言脉络，只要举起这则"话头"，参禅就在其中。"若卒讨巴鼻不着，但只看个古人入道底话头。僧问赵州：'如何是祖师西来意？'州云：'庭前柏树子。'僧云：'和尚莫将境示人。'州云：'我不将境示人。'僧云：'既不将境示人，却如何是祖师西来意？'州只云：'庭前柏树子。'其僧于言下忽然大悟。伯寿②但日用行住坐卧处，奉侍至尊处，念念不间断，时时提撕，时时举觉，蓦然向柏树子上心意识绝气息，便是彻头处也。"③

大慧宗杲的"看话禅"中，最有名的话头当然是"狗子无佛性"，但"麻三斤""庭前柏树子"之类也无妨一并运用。所有的公案，无论其背

---

① ［日］小川隆：《语录的思想史——解析中国禅》，何燕生译，复旦大学出版社2015年版，第225页。
② 伯寿，大慧宗杲弟子，姓邓。官为"殿直"（大慧宗杲称"直殿"），是皇帝的侍从官。
③ （宋）蕴闻：《大慧普觉禅师语录》卷23，《大正藏》第47册，第909页。

景如何,都一律平等,只是作为悟道的契机而存在。最后,大慧宗杲的"看话禅"干脆取消了公案的语言形式,将其凝聚、收缩到一个核心点上,如赵州和尚的"狗子无佛性"公案最后只剩下一个"无",学人只要将心思精力集中在这一个"无"上,大发疑情,久而久之,自然能觉悟到禅的真谛。

五 从"纯禅"到"看话禅"

圆悟克勤的《碧岩录》是一部令人兴味盎然的书,文词优美、语言奇特,同时引用大量书目,佛经儒典,诸子百家,无不信手拈来,挥洒自如,不但显示出作者丰富的学识,也展现了禅世界的无限风光。但禅世界毕竟不是一个语言的世界,因此当时有人叹息说:"于是新进后生,珍重其语,朝诵暮习,谓之至学,莫有悟其非者。痛哉!学者之心术坏矣。"[①]《碧岩录》在禅林中发生的这种影响,并非圆悟克勤的本意,但亦非圆悟克勤所能阻止。禅宗发展到宋代,进入"公案禅"的时代,从一开始就与语言文字结下了不解之缘。禅僧们一方面要通过语言文字进入禅的世界;另一方面又要防止在语言文字的密林中迷失方向,这就是圆悟克勤在《碧岩录》中对"杀人刀活人剑"再三强调的原因所在。

在唐代禅宗中,开悟是在日常生活中随时随地完成的,所谓"担水砍柴,皆是神通妙用",唐五代禅僧的即兴式问答,也并非全无理路,通过上下语境的还原,其语言脉络和背景往往清晰可寻。但在宋代,禅僧必须通过对语录、公案等文本的理解而达到开悟,如果一味沉溺于对语录的"理路"进行理解,那么参究公案就成了"还原历史",而非开悟的契机。因此,圆悟克勤在《碧岩录》中提出的"活句"论就有了很强的针对性。"活句"要求将语录、公案中的语言看作"载道之器",重要的是领会"道"而非执着于语言。在历史上,魏晋玄学派提出过"言不尽意""得意忘言",圆悟克勤的主张即与此类似。但与魏晋玄学派不同的是,公案禅的语言观还有一个极端化的推进,那就是大慧宗杲所提出的"看话禅"。如果说,圆悟克勤的"公案禅"解构的是语言的意义,但还保留了

---

① (宋)净善重集:《禅林宝训》,《大正藏》第48册,第1036页。

语言的"形式";那么,"看话禅"主张"举起话头",又因为这"话头"往往只是一个"无"字,则干脆连语言的"形式"也一并取消了。中国禅发展到了"看话禅",将语言简化到了极致,但也因此发展出了一种对任何文化背景的人都行之有效的参禅"技巧"。宋代以后的儒门中人,如宋代的朱熹,明代的罗钦顺,都从"看话禅"的技巧中达到了一定的悟境。①

从唐代禅(柳田圣山称之为"纯禅")到宋代的"看话禅",在这一条语言的道路上,圆悟克勤的《碧岩录》站在了其中的中点:"它是一部将唐代禅问答向宋代禅的思维表达进行改读的一部著作,同时又是在集北宋时期'文字禅'之大成的同时,打开向'看话禅'转化之路的一部著作。《碧岩录》既是一部所谓文字禅的目标,同时又是看话禅的起点的著作,如实地记录了唐代禅向宋代禅演变的情况。"② 站在这条道路的"中点"位置上,圆悟克勤的忧思真实地体现在他对"洞山麻三斤"公案的思考中:

杀人刀活人剑,乃上古之风规,亦今时之枢要。若论杀也,不伤

---

① 朱熹早年曾向大慧宗杲的弟子开善道谦学禅,对大慧派的"看话禅"极为熟悉。他在《朱子语类》中对"看话禅"发挥过极其精彩的评论:"禅只是一个呆守法。如'麻三斤'、'干屎橛',他道理初不在上。只思量这一路,专一积久,忽有见处,便是'悟'。大要只是把定一心,不令散乱,久后光明自发。所以不识字底人,才悟后便作得偈颂。悟后所见虽同,然亦有深浅。某旧来爱问参禅底,其说只是如此。其间有会说者,却吹嘘得大。如杲佛日之徒,自是气魄大,所以能鼓动一世,如张子韶、汪圣锡辈皆北面之。"(黎靖德编:《朱子语类》第8册,中华书局1986年版,第3029页)

明代理学家罗钦顺亦有参"看话禅"的经历。他在《困知记》中说:"愚自受学以来,知有圣贤之训而已,初不知所谓禅者何也。及官京师,偶逢一老僧,漫问何由成佛,渠亦漫举禅语为答云:'佛在庭前柏树子。'愚意其必有所谓,为之精思达旦。揽衣果起,则恍然而悟,不觉流汗通体。既而得禅家《证道歌》一编,读之,如合符节,自以为至奇至妙,天下之理莫或加焉。"(罗钦顺:《困知记》,中华书局1990年版,第34页)

朱熹和罗钦顺都是知名的儒者,早年的知识训练都从儒门中来,但对"看话禅"均能毫无障碍地接受、理解,并达到一定程度的证悟,这说明将语言彻底虚无化的"看话禅"能够为各种文化背景的人士提供一种特殊的参禅"技巧",禅也因此能够淡化其宗教背景而融入各种文化传统。

② [日]小川隆:《语录的思想史——解析中国禅》,何燕生译,复旦大学出版社2015年版,第225页。

一毫；若论活也，丧身失命。所以道：向上一路，千圣不传，学者劳形，如猿捉影。且道，既是不传，为什么却有许多葛藤公案？具眼者试说看。①

具眼者试说看?!

第六节 天童正觉的"默照禅"思想

在南宋佛教史上，"看话禅"和"默照禅"的对立是一桩尽人皆知的公案。默照禅的代表人物天童正觉和"看话禅"的代表人物大慧宗杲同为南宋初期的著名禅师，但禅法思想迥然不同。天童正觉的"默照禅"注重通过静坐以揩磨心地、除去习气妄想而达到人人本具的"空劫前面目"，以此为开悟的极则；大慧宗杲的"看话禅"则不拘动静，注重通过参验古人公案的"话头"（如赵州禅师的"狗子有佛性无"）而打破疑情，"蓦地向提撕处，生死心绝，便是归家稳坐之处"。大慧宗杲在他的语录、书信中曾多次激烈批判当时"默照邪禅"，而天童正觉则对此几乎没有作任何回应。

关于默照禅和看话禅的对立，现代的一些研究者认为，这两者之间并没有根本性的区别，都是要通过抑制、消除情识妄想而达到明心见性，只是在具体的步骤、途径上有所不同；同时大慧宗杲批评"默照邪禅"所针对的也不是天童正觉，而是在默照禅流行过程中所出现的一些"禅病"。

对此我们认为，默照禅的禅法内容属于佛性如来藏思想和般若中观理论并用的南宗禅法；禅法特色则在于"休歇身心"的静坐守默方法和"离言扫相"的语言虚无主义；默照禅和看话禅在精神内涵上基本一致，但在应世态度上一取道家化的"游世"态度，一取儒家化的"入世"态度。大慧宗杲所批评的虽然并不完全是天童正觉本人，但无疑针对的是默照禅在当时士大夫阶层中造成的消极影响。

---

① 尚之煜校注：《碧岩录》，中州古籍出版社2011年版，第70页。

一 默照禅的禅法思想基础

以天童正觉为代表的默照禅,主张谢绝人事,止息内外诸缘,于静室中静坐体验,"揩磨净治",从而恢复人人本具的妙明真心。"真实做处,唯静坐默究,深有所诣,外不被因缘流转,其心虚则容,其照妙则准。内无攀援之思,廓然独存而不昏,灵然绝待而自得。"[1] 天童正觉认为,作为本体的真心如同一片清平虚旷的田地,由于妄想习气的作用而杂草丛生,因此需要"枯寒心念,休歇余缘,一味揩磨此一片田地,直是诛锄尽草莽,四至界畔,了无一毫许污染"[2]。默照禅之所以强调默默静坐,是希望通过静坐这种方式隔绝外来习气的污染,从而显露真常心体的妙用。

如果仅仅强调默坐净心,那么默照禅就与禅宗北宗神秀"起心看净"的禅法没有多少区别,事实上许多论者就认为默照禅是对北宗神秀禅法的回归。神秀禅法之所以受到南宗禅师的排斥,是因为南宗认为"起心看净"执着于心的净相,没有将不落两边的般若空观贯彻到底。默照禅虽注重静坐守默,但更重要的是在静坐体究的基础上以无分别的般若智慧观照自身,从而契入中道实相和涅槃佛性的终极境界。天童正觉在《默照铭》中说:"默默忘言,昭昭现前。鉴时廓尔,体处灵然。灵然独照,照中还妙。"[3] 这一段文字是对"默照禅"修证工夫和程序的总述,仔细辨析,可分为三个阶段:(1)修禅者下手修证,由"默默忘言"的体证工夫而使本觉真心"昭昭现前";(2)此"昭昭现前"的本觉真心有寂而常照之功,寂即是"鉴时廓尔",照即是"体处灵然";(3)本觉真心之寂照为般若智慧之返照自身,也就是所谓"灵然独照";般若之照不执有无之相,不堕空有两边,从而使修禅者身心一如,泯除主客、体用的对待分别,契入非有非无的中道实相,此即所谓"照中还妙"。《默照铭》中还有一段文字阐述"默"和"照"的关系:"照中失默,便见侵凌。……默中失照,浑成剩法。默照理圆,莲开梦觉。"[4] 这也就是说,默照禅的

---

[1] (宋)集成等编:《宏智禅师广录》卷6,《大正藏》第48册,第73页。
[2] 同上书,第74页。
[3] (宋)集成等编:《宏智禅师广录》卷8,《大正藏》第48册,第98页。
[4] 同上。

"默"和"照"是相辅相成、缺一不可的,仅"默"而无"照",则所证之心体为实法;仅"照"而无"默",则能观之般若为狂慧;默照双行,始能彻证心体,深入实相。

禅宗南宗的思想基础在于《楞伽经》的"佛性如来藏"思想和《金刚经》的"般若性空"思想,从天童正觉的《默照铭》等文字来看,其禅学思想并没有脱离这一路线,还是属于标准的南宗禅法。因此,由默照禅的修行而体证的本觉真心是般若实相意义上超越内外、有无对待的"空心",而非北宗门下与外境相对的实体性"净心",用天童正觉的话来说就是:"田地虚旷,是从来本所有者。当在净治揩磨,去诸妄缘幻习,自到清白圆明之处。空空无象,卓卓不倚,唯廓照本真,遗外境界。所以道,了了见,无一物。"① 正是由于修证后的心地虚旷,空无一物,所以才能应世接物,不为世俗所碍、不为法相所缚,自在随缘,游刃有余:"衲僧游世,当虚廓其心,于中无一点尘滓,方能善应,不为物碍,不被法缚,堂堂出没其间,有自在分。才涉意思,便成埋没去也。"②

二 默照禅的禅法修行特征

天童正觉提倡默照禅,在南宋初年造成了很大影响,冯温舒在《天童觉和尚小参语录序》中说:"天童老人早以英妙发闻汉东,道法寖盛于江淮,大被于吴越,经行所暨,都邑为倾。一时名胜之流,争趋之如不及也。"③ 大慧宗杲则称天童正觉"起曹洞于已坠之际,针膏肓于必死之时"④。默照禅在当时有巨大影响,究其原因,主要是因为两点:(1)默照禅鉴于文字禅之弊,拨弃语言文字,讲求真参实证,对当时的禅林风气起到了纠偏补弊的作用;(2)默照禅提倡休歇身心、静室默坐,追求一种虚旷清冷的精神境界,这对经历宦海沉浮、厌离世间的士大夫有很大的吸引力,因而争相趋附,遂使默照禅风盛行一时。

与唐代禅宗相比,宋代禅宗的"都市佛教"色彩更为浓厚,著名禅

---

① (宋)集成等编:《宏智禅师广录》卷6,《大正藏》第48册,第73页。
② 同上书,第77页。
③ (宋)集成等编:《宏智禅师广录》卷5,《大正藏》第48册,第57页。
④ (宋)蕴闻编:《大慧普觉禅师语录》卷12,《大正藏》第47册,第859页。

僧大都居于通都大邑,与士大夫往来频繁,而士大夫也乐于与禅僧结交,精究禅理,以此来应对世俗功名事业的挫败和随之而产生的心理失衡。在禅僧与文人士大夫的交往过程中,为投合士大夫所好,由"不立文字"而转向重视语言文字,出现了以汾阳善昭、雪窦重显、圆悟克勤等人为代表的"文字禅"。"文字禅"评唱、批注古人公案,以此引导修禅者于无理路中寻求理路,为禅宗的修行开辟了新路径,但这一禅法的弊端也使学人拘泥于语言文字,放弃真参实修,"不明根本,专尚语言,以图口捷"[1]。天童正觉将这种崇尚语言文字、记诵古人公案的行为比喻为"刻舟求剑":"得皮得髓,刚立阶梯;缀叶缀花,遂成流布。衲僧觑得破,怪他祖师西来,作许多事,节外生枝,眼里著屑。更有般汉,刺头做无限伎俩,刻舟记剑,甚么时得相应。"[2] 由此天童正觉提出,禅的最高境界本来离言绝象、无可言说,公案、语录问答都是古人不得已而说的"第二义门",为的是"就其间剔拨一等钝汉",要想真实体究大事,明心见性,认识自己的本来面目,唯有用默照禅的方法静坐体认,"唯默默自知,灵灵独耀。与圣无异,于凡不减。元只是旧家一段事,何曾有分外得底?唤作真实田地。恁么证底汉,便能应万机入诸境,妙用灵通,自然无碍矣。"[3]

以默照禅和文字禅比较,默照禅否定语言文字的倾向是很明显的。周裕锴认为天童正觉的语言观"可以说是一种彻底的语言虚无主义"[4],默照禅修证所达到的境界"显然是一个前思维、前语言的世界"[5],可谓是一个中肯的评价。在天童正觉所处的时代,文字禅所产生的弊端已达到顶点,"士大夫间,乃有酣饫声色、驰骋势利,而口舌澜翻,说佛说祖,自以为有得,甚者至以为谈笑之资"[6]。面对这一颓势,大慧宗杲以焚毁《碧岩录》刻版的行为作为抵制,天童正觉则提倡默照禅的"语言虚无主

---

[1] (宋)重显颂古,(宋)克勤评唱:《佛果圆悟禅师碧岩录》卷10,《大正藏》第48册,第224页。

[2] (宋)集成等编:《宏智禅师广录》卷6,《大正藏》第48册,第78页。

[3] 同上。

[4] 周裕锴:《禅宗语言》,浙江人民出版社1999年版,第197页。

[5] 同上书,第198页。

[6] (宋)集成等编:《宏智禅师广录》卷1,《大正藏》第48册,第1页。

义"进行挽救，两者有着共同的心态；相形之下，默照禅对语言文字的否定更为彻底，但也因此面临着更多的内在矛盾。

默照禅的第二个特点是提倡静坐，休歇身心，排除外在世俗生活、内在思虑愿望的干扰，在虚无寂寞之中达到并体验"空无一物"的主体心灵状态，以此为解脱成佛的主要途径，这也受到宋代士大夫的普遍欢迎。宋代士大夫多数有"出入佛老"的经验，对于佛教的静坐禅定之法并不陌生，甚至有意识地将其引入儒家的修养方法中。北宋理学家中，周敦颐有"无欲主静"之说；二程中的伊川先生见人静坐，便叹为善学；南宋朱熹集理学之大成，与门人问答时也有"半日静坐，半日读书"之说。此后，在明清理学家中，如何看待静坐，如何处理静坐和读书、社会实践的关系，始终是一个严肃的话题。此外，士大夫因宦海风波、仕途失意而对现实人生产生厌倦之意，也往往会遁入禅门，从禅定静坐的虚寂境界中寻求精神安慰。如大慧宗杲就一针见血地指出："往往士大夫为聪明利根所使者，多是厌恶闹处，乍被邪师指令静坐，却又省力，便以为是，更不求妙悟，只以默然为极则。"① 默照禅在南宋初年的流行，与当时士大夫阶层"喜静厌闹"的心理状态有很大关系。

需要指出的是，天童正觉的"默照禅"之所以在南宋初年的士大夫阶层中得到普遍流行，与默照禅本身的庄学化色彩有一定关系。宋代文人喜参禅问道，但只是将其作为安顿身心、追求精神自由的一种修养方法，对于解脱成佛等终极性的宗教目标不甚措意。天童正觉的默照禅所提供的"默默静坐"的修养方法，以及无差别、泯内外的精神境界，逍遥放旷的"游世"生活态度，事实上和中国传统道家学派庄子的"坐忘""齐物""逍遥游"的观点非常接近，这也为失意的文人士大夫接近默照禅提供了一个良好的契机。

三 大慧宗杲对"默照邪禅"的批评

在南宋禅宗历史上，默照禅和看话禅的对立是当时的一个重大事件。大慧宗杲在他的语录和书信中多次抨击所谓"默照邪禅""邪师"，几乎到了不遗余力的地步：

---

① （宋）蕴闻编：《大慧普觉禅师语录》卷26，《大正藏》第47册，第922页。

而今诸方有一般默照邪禅，见士大夫为尘劳所障，方寸不宁怗，便教他寒灰枯木去，一条白练去，古庙香炉去，冷湫湫地去，将这个休歇人。①

今时学道人，不问僧俗，皆有两种大病：一种多学言句，于言句中作奇特想。一种不能见月亡指，于言句悟入，而闻说佛法禅道不在言句上，便尽拨弃，一向闭眉合眼，做死模样，谓之静坐观心默照，更以此邪见诱引无识庸流曰：静得一日，便是一日工夫。苦哉！殊不知尽是鬼家活计。②

今时邪师辈，多以默照静坐为究竟法，疑误后昆。山野不怕结怨，力诋之以报佛恩，救末法之弊也。③

大慧宗杲认为，专尚语言文字，从言句上悟入的"文字禅"固然会产生流弊，而拨弃语言文字、专门从事静坐的"默照禅"危害更大；通过静坐默照所获得的身心宁静状态譬如"以石压草"，虽然烦恼业识之流暂被压制，但终究不能斩草除根，"心识纷飞，犹如野马，纵使心识暂停，如石压草，不觉又生，欲直取无上菩提，到究竟安乐处，不亦难乎？"④

大慧宗杲虽然排斥默照禅，但也并非完全否定静坐守寂的方法，他认为静坐守寂只是入手方便，不能执为究竟实法。"学道人，十二时中心意识常要寂静，无事亦须静坐，令心不放逸，身不动摇，久久习熟，自然身心宁怗，于道有趣向分。寂静波罗蜜，定众生散乱妄觉耳。若执寂静处便为究竟，则被默照邪禅之所摄持矣。"⑤ 同时大慧宗杲还指出，所谓静坐守寂，应该结合"看话头"来进行，参话头能使生死心破，生死心破则自然寂静。"要静坐时，但烧一炷香静坐。坐时不得令昏沉，亦不得掉举。昏沉、掉举，先圣所诃。静坐时才觉此两种病现前，但只举狗子无佛

---

① （宋）蕴闻编：《大慧普觉禅师语录》卷17，《大正藏》第47册，第884页。
② （宋）蕴闻编：《大慧普觉禅师语录》卷20，《大正藏》第47册，第894页。
③ （宋）蕴闻编：《大慧普觉禅师语录》卷26，《大正藏》第47册，第923页。
④ 同上书，第921页。
⑤ （宋）蕴闻编：《大慧普觉禅师语录》卷19，《大正藏》第47册，第891页。

性话，两种病不着用力排遣，当下怙怙地矣。"①

大慧宗杲虽然激烈批评默照禅，但他所倡导的"看话禅"和天童正觉的"默照禅"在精神内涵上有多大区别，却始终是一个让后代研究者充满疑虑的问题。从大慧宗杲批评默照禅的言论来看，他批评的只是默照禅流行过程中产生的种种弊病，远非默照禅本身。天童正觉所提倡的默照禅是一个完整的体系，静坐守寂是形式，般若观照才是实质和重点。在以般若观照照破生死烦恼、业识流转从而显示真常心体这一点上，默照禅和看话禅实际上并无区别。看话禅主张将心意识的思维活动集中在"狗子有佛性无"这一类并无实际意义的话头上，以思维活动穷尽思维活动自身，在"心行路绝"的断港绝壁之处蓦然转身，发露本地风光，显示大机大用，"众里寻他千百度，蓦然回首，那人却在，灯火阑珊处"。这一过程，实际上和默照禅主张的泯绝杂念、隔绝外缘并无本质区别。对禅学深有领会的理学大师朱熹曾说："禅只是一个呆守法。……大要只是把定一心，不令散乱，久后光明自发。"② 此语虽然评述的主要是看话禅，但用来概括默照禅的精神其实也无不妥。

默照禅和看话禅的相通之处，现代研究者也有所发现。如周裕锴指出："宗杲对悟后境界的描写，使我们很容易联想到正觉所谓'默照理圆，莲开梦觉'或是'虚空体合，万象理圆'的默照境界，即一种华严境界。这样，宗杲的'看话禅'与正觉的'默照禅'可谓殊途同归，最终也是回到精神的原始状态，即前思维、前语言状态。"③ 杨惠南也说："大慧宗杲和天童正觉之间的差异，是在体现这一人人本有之'佛性'或'如来藏'的方便上，有了表面和枝末的不同。……无疑地，这二人只是表象的不同，而无本质的差异。"④

四　看话禅与默照禅之比较

默照禅和看话禅在精神内涵上基本一致，但在历史上却彼此对立，争论不休，酿成了禅宗历史上的一重公案。造成这一对立局面的原因，后世

---

① （宋）蕴闻编：《大慧普觉禅师语录》卷26，《大正藏》第47册，第922页。
② 黎靖德编：《朱子语类》第8册，中华书局1986年版，第3029页。
③ 杨惠南：《禅史与禅思》，台北东大图书股份有限公司1995年版，第207页。
④ 同上书，第196页。

研究者有不同的说法。笔者认为，默照禅和看话禅在禅的精神内涵上彼此相通，差异不大，但在应世态度上却有很大区别：默照禅主张在彻证本体之后，以道家的虚无主义态度"游世"；"看话禅"则注重在参破生死之后，以大无畏的精神和儒家的"忠义之心"入世。在南宋初年民族矛盾尖锐的特殊历史时期，默照禅的"游世"哲学为一大批失意文人和士大夫提供了精神避难所，但也无异于主动放弃社会责任，追求个人的精神解脱和自由。实际上，大慧宗杲所严厉批判的也正是默照禅对当时社会造成的这一负面影响。

与大慧宗杲儒学化的"看话禅"相比，天童正觉的"默照禅"有着更多的道家化色彩，特别是静坐守默的方法，更与庄子的"坐忘""心斋"等概念相通。天童正觉也多次用庄子的术语描述禅的精神境界，如"道境洗心聊坐忘"[1]，"坐忘是非，默见离微"[2]，"齐物而梦蝶，乐性而观鱼"[3]，"蝴蝶梦游兮庄生齐物，桃花眼冷兮灵云不疑"[4] 等，但更为重要的，是天童正觉提出的"游世"这一概念与庄子哲学有内在的相通之处。在天童正觉的语录中，关于"游世"的言论有如下几处：

衲僧游世，当虚廓其心，于中无一点尘滓，方能善应，不为物碍，不被法缚，堂堂出没其间，有自在份。[5]

道人游世应缘，飘飘不羁，如云成雨，如月随流，如兰处幽，如春在物。其为也无心，其应也有准。个是了事底汉做处。[6]

应变底眼，游世底身，虚而灵，寂而照，万象中出一头地，不被尘土埋没，不为夤缘茧络。行空月，出谷云，无心而鉴，无私而作。[7]

---

[1] （宋）集成等编：《宏智禅师广录》卷8，《大正藏》第48册，第84页。
[2] （宋）集成等编：《宏智禅师广录》卷9，《大正藏》第48册，第101页。
[3] 同上。
[4] 同上。
[5] （宋）集成等编：《宏智禅师广录》卷6，《大正藏》第48册，第77页。
[6] 同上。
[7] 同上。

与"游世"相近的概念还有"至游",如天童正觉的《至游庵铭》中说:

> 夫道人之至游矣,履虚极,守妙明,饮真醇,住清白。断崖放足,空劫转身。一得妙存,亡绝对待。自然出应无方,谷响水月,尘尘无碍,心心一如,彼我相忘,是非斯泯,方圆大小,历历不爽。能如是也,入诸世间,真契游戏三昧,斯可谓至游矣。衲僧之所住处,何必缚屋编次,孤兀世外?[1]

在天童正觉看来,默照禅所要达到的最高精神境界是"空心",也就是泯除是非差别对待的"虚空"境界。由这一主体的"虚空"境界出发而入世应缘,就可以做到"游戏三昧",在世俗生活中游刃有余又不为世俗生活所湮没,具有高度的心灵自由;同时也不必"缚屋编次,孤兀世外",与世俗生活相隔绝。这一应世态度实际上与庄子哲学相通。在庄子哲学中,具有最高德行的圣人虚己以游世,"不刻意而高,无仁义而修,无功名而治,无江海而闲,不导引而寿",有着和常人一样的生活方式;但是由于圣人的心灵是一种"虚空"的状态,"无不忘也,无不有也,澹然无极而众美从之"(《庄子·刻意》),所以圣人虽生活在常人之中而又能超脱常人的生活,能够达到心灵的高度自由。天童正觉所描述的"游世应缘,飘飘不羁"的道人形象,实际上与庄子笔下逍遥游的"至人""神人"没有什么不同。

与天童正觉相比,大慧宗杲的禅学思想更具有一种儒家化的色彩。大慧宗杲认为,禅的目标是参破生死,在"生死一如"的基础上透脱世间的名利网罗,从而以勇猛精进之心入世利生,成就救国救民的事业。在这一意义上,禅宗的"菩提心"就是儒家的"忠义之心","菩提心则忠义心也,名异而体同。但此心与义相遇,则世出世间一网打就,无少无剩矣。予虽学佛者,然爱君忧国之心,与忠义士大夫等"[2]。大慧宗杲的看话禅为士大夫说法,并非要士大夫遁世修禅,而是以禅的方法为士大夫

---

[1] (宋)集成等编:《宏智禅师广录》卷8,《大正藏》第48册,第98页。
[2] (宋)蕴闻编:《大慧普觉禅师语录》卷24,《大正藏》第47册,第911页。

"正心",从而激起士大夫的"忠义之心"。"三教圣人所说之法,无非劝善诫恶,正人心术。心术不正,则奸邪唯利是趋;心术正,则忠义唯理是从。"① 士大夫参禅学道,廓然大悟之后,不为生死、名利系缚,才能以精白之心入世、济世,成就世间事业,"廓彻大悟,胸中皎然,如百千日月,十方世界,一念明了,无一丝毫头异想。果能如是,岂独于生死路上得力?异日再秉钧轴,致君于尧舜之上,如指诸掌耳!"②

在南宋初年,看话禅和默照禅均流行一时,对当时士大夫的精神世界产生了重要影响,但由于在应世态度上的不同,他们所影响的士大夫群体也有所不同。大慧宗杲所吸引的主要是"抗金派"的"忠义士大夫",如张浚、张九成、吕本中等人,其中张九成更因所谓讥讪朝廷、反对和议的"神臂弓"事件而与大慧宗杲共同遭到流放贬谪的命运。天童正觉与士大夫的交往情况不详,但从大慧宗杲所描绘的士大夫为默照禅所吸引的情况看,他所影响的士大夫群体应该也不在少数,但这一批士大夫可能仕途失意,默默无闻,没有很大的名声。看话禅由于主战派士大夫的提倡而盛极一时;默照禅则为政治态度比较消极的失意文人提供了精神归宿。如果说看话禅和默照禅有什么根本区别的话,那就是在应世态度上的儒家化和道家化的不同倾向。在南宋初年宋金对峙的紧张情势下,默照禅的道家化"游世"哲学显然有些不合时宜,因而遭到大慧宗杲猛烈批判,也就在情理之中了。

---

① (宋)蕴闻编:《大慧普觉禅师语录》卷24,《大正藏》第47册,第911页。
② (宋)蕴闻编:《大慧普觉禅师语录》卷26,《大正藏》第47册,第921页。

第四章 中国佛教历史考证

第一节 "锡兰佛牙"与中国
——佛经、东南亚史籍和中国僧人史传中的"锡兰佛牙"

"锡兰"是斯里兰卡的旧称，在中国古籍中，斯里兰卡又被称为"师（狮）子国""僧伽罗国"，《明史·外国传》中则称为"锡兰山"。所谓"锡兰佛牙"，是斯里兰卡保存至今的一颗佛陀牙齿舍利，现存于康堤佛牙寺，是斯里兰卡的国宝，也是全世界佛教徒心目中的圣物。

斯里兰卡是一个古老的佛教国家，主要传承南传上座部佛教，保存有"巴利文三藏"等重要的佛教经典。斯里兰卡与汉传的大乘佛教也有很深的渊源关系。在汉传佛教的经典中，有一部《楞伽经》，据说是佛教创始人释迦牟尼在"楞伽岛"说教而形成的经典。"楞伽"，实际上就是"（斯里）兰卡"的音译。《楞伽经》的思想对中国佛教的形成有着重要影响，早期的禅宗就称为"楞伽宗"。

根据斯里兰卡的历史记载，佛教创始人释迦牟尼住世时期，曾经多次登临楞伽岛。佛陀涅槃以后，他的许多圣物也陆续流传到了斯里兰卡，其中最为重要的就是"佛牙舍利"。

"舍利崇拜"是佛教文化中特有的现象，体现了佛教徒对于佛教创始人释迦牟尼深切的怀念之情。在历史上，不但释迦牟尼的遗骨被称为"舍利"，许多高僧离世之际，也遗留有大量舍利。在所有的舍利中，释迦牟尼的"佛牙舍利"因数量稀少、保存完整，因而最为珍贵，也最为引人注目。根据佛教经籍以及中国和东南亚国家的历史文献，目前世界范围内公认的佛牙舍利有两颗：一为斯里兰卡的"佛牙舍利"，史称"锡兰佛牙"；一为中国北京西山灵光寺的"佛牙舍利"，称为"北京佛牙"，

"北京佛牙"最早是由南北朝时的高僧法献由西域携来中国，故又称"法献佛牙"。

"锡兰佛牙"和"北京佛牙"（"法献佛牙"），为早期佛教史及其信仰形态提供了实物证据，同时也与中外文化交流史上的诸多话题有关。中国史学界关于这方面的研究，有石权的《锡兰佛牙考》和陈垣的《法献佛牙隐显记》。

关于"法献佛牙"，中国史籍中记载颇多，而"锡兰佛牙"，则东南亚斯里兰卡、缅甸等国的记载较多，中国东晋晚期到唐代的西行求法僧人中，也有许多人瞻仰过"锡兰佛牙"，并留下了相关记载。"锡兰佛牙"是佛教圣物，有关"锡兰佛牙"的历史，不但是佛教的"圣物崇拜史"，同时也是中国与斯里兰卡以及东南亚诸佛教国家人民的情感交流史。

一 佛经中有关"锡兰佛牙"的记载

根据佛经的记载，释迦牟尼涅槃火化之后，遗留下大量舍利。所谓"舍利"，在梵语和巴利文中指身体、骨架等，佛教徒将佛陀火化后所得的遗骨称为"舍利"，并建塔供养，以表示佛弟子对于佛陀的永恒怀念之情。"舍利"起初仅指佛陀的遗骨和灵骨，在后世佛教中，渐渐将一切高僧大德的遗骨统称为"舍利"，并将"舍利"视为圣物，形成了佛教特有的"舍利崇拜"。

佛陀遗留的舍利有很多种，其中最为珍贵的是"佛牙舍利"。佛教典籍记载，佛陀火化后，所遗留的主要是大量细碎的灵骨舍利，又称为"碎身舍利""末舍利"，这些舍利为八国平分，分别建塔供养；此外，盛放舍利的瓶子和火化佛陀遗体用的炭灰也为人们分别拾取，建立了象征性供养佛陀的"瓶塔"和"炭塔"。这样，"瓶塔""炭塔"连同八座"舍利塔"，当时人们为纪念佛陀总共造了十座塔。

关于"八国分舍利"以及建塔供养之事，北传《大般涅槃经后分》有如下记载：

> 尔时，拘尸城诸力士得第一分舍利，即于国中起塔，花香、伎乐种种供养；波肩罗婆国力士得第二分舍利，还归起塔，种种供养；师伽那婆国拘罗楼众得第三分舍利，还归起塔，种种供养；阿勒遮国诸

刹帝利得第四分舍利，还国起塔供养；毗耨国诸婆罗门得第五分舍利，还国起塔，种种供养；毗离国诸梨车得第六分舍利，还国起塔，种种供养；遮罗迦罗国诸释子得第七分舍利，还国起塔，花香供养；摩伽陀主阿阇世王得第八分舍利，还王舍城起塔，花香、伎乐种种供养；姓烟婆罗门得盛舍利瓶，还头那罗聚落起塔，花香供养；必波罗延那婆罗门居士得炭，还国起塔供养。尔时，阎浮提中八舍利塔、第九瓶塔、第十炭塔，如是分布舍利事已。①

佛陀涅槃后，人们将佛陀的细碎灵骨分为八份，连同舍利瓶、炭灰一同起塔供养，这一记载大致是真实的。在现存资料中，不但北传的汉译《大般涅槃经》《长阿含经》有记载，南传的巴利文佛经也有相同的说法。在中国的西行求法高僧中，东晋的法显和唐代的玄奘在游历印度时，都亲身目睹了"十塔"之一的"炭塔"，并在他们的著作《佛国记》《大唐西域记》中有所记载。这尤其可以证明，佛经所说的，佛陀涅槃后"八分舍利""十塔供养"，都有其历史依据。

佛陀涅槃后所留舍利，除了这些火化后遗存的细碎灵骨舍利外，还有保存完整的"佛牙舍利"，这是更为珍贵的圣物。"佛牙舍利"的数量，一般认为是"四牙"。如《大般涅槃经》叙说佛陀涅槃时的情景说：

尔时，世尊大悲力故，碎金刚体成末舍利，惟留四牙，不可沮坏。②

佛经记载，佛牙舍利有四颗，这四颗舍利和一般的细碎灵骨舍利不同，在火化过程中没有损坏，保存完好，因而更具有弥足珍贵的价值，成为历代佛教徒极为重视的圣物。四颗"佛牙舍利"的下落，一般认为分别在天宫、龙宫和人间，天宫一颗，龙宫一颗，人间则有两颗。如北传的汉译《根本说一切有部毗奈耶杂事》说：

---

① 《大般涅槃经后分》，《大正藏》第12册，第912页。
② 同上书，第910页。

又佛有四牙舍利：一在天帝释处；一在健陀罗国；一在羯陵伽国；一在阿罗摩邑海龙王宫，各起塔供养。①

南传佛教的巴利文《长部经典·大般涅槃经》则说：

一牙忉利天供养，一健陀罗城供养，迦陵迦王得一牙，另一牙龙王供养。其光大耀此国土，殊胜供养物庄严。如是具眼者舍利，受诸彼恭敬供养。②

南传佛教的巴利文《佛种姓经·舍利配分品》也说：

八座之舍利塔，第九为瓶塔，第十为炭灰塔，彼时已建立此十塔。齿在三十（三天）之都，一（齿）在龙（王）之都，一（齿）在健陀罗之地，而一（齿）在迦陵王之（都）。③

综合以上的说法，北传佛教和南传佛教所流传的关于"佛牙舍利"的传说基本一致，没有冲突，都认为佛陀涅槃后留下四颗佛牙，除了天上（忉利天、帝释）有一颗、海底龙宫（阿罗摩邑海龙王宫）有一颗外，其余人间两颗，一为健陀罗国所得，一为羯陵伽国（或称迦陵迦）所得。

"四牙"说，即佛牙舍利有四颗，这是各类佛教典籍比较一致的说法。东南亚国家如斯里兰卡、缅甸的史籍《大史》《小史》《琉璃宫史》也有相同的记载，因此具有一定的可信度。天帝和海龙王供养的两颗佛牙，因具有神话色彩，我们可以暂且置之不理。但是人间所供养的两颗佛牙，却都有历史事实作为依据，不容我们忽视。得到这两颗佛牙的国家，各种佛典、史书的记录有所不同。

(1) 健陀罗国；羯陵伽国（或作"迦陵迦"）——《根本说一切有

---

① 《根本说一切有部毗奈耶杂事》，《大正藏》第24册，第402页。
② 《长部经典》，《汉译南传大藏经》第7册，第125页。
③ 《佛种姓经》，《汉译南传大藏经》第44册，第264页。

部毗奈耶杂事》《长部经典·大般涅槃经》《佛种姓经·舍利配分品》

(2) 乌苌国；师子国（斯里兰卡古称）——《开元释教录》

(3) 妙香国；羯陵伽国送至锡兰——缅甸《琉璃宫史》

这三种说法错综复杂，但可以看出，其中比较明确的一点是，有一颗佛牙在古印度境内的羯陵伽国，后由羯陵伽国流传至古代的斯里兰卡（"师子国""锡兰"），这就是今天我们所看到的"锡兰佛牙"。"锡兰佛牙"由古印度的羯陵伽国传入后，在古代斯里兰卡的历史上发挥了巨大的作用，不但寄托了东南亚佛教徒的宗教信仰和宗教情感，同时也成了古代斯里兰卡王统的象征。古代斯里兰卡人为此还专门撰写了一部《佛牙史》，对佛牙传入斯里兰卡的过程进行了详细的描述。

二　斯里兰卡、缅甸史籍中有关"锡兰佛牙"的记载

羯陵伽国的佛牙，后因战乱，由该国的公主护送至锡兰，由锡兰国王供养，这就是举世闻名的"锡兰佛牙"。关于佛牙传入锡兰的经过，斯里兰卡古代史籍《佛牙史》有详细的叙述。《佛牙史》是南传上座部巴利文佛教三藏的藏外著作，目前无中文译本，中国学者石权在《锡兰佛牙考》一文中曾简要介绍其内容，现引用如下：

> 据齐耳瓦（H. S. De zylva）所著《佛牙史》（*Odyssey of the Tooth Relic*）说：佛入灭经过火化之后，遗留有头盖骨、两根锁骨和四颗牙齿。有一颗牙齿落在一个名叫克马（Khema）的圣者手里。其后克马圣者将这颗佛牙交与迦錂伽（Kalinga）国王婆罗门达特（Brahmadatta）供养，直到西元三七一年，迦錂伽的邻国欲夺取佛牙而与迦錂伽发生战争，当时迦錂伽的国王名哥哈塞瓦（Guhaseva），因恐战败被邻国夺去，乃命其女儿赫曼曼丽（Hemamalili）将佛牙送到锡兰。当时锡兰的国王名吉特刹里弥文（Kit Sir Mevan），都安鲁那特波罗（Anuradhapura）。吉特刹里弥文获得这样的无价宝——佛牙——之后，其内心的欢喜，是可以推想得到的，何况他又是一个诚信的佛教徒？因此他特地在王室附近修一座佛牙寺供养佛牙，并规定每年游行一次。从此以后，佛牙就成为锡兰的定国之宝了。国王要拥有佛牙，才象征他有统治的资格。故国王迁都，佛牙亦随之迁移。经过一千六

百余年的展转，现在保存在堪地的佛牙寺（Dalada Maligawa）。①

斯里兰卡的古代史籍主要有《岛王统史》《大王统史》《小王统史》，简称《岛史》《大史》和《小史》，目前都保存在巴利文佛教三藏的藏外著作中。这些史籍对早期佛教发展和斯里兰卡古代历史的情况都有所反映，其中也记录了佛牙舍利传入斯里兰卡的一些历史细节。如《小王统史》记载：

> 于此〔王〕之第九年，某婆罗门妇携大仙之齿舍利由迦陵伽国来。由齿舍利史话中所所仪式，彼〔王〕以大恭敬心受取之，行最大之尊敬纳入净玻璃样之笼，天爱帝须〔王〕于王邨内（九四）设达摩奢伽〔法轮〕之屋舍，王奉迁此，由此以来此屋舍为齿舍利堂。王心〔喜〕满，其后投九十万金行大祭齿舍利，每年〔齿舍利〕迁至阿婆优陀罗精舍，令应如斯行供养之仪式。②

《小王统史》所说的"大仙之齿舍利"，即佛牙舍利，所说由"迦陵伽国"而来的"某婆罗门妇"，也就是《佛牙史》中提到的"迦錂伽"公主，"迦陵伽"和"迦錂伽"，都是"羯陵伽国"的同名异译。锡兰国王得到佛牙后，即建造"齿舍利堂"，并耗费巨资举行隆重祭祀，表达对佛陀的敬仰和追念之情。这种大型祭祀仪式在古代斯里兰卡历史上经常举行，锡兰王室通过这种祭祀仪式，一方面满足了人民的宗教情感需求；另一方面则借助佛牙的神圣性强化了王权的正统地位。

"锡兰佛牙"的影响力并不仅限于斯里兰卡国内，在古代东南亚的佛教国家中，"锡兰佛牙"都被认为是佛陀圣物和稀世珍品，并拥有决定国家命运的无上威力。一些国家的国王，为了得到佛牙，不惜动用武力、兵戎相见，这为东南亚的古代历史平添了许多风云变幻。在现存的缅甸史籍《琉璃宫史》中就记载了缅甸蒲甘王朝的建立者阿奴律陀（Anuruddha，

---

① 石杖：《锡兰佛牙考》，载张曼涛主编《现代佛教学术丛刊》第10辑《佛教文史杂考》，台北大乘文化出版社1979年版，第16页。

② 《小王统史》，《汉译南传大藏经》第66册，第3页。

1044—1077）国王为加强王朝权威而迎请"锡兰佛牙"的故事。

《琉璃宫史》全名为《琉璃宫大王统史》，是缅甸的编年史书，内容上溯远古，下至西方殖民者入侵之前的贡榜王朝，其中对早期佛教和南传佛教的历史也进行了详细的描述，是佛教史研究者极为重视的一部著作。《琉璃宫史》中对佛牙舍利的流传也有记载：

> 佛的右上牙由天帝释带回忉利天供奉；右下牙由神龙们带到那伽国供奉；左下牙从羯陵伽国送到锡兰为世代锡兰国王所供奉；左上牙由称作妙香国的中国世代君王所供奉。①

《琉璃宫史》所记录的佛牙流传情况，基本上与南传、北传佛教的经典一致，都认为有四颗佛牙舍利，除了忉利天和神龙得到两颗之外，人间还有两颗，其中羯陵伽国得到的一颗后来由锡兰国王世代供养；另一颗则为中国（即"妙香国"，亦有人认为"妙香国"是南诏国）所有。据《琉璃宫史》记载，缅甸国王阿奴律陀为在国内推广佛教信仰，曾分别向"妙香国"和锡兰迎请佛牙。据说阿奴律陀王向"妙香国"迎请佛牙时，曾出动7200万大军（此数字有夸大之嫌），后因故未能如愿，又转向锡兰国迎请佛牙，终于得到一颗变化而出的"佛牙"（可能是佛牙影骨），遂回国建塔供奉，成为缅甸佛教徒心目中的无上珍宝。

三 中国僧史中有关"锡兰佛牙"之记载

斯里兰卡是东南亚重要的佛教国家，南传上座部佛教的大本营，以"巴利文佛教三藏"而闻名于世，佛牙舍利更是全世界佛教徒心目中的瑰宝。在古代历史的长河中，中国与斯里兰卡很早就有友好往来，中国古人对斯里兰卡并不陌生，并对其有"师子国"（狮子国）、"僧伽罗国""锡兰""锡兰山"等各种称呼。中国的"二十四史"中，《梁书》《南史》均列有《师子国传》，记载古代斯里兰卡与中国的友好往来。据这些史料记载，早在东晋末年，斯里兰卡就派遣使者向中国进献玉像，此玉像

---

① 李谋等译注：《琉璃宫史》（上卷），商务印书馆2009年版，第201—202页。

"高四尺二寸，玉色洁润，形制殊特，殆非人工"①，安放在京都瓦官寺，与戴安道的手制佛像、顾长康的"维摩诘图"并号为"三绝"。此外，梁武帝大通元年，师子国国王伽叶伽罗诃梨邪派人向梁朝皇帝上表，意图共同振兴佛教，"欲与大梁共弘三宝，以度难化"②。类似这样的官方遣使往来，在南北朝历史上还有很多。

古代中国与斯里兰卡的交往，除了官方遣使往来之外，更多的是民间的佛教文化交流。从南北朝到隋唐时期，不断有斯里兰卡的僧侣来到中国，其中比较著名的有唐肃宗、代宗时期被尊为"帝师"的不空三藏。斯里兰卡僧人带来许多重要的佛经文本，推动了中国佛教的发展。从中国到斯里兰卡游历的僧人，最著名的是法显，其《佛国记》一书对斯里兰卡古代的政治、文化、宗教以及社会经济状况有详细的描写。直到今天，法显在斯里兰卡人民心目中享有崇高的声望，今天的斯里兰卡南部卡卢特勒附近还有一座以他的名字命名的"法显石村"。法显的事迹还写进了当地的小学课本，在斯里兰卡家喻户晓，广为人知。

对于"锡兰佛牙"，中国人也不陌生。在佛教传入中国以后，中国历代高僧西行求法，有相当多的人从印度境内辗转来到今天的斯里兰卡，学习佛教经论，并瞻仰著名的"佛牙精舍"，留下了相当丰富的记录。"锡兰佛牙"在中国与斯里兰卡的佛教交流史上起过重要而突出的作用。

在目前所见的记载中，中国早期的西行求法高僧中，东晋晚期的法显最早到过斯里兰卡并瞻仰了"锡兰佛牙"。法显回国后，在旅行记录中对"锡兰佛牙"有清楚的描述：

> 师子国。……城中又起佛齿精舍，皆七宝作。……佛齿常以三月中出之。未出十日，王庄校大象，使一辩说人着王衣服，骑象上击鼓，唱言：……如是唱已，王便夹道两边，作菩萨五百身已来种种变现，或作须大拿，或作睒变，或作象王，或作鹿马，如是形像，皆彩画庄校，状若生人。然后佛齿乃出，中道而行，随路供养到无畏精舍佛堂上。道俗云集，烧香然灯，种种法事，昼夜不息，满（九十）（十五）日乃

---

① 《梁书》卷54《诸夷列传》，中华书局1973年版，第800页。
② 同上。

还城内精舍。城内精舍至斋日则开门户，礼敬如法。①

法显称斯里兰卡为"师子国"（狮子国），这是当时中国人对斯里兰卡的通称。法显对斯里兰卡的印象很好，称"其国和适，无冬夏之异，草木常茂，田种随人，无有时节"②。他在斯里兰卡居住了大约两年，得到了《弥沙塞律藏本》《长阿含经》《短阿含经》《杂藏经》等中国所无的重要佛教经本。在这两年之内，法显也有机会亲身见到了当地人每年一次举行的佛牙法会盛况，并留下了珍贵的记录。

在法显之后，唐代的玄奘法师西行印度取经，在他的游记《大唐西域记》中也对"锡兰佛牙"有过记载。玄奘并没有去过斯里兰卡，他提到的"锡兰佛牙"，应当是在印度时听闻当地人所说而作的记录。

《大唐西域记》关于"锡兰佛牙"有这样两段相关记载：

1. 乌荼国，周七千余里。……南去僧伽罗国二万余里，静夜遥望，见彼国佛牙窣堵波上宝珠光明，离然如明炬之悬烛也。③
2. 僧伽罗国，周七千余里。国大都城周四十余里。……王宫侧有佛牙精舍，高数百尺，莹以珠珍，饰之奇宝。精舍上建表柱，置钵昙摩罗加大宝，宝光赫奕，联晖照耀，昼夜远望，烂若明星。王以佛牙日三灌洗，香水香末，或濯或焚，务极珍奇，式修供养。④

玄奘传记《大唐大慈恩寺三藏法师传》则云：

又闻东北海畔有城，自城东南三千余里至僧伽罗国（唐言执师子，非印度境也。）……王宫侧有佛牙精舍，高数百尺，以众宝庄严。上建表柱，以钵昙摩罗伽大宝置之刹端，光耀映空，静夜无云，虽万里同睹。⑤

---

① （东晋）法显记：《高僧法显传》，《大正藏》第51册，第863页。
② 同上。
③ 《大唐西域记》，《大正藏补编》第13册，第791页。
④ 同上书，第811页。
⑤ （唐）慧立本，彦悰笺：《大唐大慈恩寺三藏法师传》，《大正藏》第50册，第242页。

玄奘称斯里兰卡为"僧伽罗国",此为音译,意译则为"狮子国"。在玄奘的记载中,古代斯里兰卡人所建的"佛牙精舍"高达数百尺,有无数的奇珍异宝装饰,甚至在万里之外,遥望海天,就能见到宝珠的光明,"光耀映空,静夜无云,虽万里同睹"。玄奘所说虽然是出于听闻,但也反映出"锡兰佛牙"在当时的东南亚佛教信众心目中的崇高地位。

在盛唐时期,除了玄奘以外,还有许多的"求法高僧",他们以坚毅不拔的精神,跋涉万里,克服重关险阻,矢志求得佛教的真理。当时的"西行求法"路线主要有两条:一条是由陆路经西域进入印度境内;另一条则是由海路经东南亚海域进入印度。在唐代僧人义净的《大唐西域求法高僧传》中,就记录了一批由海路西行求法的高僧,他们大都在中途经过斯里兰卡,并瞻仰"锡兰佛牙"圣迹,其中比较著名的有明远法师、义朗律师、大乘灯禅师和无行禅师四位。

  1. 明远法师者,益州清城人也。梵名振多提婆(唐云思天)。……既慨圣教陵迟,遂乃振锡南游。届于交址,鼓舶鲸波,到诃陵国。次至师子洲,为君王礼敬。乃潜形阁内,密取佛牙,望归本国,以兴供养。既得入手,翻被夺将,不遂所怀,颇见陵辱。……其师子洲防守佛牙异常牢固,置高楼上,几闭重关,锁钥泥封,五官共印,若开一户则响彻城郭。每日供养,香花遍覆,至心祈请,则牙出花上,或现异光,众所共睹。传云:此洲若失佛牙,并被罗刹之所吞食,为防此患,非常守护。亦有传云:当向支那矣。斯乃圣力遐被,有感便通,岂由人事,强申非分耳!①

  2. 义朗律师者,益州成都人也。……朗公既怀死别之恨,与弟附舶向师子洲,披求异典,顶礼佛牙。渐之西国,传闻如此,而今不知的在何所。②

  3. 大乘灯禅师者,爱州人也。梵名莫诃夜那钵地已波(唐云大乘灯也)。……于慈恩寺三藏法师玄奘处进受具戒。居京数载,颇览经书,而思礼圣迹,情契西极。……遂持佛像、携经论,既越南溟,到

---

① (唐)义净:《大唐西域求法高僧传》,《大正藏》第51册,第3页。
② 同上。

师子国，观礼佛牙，备尽灵异。过南印度，复届东天，往耽摩立底国。①

4. 无行禅师者，荆州江陵人也。……从此泛海二日到师子洲，观礼佛牙。从师子州复东北泛舶一月到诃利鸡罗国。此国乃是东天之东界也，即赡部州之地也。停在一年，渐之东印度。②

明远法师、义朗律师、大乘灯禅师和无行禅师都是唐代的西行求法僧人，他们的共同特点是都对"锡兰佛牙"怀有巨大的宗教热忱，为瞻礼佛牙不惜远涉沧海，其中明远法师甚至企图"密取佛牙，望归本国，以兴供养"，其行为虽然不值得肯定，但是也说明了"锡兰佛牙"在中国佛教徒心目中的崇高地位。

在唐代以后，"锡兰佛牙"在中国史籍中记载不多。《明史·外国传》记载"锡兰山"有佛牙及舍利，这恐怕和明代郑和下西洋有关。郑和下西洋时，曾在斯里兰卡发生过"锡兰山之战"，据说也与争夺"佛牙"有关。《大正藏》中的《大唐西域记》卷末有一段插入的文字，记叙此事的始末，文中称锡兰国王阿烈苦奈尔不敬佛法，亵慢佛牙，并欲加害郑和的船队，郑和经过苦战后擒获阿烈苦奈尔，并"礼请佛牙至舟，灵异非常，光彩照耀。……历涉巨海凡数十万里，风涛不惊，如履平地"③。按照这一说法，郑和曾将"锡兰佛牙"迎至中国供养。但这一说法为许多学者所反对，认为可能是误传，佛牙始终在斯里兰卡，并未随郑和的船队来到中国。不管怎样，这也是"锡兰佛牙"历史上一段有趣味的插曲。

第二节　王夫之《莲峰志》补证、发微

王夫之《莲峰志》为明清方志中的著名作品，因语言精美，结构严谨，且出名家手笔，故历来为学者所重视。清人郭嵩焘赞誉《莲峰志》"其事典则，其文雅驯"；而李元度修《光绪南岳志》时，则奉王氏义例为成法，且誉之为"五丁巨手"。今检核《莲峰志》一书，虽以"莲峰"

---

① （唐）义净：《大唐西域求法高僧传》，《大正藏》第51册，第4页。
② 同上书，第9页。
③ （唐）玄奘译，辩机撰：《大唐西域记》，《大正藏》第51册，第939页。

为名，实际叙述主体则为方广寺的人文历史，故为研究方广寺之重要著作。方广寺为南岳名刹，历代高僧辈出，游观题咏不绝，王氏成书时，资料犹有限制，今据《四库全书》《大正藏》《续藏经》与《船山全书》参互考校，试为补遗辑佚，以广见闻。又王夫之撰《莲峰志》时，正当明室瓦解、天下鼎沸之际，沧海横流，风云变色，何以有此幽人雅致，钟情于区区陈编？笔者考释王氏前后行事，乃知船山《莲峰志》之微旨在于"表章朱张二贤"，而深心则在于痛心宋、明南渡之局，古今同慨。爰作发微，以明先哲之苦心，冀发潜德之幽光。

文分上、下两篇。上篇为《王夫之〈莲峰志〉补证》，以《四库全书》《大正藏》《续藏经》与《船山全书》参互考校，试为《莲峰志》补遗辑佚，共计补入各种材料十八则。下篇为《王夫之〈莲峰志〉发微》，以方广寺为中心，结合船山在编纂《莲峰志》前后数年的行事，试以说明《莲峰志》一书的微旨所在。

一　王夫之《莲峰志》补证

王夫之《莲峰志》以方广寺的历史、人文为重心，故《禅宿》《序记》《诗》《名游》诸篇为《莲峰志》精彩所在。王夫之《莲峰志》在资料的蒐集方面颇见功力，且组织有法度，编排有苦心，但由于限于时代条件的限制，亦有所遗漏。今为《禅宿》《诗》《名游》三篇补遗补证，以匡其阙。"补证"者，为书中已有人物增补材料；"补遗"者，原书所无，今据他书补充添入。《禅宿》篇补证补遗八则；《诗》篇补遗七则；《名游》则补遗三则。共计补入材料十八则。

（一）《禅宿》篇补证四则

1.《禅宿》篇："方广有达禅师。南岳方广有达禅师，僧问：'学人上来，便请相见。'师曰：'袖里金椎脑后看。'云：'破二作三，又作么生？'师曰：'惜取眉毛。'僧便喝，师曰：'放过即不可。'僧云：'瞎。'师便打。"[1]

补证：《建中靖国续灯录》卷22：

---

[1] 王夫之：《莲峰志·禅宿》，《船山全书》第11册，岳麓书社1988年版，第635页。

南岳后洞方广寺有达禅师。问:"学人上来,便请相见。"师云:"袖里金鎚脑后看。"僧曰:"破一作三,又作么生?"师云:"惜取眉毛。"僧便喝,师云:"放过即不可。"僧曰:"瞎。"师便打。

上堂,拈拄杖云:"诸禅德,展无碍手,和云折取,带雪将来。对众拈出,瞻之不足,玩之有余。"遂画一画云:"早晚散为霖,草木滋天下。"

上堂云:"离四句,绝百非。便怎么,息狂机。不怎么,转狐疑。离此凭何旨,赵州东院西。还委恁么?头戴天,脚踏地,动用之中论不二。一字妙门着眼看,镇州萝卜知滋味。咄!"①

按:据《建中靖国续灯录》,有达禅师为潭州大沩山怀秀禅师法嗣,怀秀为洪州黄龙惠南禅师法嗣。怀秀禅师弟子7人,其中4人在南岳,分别为南岳福严文演禅师、南岳西林常贤禅师、南岳方广有达禅师、南岳南台允恭禅师。有达的语录,《建中靖国续灯录》与《续传灯录》均有记载,为问答一段、上堂两段,王夫之《莲峰志》仅录问答一段,今据《建中靖国续灯录》与《续传灯录》补出。

2.《禅宿》篇:"怀纪和尚。方广怀纪和尚嗣泐潭洪英。"②

补证:《建中靖国续灯录》卷22:"南岳方广怀纪禅师。问:'如何是道?'师云:'有时登陌岭,南北两头垂。'僧曰:'如何是道中人?'师云:'八十老翁策杖行。'僧曰:'未审向上更有事也无?'师云:'面南看北斗,月里有麒麟。'"③

按:怀纪禅师嗣法于泐潭洪英,泐潭洪英则嗣于黄龙惠南。据此,则怀纪与有达同为黄龙惠南三传弟子,二人又同住南岳方广寺,方广寺几为北宋临济宗黄龙派之基地矣。《建中靖国续灯录》卷22有怀纪禅师语录一段,为王夫之《莲峰志》所无,今为补出。

3.《禅宿》篇:"隆禅师。方广隆禅师嗣大易玄。"④

补证:《天圣广灯录》卷25:"潭州南岳山方广寺隆禅师。有僧问:

---

① 惟白:《建中靖国续灯录》卷22,《续藏经》第78册,第778页。
② 王夫之:《莲峰志·禅宿》,《船山全书》第11册,岳麓书社1988年版,第635页。
③ 惟白:《建中靖国续灯录》卷22,《续藏经》第78册,第779页。
④ 王夫之:《莲峰志·禅宿》,《船山全书》第11册,岳麓书社1988年版,第635页。

'如何是妙玄无私句？'师云：'万仞峰前标不出，深深海底岂能藏。'进云：'怎么则知音不知？'师云：'荆玉本无瑕，三献方为宝。'问：'如何是方广境？'师云：'山寒无异草，岭峻不披云。'进云：'如何是境中人？'师云：'林下石人歌一曲，溪边木女尽知音。'"①

按：方广隆禅师，嗣大阳山警玄禅师，为曹洞宗僧人。据《传法正宗记》《景德传灯录》等书，其法系由来为洞山良价—九峰普满—同安威—中同安志—梁山缘观—阳山警玄—方广隆。《天圣广灯录》卷1所记"鄂州大阳山警延（即警玄）明安禅师法嗣"9人，其中有"南岳大广禅院隆禅师"，应即为方广隆禅师。《天圣广灯录》卷25有方广隆禅师语录一段，为王夫之《莲峰志》所无，今为补出。

4.《禅宿》篇："誉禅师。方广誉禅师失嗣。"②

补证：《石门文字禅》卷20《甘露灭斋铭并序》："政和四年春，余还自海外，过衡岳，谒方广誉禅师馆于灵源阁之下，因名其居曰甘露灭。"③

按：方广誉禅师，诸家灯录失其姓名，不知其法脉源流。惠洪政和四年自海外还南岳，谒见方广誉禅师于灵源阁下，有《甘露灭斋铭并序》记其事。此外，《石门文字禅》卷30有《祭妙高仁禅师文》，其中云："唯方广誉，躬至影堂。如我致辞，而炷此香。"方广誉之名，唯见此两处。

（二）《禅宿》篇补遗四则

1. 南岳方广照禅师

补遗：宋圆悟《枯崖漫录》卷1："南岳方广照禅师，淳素鄙朴，以骂詈为佛事，学者惮之。有二僧至，照问曰：'天寒岁暮，上座何来？'僧曰：'一家有事百家忙。'照曰：'相见底是阿谁？'僧曰：'某甲与和尚。'照指香台曰：'面前是什么？'僧曰：'香台。'照曰：'将谓收番猛将，元来是行间小卒。'僧喝，照便打。问第二僧曰：'天寒岁暮，上座何来？'僧曰：'不得气力只对。'照曰：'闻你搅众出完，是否？'僧曰：

---

① 李遵勖：《天圣广灯录》卷25，《续藏经》第78册，第548页。
② 王夫之：《莲峰志·禅宿》，《船山全书》第11册，岳麓书社1988年版，第636页。
③ （宋）惠洪：《石门文字禅》卷20，《嘉兴大藏经》第23册，第672页。

'和尚几时得者消息？'照曰：'近前来，与你道。'僧吐舌，照便打，且含胡诟骂曰：'我这里无米无菜，也来乱统。'以拄杖趁之。照，西蜀人，佛照会中号照白眉者，垂示机语不在空叟、铁牛之下。"①

按：方广照禅师之名，亦不见于宋以来诸家灯录，唯《枯崖漫录》记其事。今按《枯崖漫录》云："照，西蜀人，佛照会中号照白眉者，垂示机语不在空叟、铁牛之下。"所谓"佛照"者，即明州育王寺德光禅师，"看话禅"倡导者大慧宗杲弟子，因应对敏捷，孝宗赐号"佛照禅师"。"空叟"者，空叟宗印；"铁牛"者，铁牛印；二人均为佛照禅师门下著名弟子。由此看来，方光照当与空叟宗印、铁牛印同为佛照禅师弟子，且因机锋迅捷，号为"照白眉"。

2. 希先禅师

补遗：《石门文字禅》卷26《题白鹿寺壁》："希先昔游公卿间，与邹至完、曾公衮、蔡子因、吴子野厚。居自江左还南岳，庵方广十年，丛林高之。"②

按：希先之名亦不见于诸家灯录，唯惠洪《石门文字禅》屡屡及之。邹至完、曾公衮、蔡子因、吴子野均为北宋文人，希先与他们交厚，似乎是一名诗僧，可惜未见其诗文流传。

3. 方广行禅师

补遗：《南宋元明禅林僧宝传》卷4："（瞎堂慧远）过南岳寓南台。是时琏禅师住龙王，与方广行公，皆月庵高弟，道着湖湘。私相语曰。'此间壁立万仞，远来何所措足乎？'故请升座，设三十余问。"③

《嘉泰普灯录》卷21：

> 潭州大沩行禅师。上堂曰："不是心，不是佛，不是物。且道是个甚么？不在内，不在外，不在中间。毕竟在甚么处？苦！苦！有口说不得，无家何处归？"
>
> 上堂，横拄杖曰："你等诸人若向这里会去，如纪信登九龙之

---

① （宋）圆悟：《枯崖漫录》卷1，《续藏经》第87册，第28页。
② （宋）惠洪：《石门文字禅》卷26，《嘉兴大藏经》第23册，第708页。
③ （清）自融撰，性磊补：《南宋元明禅林僧宝传》卷4，《续藏经》第79册，第603页。

辇；不向这里会去，似项羽失千里乌骓。饶你总不怎么，落在无事阁里，若向这里拨得一路，转得身，吐得气，山僧与你挂杖子。"遂靠拄杖，下座。上堂，举僧问赵州："路逢达道人，不将语默对。未审将甚么对？"州云："人从陈州来，不得许州信。"师曰："满满弯弓射不着，长长挥剑斫无痕。堪笑日月不到处，个中别是一乾坤。"①

按：方广行禅师，见《南宋元明禅林僧宝传》《续传灯录》《宗统编年》诸书，内容则基本一致。按照《南宋元明禅林僧宝传》等书的说法，方广行为南宋初年湖湘高僧月庵善果的弟子，临济宗杨岐派僧人，法系源流为五祖法演—开福道宁—月庵善果—方广行。查宋代灯录中，并无"方广行"之名，《嘉泰普灯录》记载月庵善果禅师法嗣十三人，有"潭州大沩行禅师"而无"方广行禅师"，结合《南宋元明禅林僧宝传》的记载，"大沩行禅师"当即为"方广行禅师"，瞎堂慧远来到南岳时，这位"行禅师"正在南岳方广寺，故称"方广行"。《嘉泰普灯录》卷21有"潭州大沩行禅师"语录一段，今并录于此。

4. 方广圆禅师。

补遗：《石门文字禅》卷26《题昭默遗墨》："昭默老人道大德博，为丛林所宗仰，虽其片言只偈，翰墨游戏，学者争秘之。非以其书词之美也，尊其道师之德耳。予游诸方，处处见之，开卷辄识其真，精到之韵，骨枯老状，盖其退居时笔也。南岳见方广圆首座，出此为示。噫！圆知敬慕昭默，其亦贤于人远矣。"②

按：方广圆禅师亦不见于宋代灯录，仅惠洪《石门文字禅》一及之。惠洪所云"昭默老人"，即黄龙派禅僧佛寿惟清禅师，号灵源叟，惠洪《禅林僧宝传》卷30有传，谓"公风神洞冰雪，而趣识卓绝流辈。龙图徐禧德占，太史黄庭坚鲁直，皆师友之"③。惟清住昭默堂十五年，颓坐一室，故世号"昭默老人"。

（三）《诗》补遗七则

1. 虚堂：《方广寺》："云中玉磬无时响，木末金灯永夜明。胜地正缘

---

① （宋）正受：《嘉泰普灯录》卷21，《续藏经》第79册，第416页。
② （宋）惠洪：《石门文字禅》卷26，《嘉兴大藏经》第23册，第704页。
③ （宋）惠洪：《禅林僧宝传》卷30，《续藏经》第79册，第553页。

人罕到，古今门户未尝扃。"①

按：《虚堂和尚语录》，在《大正藏》第47册。虚堂和尚，南宋僧人，约生于宋孝宗淳熙二年（1175），寂于宋度宗咸淳五年（1260）。据其《行状》，曾在南岳福严寺为"典藏"，《方广寺》一诗当为此时所作。《虚堂和尚语录》中，《方广寺》之前，尚有《回雁峰晚望》《衡阳庞居士庵》《登祝融峰》诸作，益证为在南岳时所作。此诗王夫之《莲峰志》未录，今为补出。

2. 惠洪：《次韵游方广》："万峰缠烟霏，一线盘空路。丹楹出翔舞，半在生云处。海人猿臂上，哀湍不堪溯。夫子英特人，自是干国具。醉耳厌丝竹，来此良有故。临高赋新诗，妙语发奇趣。便欲抱琴书，亦作东家住。山灵应拊掌，笑公入窘步。自当眠玉堂，莲烛夜枉顾。偶此爱山尔，戏语亦瓦注。富贵本缚公，云泉宁可付。置卷发遐想，湘月微云度。"②

3. 惠洪：《次韵题方广灵源洞》："万峰剔卓起孤峰，惭愧灵源与世通。花异空怀上林苑，梦清疑宿广寒宫。泄云吐雨遮金地，溅雪跳珠落石中。忙里为君成妙语，丰碑正欲就崖砻。"③

按：惠洪于宋徽宗政和元年（1111）年十月，因交通宰相张商英，被发配朱崖军。政和二年（1112）渡海至贬所，自号"甘露灭"，《石门文字禅》卷9有《初过海自号甘露灭》一诗。政和三年（1113）蒙恩释放，十一月十九日自琼州渡海北还，十二月五日至廉州，有徐生沿途护送七十驿而至南岳方广寺，《石门文字禅》卷23《梦徐生序》记其事。惠洪抵达方广寺已是政和四年（1114）春，馆于灵源阁下，名其居曰"甘露灭"，《石门文字禅》卷20《甘露灭斋铭并序》可证。惠洪居南岳方广寺，前后不过数月，政和四年（1114）四月已离南岳而抵筠州，有《石门文字禅》卷24《寂音自序》可证。惠洪《石门文字禅》中关于南岳方广寺的诗歌计有三首，分别为《海上初还至南岳寄方广首座》《次韵游方广》《次韵题方广灵源洞》，王夫之《莲峰志·诗》仅录第一首，现将其余二首补出。

---

① （宋）妙源编：《虚堂和尚语录》卷7，《大正藏》第47册，第1034页。
② （宋）惠洪：《石门文字禅》卷6，《嘉兴大藏经》第23册，第603页。
③ （宋）惠洪：《石门文字禅》卷12，《嘉兴大藏经》第23册，第629页。

4. 憨山德清：《游方广寺》："朝披南岳云，暮宿方广寺。岩峣一径深，千峰锁幽秘。俨坐青莲华，顿入清凉地。流泉和松声，如对谈不二。但绝世间心，莫问西来意。安能结枝栖，以满居山志。休息芭蕉身，涕唾空华事。从此谢尘氛，永绝生人累。"①

按：憨山德清，明代四大高僧之一。憨山德清游方广寺是在明神宗万历四十三年（1615）八月，是年70岁。《憨山老人梦游集》卷53《憨山老人自序年谱实录上》记其事。此诗王夫之《莲峰志》未录，今为补出。

5. 张邦奇：《游方广寺简严太史》："胜会臻名流，奇探极幽數。但觅方广真，不问崖蹊隄。越险倩松乔，跻危病贲黝。巘绝疑天低，阮深诧坤厚。阴风泼地寒，清溪挂崖吼。燕石晴复飞，虹藤冻还走。群峰角低昂，乱石相牝牡。获胜古所欢，行疲君莫咎。君看废寺中，斧尘僧骨朽。朱张独何人，智勇名斯久。"寺在衡岳足，宋朱、张二先生尝游咏于此。②

按：张邦奇，字常甫。浙江鄞人。明代名臣，嘉靖时官至南京兵部尚书，卒赠太子太保，谥文定。《明史》有传。张邦奇在明武宗时因不满于宦官刘瑾乱政，出为湖广提学副使，在任时修复岳麓书院和明山书院，为诸生说经，"张提学"之名乃名重楚中。《明诗综》卷33及《甬上耆旧诗》卷8均收录有张邦奇《游方广寺简严太史》一诗，当为任湖广提学使时游南岳所作。此诗王夫之《莲峰志》未录，今为补出。

6. 史尧弼：《题南岳方广后洞五百罗汉所居二绝》："（一）岳势扶舆峻莫攀，岂知深处锁幽闲。千岩万壑争回互，别有乾坤藏此间。（二）山自周回溪自流，沉沉万籁不胜幽。此间有句谁堪话，五百真人今在不。"③

按：史尧弼，字唐英，眉州人。南宋文人。年少时以诗文谒见张浚，张浚奇之，谓其大类东坡，乃馆于潭州，与其子张栻游，每开以正大之学。宋高宗绍兴二十七年丁丑（1157）登进士第，未授官而卒。史尧弼有《莲峰集》30卷，后遗佚，清人从《永乐大典》中辑出10卷，收入《四库全书》。此诗当为史尧弼在潭州与张栻从游时登南岳所作，王夫之

---

① （明）憨山德清：《憨山老人梦游集》卷47，《续藏经》第73册，第788页。
② 宁波市鄞州区政协文史资料委员会整理：《甬上耆旧诗》（上），宁波出版社2010年版，第240页。
③ 史尧弼：《莲峰集》卷2，《景印文渊阁四库全书》第1165册，台湾商务印书馆1986年版，第679页。

《莲峰志》未见收录，今为补出。

7. 胡直：《欲游方广寻朱张旧迹，以积雨阻，遂别衡岳西去，作长短句》："夜卧兜率宫，朝返络丝渡。回瞻七十峰，峰峰蔽云雾。忽然风卷重云开，紫盖朱陵似相顾。遥观祝融隔层穹，空忆昨日经行处。今日非昨日，人间异天路。余本烟霞人，尘网宁自锢。金简粗探虞夏文，莲花未蹑朱张步。游踪苦被阴霾隔，元关莫藉仙源度。我闻峨眉之山高入天，上有灵仙不知数。即今不复倚踌躇，驱车且向西游去。重来拟结魏元君，不似桃源迷去住。"①

按：胡直，字正甫，号庐山。江西泰和人。明世宗嘉靖三十五年（1556）进士，官至福建按察使，神宗万历十三年（1585）卒。胡直是明代著名心学家，初从欧阳德游，后又从罗念庵问学，《明儒学案》入《江右王门》。胡直曾督学湖广，此诗当为任内游南岳所作，惟衡诸诗意，似乎因阻雨而未至方广寺，因此有"莲花未蹑朱张步"之憾。王夫之《莲峰志》未收录此诗，今为补出。

（四）《名游》补遗三则

1. 徐霞客

补遗：《徐霞客名山游记选注·游衡山日记》："二十七日。……时雾稍开，又南下一里半，得东来大路，遂转西下，又一里半，至涧，渡桥而西，即方广寺。寺正殿崇祯初被灾，三佛俱雨中。盖大岭之南，石廪峰西下，（为莲花诸峰；）大岭之北，云雾顶分支西下，（为泉室、天台诸峰。）夹而成坞，寺在其中，寺始于梁天监中。水口西去，环锁甚隘，亦胜地也。宋晦庵、南轩诸迹，俱没于火。寺西有洗衲池，补衣石在涧旁，渡水口桥，即北上山，西北登一里半，又平行一里半，得天台寺。……（盖泉室峰又西起高顶，突为天台峰；西垂一支，环转而南，若大尾之掉，几东接其南下之支。南面水仅成峡，内环一坞如玦，在高原之上，与方广可称上下二奇。）返宿方广庆禅、宁禅房。……二十八日。早起，风雨不收。宁禅、庆禅二僧固留余，强别之。庆禅送至补衲台而别。"②

---

① 胡直：《衡庐精舍藏稿》卷4，《景印文渊阁四库全书》第1287册，台湾商务印书馆1986年版，第260页。

② 徐兆奎注释：《徐霞客名山游记选注》，中国旅游出版社1985年版，第176—177页。

按：《徐霞客游记》中有《楚游日记》，徐兆奎将其中有关衡山之游部分编为《游衡山日记》，编入《徐霞客名山游记选注》一书。《游衡山日记》起讫于明崇祯十年丁丑（1637）正月二十一日至二十九日，为时9天。根据《游衡山日记》的记载，徐霞客进入南岳后，于正月二十七日来到方广寺，并由寺西渡水口桥北上山，来到天台寺，当晚则返回方广寺，住宿在僧人庆禅、宁禅房中。次日（正月二十八日）清早，风雨大作，徐霞客拒绝了庆禅、宁禅留客的好意，由庆禅送至补衲台而别。徐霞客游衡山时，在方广寺仅停留了一天，但在《日记》中留下了有关方广寺的丰富信息。如徐霞客提到，方广寺当时已破败不堪，"寺正殿崇祯初被灾，三佛俱雨中"。"宋晦庵、南轩诸迹，俱没于火。"这些景象为徐霞客目击，故描述语言生动，使人读之如身历其境，历历在目。

2. 憨山德清

补遗：《憨山老人梦游集》卷53《憨山老人自序年谱实录上》："（万历）四十三年乙卯。予年七十。春为众讲《楞严通议》。夏四月，著《法华通义》。以虽有二节，全文尚未融贯，故重述之。五十日稿成。纂《起信略疏》。秋八月，游南岳。中秋日登祝融。秋九日，冯公自武陵移守湖南，陪游方广寺回。……冯公赴任未几，即请予游九疑。冬十月至零陵，留过冬于愚溪。"[①]

按：憨山德清（1546—1623），名德清，字澄印，号憨山。明代四大高僧之一。憨山德清于明神宗万历四十一年（1613）由广州到衡阳，居灵湖万圣寺，万历四十四年（1616）离湖南而赴九江，登庐山。德清在衡阳居住的4年间，曾多次登临南岳，《梦游集》中有《从南岳东游江上留别方觉之》（卷47）、《南岳逢何玄圃》（卷49）、《别南岳山人邝慕一》（卷47）等诗可证。据憨山德清在自订《年谱》中叙述，他在万历四十三年（1615）秋八月游南岳，中秋日登祝融峰，秋九日（疑当为"秋九月"）由冯公陪同游方广寺。《憨山老人梦游集》中有《游方广寺》一诗，当为此次游览的记游之作。此后不久，憨山德清又应冯公之请游九嶷山，遂于冬十月至零陵。与憨山德清同游方广寺的"冯公"，即当时的湖广布政司参政冯时可。冯时可，字敏卿，号元成、文所、天池居士，定庵

[①]（明）憨山德清：《憨山老人梦游集》卷53，《续藏经》第73册，第844页。

居士。松江华亭人。隆庆五年（1571）进士，有《冯元成选集》83卷。《憨山老人梦游集》卷48有《端州寿冯元成使君》诗。

3. 紫柏真可

补遗：《紫柏尊者别集》卷3《付开侍者》："吾登峨眉东还，特又登南岳，礼七祖让尊者，并访思大祖师、石头迁尊者及诸圣灵迹，皆荒凉不堪，不觉悲痛之。追闻南岳有大藏之颁，岂惟庆快老汉本怀，亦国家之福，诸祖之庆。然安藏之所，送藏之人，二者不可苟且，姑顺人情，须佛祖之心为心可也。一者：安藏之所，南岳诸刹，唯方广寺道场最古，风水最胜，殿宇庄严，僧众广盛，可垂万世，诸寺莫及。吾言真实，送藏人到彼自知。二者：送藏之人，须得僧俗并行。僧则惟仰崖庆法师足以任之，俗者再得信心内臣一人，如此乃可掘起远方风化，且不枉国母苦心弘愿也。"[1]

按：紫柏真可（1543—1603），名真可，字达观，晚号紫柏。明代四大高僧之一。上文为紫柏真可写给他的弟子密藏道开的信，信中内容则是关于朝廷颁赐大藏经于南岳一事。考明神宗万历十四年（1586）朝廷陆续向国内诸名山大刹颁赐大藏经，南岳为其中之一。王夫之《莲峰志》卷一有神宗敕谕，颁赐方广寺"续入藏经十一函，并旧刻藏经六百三十七函"，时间为万历二十二年（1594），则是年南岳始得大藏之颁。紫柏真可向他的弟子嘱咐关于藏经颁赐的诸种细节，则此信当写于万历十四年（1586）至二十二年（1594）之间。紫柏真可认为颁藏南岳的"安藏之所"必须是方广寺，理由是"南岳诸刹，唯方广寺道场最古，风水最胜，殿宇庄严，僧众广盛，可垂万世"。由紫柏真可的描述来看，他是到过方广寺的，因此才能以目击者的身份作出保证说："吾言真实，送藏人到彼自知"。紫柏真可到方广寺的时间，由信开头所说的"吾登峨眉东还，特又登南岳"来推断，当是在峨眉之游之后。《紫柏尊者别集·送龙子归潭柘文》云："岁在丁亥。我将礼普贤大士于峨眉。……己丑，我始东还，结夏曲阿于观察别墅。"[2] 证明紫柏真可的峨眉之行始于丁亥，己丑即东归，来回共三年，而南岳之游的时间限亦当在此三年之内，即万历十五年

---

[1] （明）紫柏真可：《紫柏尊者别集》卷3，《续藏经》第73册，第424页。
[2] （明）紫柏真可：《紫柏尊者别集》卷1，《续藏经》第73册，第404页。

丁亥（1587）到万历十七年己丑（1589）之间。再证以《付开侍者》书云"吾登峨眉东还，特又登南岳"，可知游览南岳是在由峨眉东还途中，则时间当为万历十七年己丑（1589）。紫柏真可游南岳时必至方广寺，亲见"道场最古，风水最胜，殿宇庄严，僧众广盛"，因此才在《付开侍者》力言方广寺为南岳"安藏之所"的不二之选。

二 王夫之《莲峰志》发微

王夫之的一生，与南岳莲花峰有密切的关系。民国学者康和声研究王夫之的南岳史迹，编成《王船山先生南岳诗文事略》，在《编首传例》中有云："先生孕育家学，为世大儒。崇祯十五年，与兄介之同举于乡。明年，奉武夷先生避乱南岳莲花峰。感朱、张二贤遗迹，侍亲读书。明年，北都陷，怀宗殉国，乃营续梦庵于山中。又明年，赞湖广学使堵胤锡增修二贤祠。又二年，编纂《莲峰志》成。……先生趾名山下，居衡之阳，与怀产地，抗希寓贤，其志可知。中间虽一仕桂藩，然不久归隐，栖迟此峰居多，《莲峰志·序》所谓'心不能忘，无岁勿至'也。"[①] 今考王夫之自崇祯十六年（1643）到顺治十六年（1659）长达16年的时间里，除衡山起义以后在南明永历朝廷任职、脱离永历政权后漂泊湘中南这两个阶段以外，其余时间大都在南岳莲花峰隐居著述。在这16年的时间里，王夫之由一个初谙世事的青年知识分子成长为饱经忧患的成熟思想家。王夫之的生平史迹，岳麓书社出版《船山全书》十六册所收录刘毓崧《王船山先生年谱》、王之春《船山公年谱》，记录颇为详细，考证的可信度也较高。今不揣愚陋，对这两种年谱中的史料进行相互比对，并将有关南岳莲花峰者简要撮述如下：

崇祯十六年（1643），王夫之25岁，春，由南昌回衡阳。秋八月，张献忠陷衡州。冬十月，舅谭玉卿引王夫之及武夷先生避居衡山莲花峰下双髻峰。十一月下山，复归山。

崇祯十七年春（1644），王夫之26岁。出莲花峰。冬十月，重游莲花峰。是年诗作有《重游方广避乱诸缁侣》七绝八首。

清顺治二年，明弘光元年，明隆武元年（1645），王夫之27岁。楚

---

① 康和声：《王船山先生南岳诗文事略》，湖南人民出版社2009年版，第1页。

抚堵胤锡、学使高世泰修建莲花峰方广寺朱文公张宣公二贤祠，王夫之兄弟及同仁赞襄其事。

清顺治三年，明隆武二年（1646），王夫之28岁。编纂《莲峰志》成书。

清顺治五年，明永历二年（1648），王夫之30岁。春夏间居莲花峰，讲求《易》理。冬十月，与管嗣裘等举义衡山，战败军溃，走肇庆依永历朝廷，投身南明政权。

清顺治九年（1652），王夫之34岁。此时王夫之已脱离永历朝廷，决计归隐。是年春，至南岳莲花峰，过西明寺。有《莲花峰西明寺追怀梧一上人示苍枝慈智》七绝二首，见《五十自定稿》。另有《重过莲花峰为夏叔直读书处》七绝一首，见《姜斋剩稿》。

清顺治十三年（1656），王夫之38岁。王夫之自顺治十一年（1654）起，因避兵而漂泊于零陵、常宁等地，并变姓名为瑶人。是年冬，暂还衡阳，登衡山双髻峰，有《重登双髻峰》《二贤祠重读义兴相公诗感赋》五律二首，见《五十自定稿》。

清顺治十四年（1657），王夫之39岁。春三月由常宁还衡阳，居衡山双髻峰。

清顺治十五年（1658），王夫之40岁。是年居双髻峰。

清顺治十六年（1659），王夫之41岁。仍居双髻峰，明年移居湘西金兰乡茱萸塘，造"败叶庐"以居。

王夫之与南岳莲花峰结缘，起因是避乱。崇祯十六年（1643），张献忠起义军前锋攻破衡州，征求当地名士，王夫之与其父兄避乱山中，居于南岳莲花峰下。此后，王夫之因爱慕其地之清幽，乃营建续梦庵，作为长期居住之所。自崇祯十六年（1643）到清顺治十六年（1659），王夫之在此断断续续住了将近16年之久，并撰写了一批著作。方广寺是位于南岳莲花峰的著名佛教寺院，历史悠久，声名远扬，王夫之在《莲峰志·祀典》中指出："凡莲峰名刹一，小刹殆十。名刹方广寺中大雄殿供三世如来，铃铎之音，随林叶鸣坠。食法喜而居寺下者，百有余众。有精舍灵源，分廊集侣，岁时早薯钵衣粲备，亦南岳之一道场也。"[①] 王夫之久居

[①] 王夫之：《莲峰志·祀典》，《船山全书》第11册，岳麓书社1988年版，第632页。

莲花峰，必然与方广寺发生密切关系。

今考稽史料，王夫之与方广寺的关系主要体现在以下三个方面：（一）重修方广寺；（二）编纂《莲峰志》；（三）衡山举义。

（一）"忠孝去天原咫尺"：王夫之与重建方广寺

关于"重修方广寺"。此事刘毓崧《王船山先生年谱》、王之春《船山公年谱》均系于清顺治二年（1645）。刘《谱》云："楚抚堵允锡、学使高世泰修莲花峰方广寺朱文公、张宣公二贤祠，先生昆仲及同仁赞襄其事。"① 并列出四条史料：

（1）《莲峰志·沿革门》："方广寺，崇祯元年戊辰火。己卯，督学使迁治郎中丞昆山王公永祚澄川属僧凝然性翰。壬午，学使梁溪高公世泰汇旐益命之。性翰出其衣钵、资粮，以隆武元年乙酉十一月十二日再造。与其役者，楚抚义兴堵公胤锡仲缄。衡阳王介之石子、管嗣裘冶仲、夏汝弼叔直、王夫之而农襄之也。"②

（2）《莲峰志·沿革门》："呜呼！山岂不以人哉？则朱张二夫子最矣。二贤祠者，祠两夫子者也。祠与寺废未兴，高公世泰问其址，乃立五楹，骈立，窈然幽邃。弘光元年夏，堵公胤锡隘之，作前宇，王介之、夏汝弼、王夫之实经营之。"③

（3）《莲峰志·名游门》："近之游者，有吾师高汇旐先生世泰，今楚抚堵公胤锡。高游以崇祯壬午腊月。堵游以弘光乙酉暮春，踏新雨，问余兄弟匿迹处，讨续梦庵，欣然将登之。下岳，举诗相示，索和。"④

（4）《南窗漫记》："堵牧游先生游南岳，问余兄弟避寇处，于方广道中有句云：双溪溅水鸣丝竹，一壁初晴负画图。"⑤

这里首先要对王夫之文中的时间系年作一辨析。王夫之文中的"隆武元年乙酉"及"弘光乙酉"实为同一年，即公元1645年。该年为清顺治二年，又为南明弘光元年，是年五月，清兵下金陵，南明弘光政权覆灭。同年闰六月，明宗室唐王朱聿键立于福州，改七月朔以后为隆武元

---

① 刘毓崧：《王船山先生年谱》，《船山全书》第16册，岳麓书社1988年版，第165页。
② 同上。
③ 同上。
④ 同上。
⑤ 同上。

年。因此中国历史上的1645年（乙酉）同时有三个年号：即清顺治二年、明弘光元年、明隆武元年。王夫之忠于明朝，故以南明年号系年，是年六月之前称弘光乙酉，是年六月之后则称隆武乙酉。此虽琐细小节，但亦不可不辨。

在重修方广寺的过程中，堵胤锡和高世泰是核心人物。根据王夫之的记载，高世泰、堵胤锡先后游览过南岳。高世泰游南岳是在崇祯十五年（1642），堵胤锡游南岳则是在弘光元年（1645）春天。高世泰游南岳后，就有修复方广寺之命，"壬午，学使梁溪高公世泰汇旆益命之"。壬午为1642年，即高世泰南岳之游的当年。但承高世泰之命修成的可能只是二贤祠而非整体的方广寺，"祠与寺废未兴，高公世泰问其址，乃立五楹，骈立，窈然幽邃"。这"五楹"的建筑非常狭小，因此堵胤锡在弘光元年（1645）春天游览南岳之后，就感到有必要予以增修，修建时间是在当年夏天，王夫之参与了这一次重建，"弘光元年夏，堵公胤锡隘之，作前宇，王介之、夏汝弼、王夫之实经营之"。当年冬天，在堵胤锡的主持下，又对方广寺整体进行了恢复重建，"隆武元年乙酉十一月十二日再造。与其役者，楚抚义兴堵公胤锡仲缄。衡阳王介之石子、管嗣裘冶仲、夏汝弼叔直、王夫之而农襄之也"。

由此可见，明末方广寺（包括二贤祠）在高世泰、堵胤锡的主持下，先后有过三次重修，有史料证明王夫之直接参与的是后两次。刘《谱》将此事笼统记载为"楚抚堵允锡、学使高世泰修莲花峰方广寺朱文公、张宣公二贤祠，先生昆仲及同仁赞襄其事"，实有含糊不清之嫌。相比之下，王之春的《船山公年谱》对此记录较为清晰，现引述如下：

> 国朝顺治二年乙酉（1645）。明福王弘光元年。……三月，湖广巡抚堵公允锡登岳，于方广拜二贤祠，从寺僧问公及石崖公避贼处。将往续梦庵，寺僧以道险止。……夏，堵公允锡修二贤祠，属公与石崖公、夏公汝弼营之。……十一月，还山。堵公允锡再造方广寺，属公与石崖公、管公嗣裘、夏公汝弼襄其事。[①]

---

① 王之春：《船山公年谱》，《船山全书》第16册，岳麓书社1988年版，第305页。

高世泰和堵胤锡均与王夫之有很深的私人关系。高世泰本身为理学名儒，罗正钧的《船山师友记》称："高世泰，字汇旃，无锡人。崇祯中督学湖广，究心经史，崇尚理学，博征名儒，读书濂溪书院，以名节相砥砺。"① 高世泰是明代大儒高攀龙之侄，继承东林学风，崇尚名节，王夫之即在他任湖广提学使时中举，故终身尊之为师。堵胤锡是明末重臣，弘光元年任提督湖广学政，南都沦陷后改任湖南巡抚，收编李自成残部为"忠贞营"，后以此为军事资本长期坚持抗清斗争。王夫之衡山举义失败后，堵胤锡荐举他为永历朝廷的翰林院庶吉士。堵胤锡对王夫之有知遇之恩，王夫之对此终身感念，诗文集中屡有诗怀念"义兴相公"（堵原籍义兴），并在《姜斋逸文》中充满感情地称"余亦忝为义兴知遇，皇天后土，实式凭之"②。高世泰、堵胤锡与王夫之有深厚的私人情谊，这是王夫之以在乡儒生参与重建方广寺的前提条件。

行文至此，有一问题必须予以澄清。王夫之和堵胤锡都是儒家知识分子，1645年则是明朝军事、政治全面崩溃瓦解的一年，清军攻陷南京，弘光被俘，隆武于风雨飘摇中自立于福州，在这一惊心动魄的历史时刻，作为儒家知识分子的王夫之和堵胤锡为何对恢复重建佛教寺院方广寺投入如此巨大的热情？历史已经远去，我们无从确知他们当时的心情。但可以推测的是，堵、王之重建方广寺，与南宋历史上的朱熹、张栻"南岳酬唱"密切相关。朱、张生当宋人南渡之后，意图以学术挽救民族危机，"南岳酬唱"构成了方广寺历史上最为动人的华彩乐章。而此时堵、王等人面临的是又一次南渡之局，形势之凶险危急较之宋人南渡有过之而无不及，堵、王南岳之游，凭吊朱、张遗址，是否会有杜甫诗中所云"萧条异代不同时"之感，我们实不能代为揣测。但王夫之确实以朱、张为民族文化灵魂之所在，"南岳酬唱"这一文化事件足以为山川生色吐气，"山岂不以人哉！则朱、张二夫子最矣。匪徒峰也，自唐元和韩子登南岳，望蓝岭挥涕焉，嗣宋三百年矣，非二夫子谁可与登岳者？"③ 因此可能的解释是，在堵胤锡、王夫之等人看来，重建方广寺首先是为了恢复

---

① 罗正均：《船山师友记》，台北明文书局1985年版，第20页。
② 同上书，第39页。
③ 王夫之：《莲峰志·沿革》，《船山全书》第11册，岳麓书社1988年版，第617页。

朱、张二贤的旧游遗址，而恢复二贤遗址则是为了重建民族文化精神，以应对日益剧烈的民族危机，这应该是王夫之等人重建方广寺的隐衷心曲。

笔者推测王夫之等人重建方广寺的隐秘心曲，并不仅在于为南岳恢复一座名胜，而是懔于明室南渡偏安之危局，意图从诡谲的历史风云中领会朱、张等先哲之精神，接续文化血脉，振奋人心，图谋恢复，从而在根本上为时代危机寻求"破局"之道。关于这一隐衷心曲，王夫之本人并没有多说，但我们仍能从他的著述中寻求线索。王夫之在《箨史》中列有夏汝弼的传记，其中说到汝弼"读书南岳莲花峰下，追朱、张、罗、湛之游，日闭门端坐，折气返静，退而叹曰：丈夫有气，不施于忠孝，气贵而贱用之矣。使敬轩不以恢复传家，一轩不亢节权贵，安能随考亭足下千古乎？"① 夏汝弼是王夫之好友，乙酉方广寺重建、戊子衡山举义的重要参与者之一，他所说的"敬轩以恢复传家"，一定程度上可以代表王夫之对朱张南岳之会文化意义的看法。众所周知，朱熹一生反对"和议"，屡言恢复，张栻则为南宋主战派重臣张浚之子，以"恢复"为家风。如此看来，王夫之、夏汝弼等一批儒生"读书莲花峰下"时，所感知的就不仅是"朱（熹）、张（栻）、罗（念庵）、湛（若水）"这一系列"闭门端坐"的内向型理学文化，同时还有"丈夫有气，施于忠孝"，"敬轩以恢复传家"等富于时代气息的外向型民族精神，因此，南岳"朱张酬唱"所体现的文化意义就不在于理学心性与山水游观，而是更深刻地体现为图谋恢复的志士精神。王夫之本人在乙酉春陪同堵胤锡游览南岳方广寺拜祭二贤后，曾有记游诗云："忠孝去天原咫尺，山川与道互氤氲。先贤梦授《河图》秘，南国将评《九辩》文。"② 也在一定程度上发露了这一心曲。由此可见，乙酉重建方广寺，是以堵胤锡、王夫之等人为代表的湖湘士大夫群体在民族危难之际的一次"文化寻根"活动，其意义不可低估。

（二）"义旗同崎岖，偾败无郁菀"：衡山起义与方广寺

关于"衡山起义"。衡山起义是王夫之生平的重要事件，但考诸王夫之的著述，对此记载不详。但可以肯定的是，王夫之衡山举义与方广寺有密切关系，有一些方广寺的僧人参加了起义，并且很可能是以方广寺作为

---

① 王夫之：《箨史》，《船山全书》第11册，岳麓书社1988年版，第600页。
② 王夫之：《王船山诗文集·忆得》，中华书局1962年版，第526页。

起义的基地。对此,当代的一些研究著作大都均无异辞。如南京大学"中国思想家评传丛书"中的《王夫之评传》(萧萐父、许苏民著)叙述这一段史实说:"1648年湘桂战局发生变化,……王夫之大受鼓舞,毅然采取更大胆的行动,决定与夏汝弼、管嗣裘、僧性翰等在南岳方广寺举兵抗清。"① 关于衡山举义的经过,刘毓崧《王船山先生年谱》、王之春《船山公年谱》均将其系于顺治五年戊子(1648),无异辞,引据史料也大致相同,主要是王夫之的《永历实录·管嗣裘传》以及《章灵赋》注。实际上据笔者浏览所及,王夫之著述中提到衡山举义的还有以下内容:

(1)《箨史·孝廉夏公》:"戊子,同予及管中舍嗣裘起义衡山,以母病不与军中。俄丁母丧,方居庐哀毁,义兵为湘潭人尹长民辈所袭,管尽室被害。"②

(2)《龙源夜话·请终丧免阁试疏》:"湖广衡州府衡阳县举人,今丁忧臣王夫之谨奏:……臣……嗣后逢父遗命,与今中书舍人臣管嗣裘起义衡山,力弱事败,逃死行阙。"③

(3)《广哀诗·南岳僧性翰》:"畴昔天狼骄,窜身龙潭吻。……缁素不相疑,泥滓为拭抆。……杂心非谢客,妙悟异庞蕴。为有神骏资,激扬忠愤隐。行歌方亢爽,社稷已齑粉。烧灯相向悲,坐待钟声殷。义旗同崎岖,偾败无郁苑。笑指楼阁烬,一如暮落槿。垂死犹致声,心魂尚合吻。潭云空凄迷,回望增悲愍。"④

按:罗正钧《船山师友记》于《释凝然性翰》条下有按语云:"《广哀诗》有云:'畴昔天狼骄,窜身龙潭吻。缁素不相疑,泥滓为拭抆。'盖癸巳、甲申间,先生避难莲峰,凝然常为调护。又有云:'为有神骏资,激扬忠愤隐。行歌方亢爽,社稷已齑粉。烧灯相向悲,坐待钟声殷。义旗同崎岖,偾败无郁苑。垂死犹致声,心魂尚合吻。潭云空凄迷,回望增悲愍。'据此,则先生戊子举义兵,凝然实同在行间,以方外而趋君父之急,宜先生尤加愍悼也。"⑤ 性翰为方广寺僧,王夫之崇祯十六年

---

① 萧萐父、许苏民:《王夫之评传》,南京大学出版社2002年版,第56页。
② 王夫之:《箨史》,《船山全书》第11册,岳麓书社1988年版,第601页。
③ 王夫之:《王船山诗文集·龙源夜话》,中华书局1962年版,第643页。
④ 王夫之:《王船山诗文集·姜斋诗分体稿》,中华书局1962年版,第312页。
⑤ 罗正均:《船山师友记》,台北明文书局1985年版,第226页。

（1643）避乱莲花峰时，性翰曾加以周济，大概那时候两人就建立了牢固的友谊。清顺治二年（1645）王夫之等人重建方广寺，性翰又出其衣钵、资粮。清顺治五年（1648）王夫之举义衡山，性翰以方外僧徒而身在行间，献身于民族大义，亦可谓湖湘一异僧也。王夫之《广哀诗·南岳僧性翰》题下自注云："丙申没"，则性翰死于顺治十三年（1656），其时距衡山起义已有八年。

从以上记述中可以看出，衡山起义事发于顺治五年戊子（1648），即南明永历二年，组织者是王夫之和管嗣裘、夏汝弼等人，南岳方广寺僧人性翰也参与其事。衡山起义为湘潭人尹长民所袭破，管嗣裘全家被害，管本人与王夫之事败后投奔肇庆的南明永历政权。这里值得注意的是，衡山起义尽管只是明清对抗过程中一次针对清朝统治者的规模不大的起义，但组织者都是湖湘知识分子中的精英之才，同时这批儒家的精英知识分子又与南岳的佛教寺院方广寺有着不解之缘。这是历史上一个非常值得注意的现象。

（三）"残梦当年欲续"：王夫之编纂《莲峰志》的隐衷心曲

关于"编纂《莲峰志》"。重建方广寺的次年，即清顺治三年（1646），王夫之编纂《莲峰志》成书。这是王夫之一生中最早完成的一部著作，也是唯一的一部地方志著作。

明代时南岳先后曾经有过这样几种方志：嘉靖七年戊子（1528）衡山县令彭簪编纂《衡岳志》八卷；隆庆五年辛未（1571），湖广学政姚宏谟又增补彭簪《衡岳志》为十三卷；万历年间，时任衡郴兵备副使的邓云霄在旧志的基础上加以删削补正，成《南岳志》；此外，关于南岳莲花峰一地的志书，则有嘉靖壬子（1552）安城刘阳、宛陵周怡作序的《莲峰翰墨志》。关于这几部志书的质量，王夫之在《莲峰志》的《总序》中曾加以评论，认为均不甚令人满意，"又正、嘉间侈尚排比，不得记叙遗法，如海南邓公修全志，属者非人，以故不驯雅。而安成、宛陵别编翰墨，亦殉时流，又简略不及林泉之胜"[①]。这就是说，邓云霄的《南岳志》"不驯雅"，而刘阳、周怡的《莲峰翰墨志》又"简略"，两者都不是质量上乘的志书。最为关键的是，这两部书到崇祯年间就毁弃而不传了，

---

① 王夫之：《莲峰志·总序》，《船山全书》第11册，岳麓书社1988年版，第684页。

"烈庙初，峰志毁；壬午十二月，郡谯楼火，全志又毁"①。《莲峰翰墨志》毁于崇祯初年，《南岳志》则毁于崇祯十五年（1642）。

由于《南岳志》和《莲峰翰墨志》均已毁弃，莲花峰以及方广寺的历史文化信息湮没，王夫之感到有必要为莲花峰重新撰写一部专门的志书。他在崇祯十六年（1643）避乱山中，即对莲花峰一带的风景清幽产生了强烈的向往之情，"甲申春，出自峰下，心不能忘，无岁弗至"②。在不断的实地采访、积累资料之后，终于在清顺治三年（1646）编纂成书，"作志十二卷，为言二万二千七百六十有奇"③。王夫之自述"作志十二卷"，但见于《总序》的目次是十三卷，原因是将明神宗的"敕谕"列于卷首，也算做了一卷。据王夫之的《总序》，《莲峰志》十三卷目次是《敕谕》第一、《原志序》第二、《沿革》第三、《形胜》第四、《古迹》第五、《付丽》第六、《名游》第七、《祀典》第八、《禅宿》第九、《物产》第十、《序记》第十一、《删诗》第十二、《总序》第十三。王夫之《总序》十三卷的分法和今本《船山全书》有所不同，岳麓书社《船山全书》中的《莲峰志》作五卷，但内容则包括了《总序》所说的十三卷。杨坚在岳麓书社《船山全书》的《莲峰志编校后记》中对此有说明："本书凡十二篇，末附《总序》，内云：'作志十二卷，为言二万二千七百六十有奇'，盖以篇各为卷，故云十二。然金陵本只作五卷，篇目、字数无异，则卷数之压缩实自此始。"④ 金陵本《船山遗书》已将十二卷（或十三卷）的《莲峰志》压缩为五卷，内容则不变，今本《船山全书》中的《莲峰志》则沿用金陵本，亦为五卷。

王夫之的《莲峰志》虽然篇幅不大，所记事实又仅限于南岳莲峰一隅，但内容丰富，结构严谨，加以出自名家手笔，所以历来为人重视。此书虽然不见于诸家著录，但至少在清代乾隆时已流行于世，并被当地的地方志所采录。据岳麓书社《船山全书》所附《莲峰志编校后记》云："按清乾隆二十八年（公元一七六三年）刊行之《衡州府志》载有《南岳莲花峰记》一篇，只一百一十六字，即本书卷二《形胜》篇之'凡入莲峰'

---

① 王夫之：《莲峰志·总序》，《船山全书》第11册，岳麓书社1988年版，第684页。
② 同上。
③ 同上。
④ 王夫之：《莲峰志编校后记》，《船山全书》第11册，岳麓书社1988年版，第688页。

一段，而去其末句'山胜盖备矣'五字。则似此书在衡地早有流传，故能节录入志。"① 但王夫之《莲峰志》在清代真正发生影响则是在同治金陵本《船山遗书》刻印完成以后。清光绪年间，李元度重修《南岳志》，其体例即完全受之于《莲峰志》。李元度在《重修南岳志序》中说："惜王氏仅志一峰，使作全志，岂让五丁巨手哉！……不揆狂简，乃窃取王氏之义法，剀古切今，撰志二十六卷，综三十余万言，藏之名山，以存文献。"② 郭嵩焘在《光绪南岳志序》中则说："当顺治初元，船山王氏，纂辑《莲峰志》，为衡山之一峰。其事典则，其文雅驯。凡历二百二十年，威毅伯曾公刊行王氏遗书，其书始显。又二十年，次青《衡山志》成，尽揽七十二峰之胜，而其体例犹受成船山。……盖自船山发其端，而次青总其成，此岂为无因而偶合者？"③ 李元度的《南岳志》在清代被称为名作，而其体例则发端于王夫之的《莲峰志》，由此可见《莲峰志》的学术价值。

王夫之作《莲峰志》，是以莲花峰一带的风物、景观以及人文历史为叙述主体，而重心则在方广寺，书中所叙历史沿革、诗文序记、禅僧名宿大都与方广寺有关。他在《莲峰志》的《形胜》中这样描述方广寺在南岳诸峰中的地位："岳之有方广，天地之有蜀也。蚕丛道尽，是有锦城。"④ 方广寺的地理特点是幽深，这就像蜀道的尽头就是花重锦簇的"锦官城"一样。推原王夫之的心迹，应该还是南宋时朱、张之游的"南岳酬唱"引发了他的心灵共鸣。同为南渡之局，同为残山剩水，历史的风云变幻何其相似，因而王夫之才在凭吊朱、张遗迹之余，饱含对历史信息的感应，写下了这部以"表章朱张二子方广之游"（郭嵩焘语）为中心内容的《莲峰志》。

《莲峰志》的《名游》篇以朱熹、张栻为首，在《总序》中则概括《名游》篇的宗旨说："在宋中叶，天步已艰。孰俾哲人，于此投闲。扪

---

① 杨坚：《莲峰志编校后记》，《船山全书》第11册，岳麓书社1988年版，第687页。
② 李元度：《重修南岳志序》，载湖南省地方志编纂委员会编《南岳志》第12篇《文献》，湖南出版社1996年版，第468—469页。
③ 郭嵩焘：《光绪南岳志序》，载湖南省地方志编纂委员会编《南岳志》第12篇《文献》，湖南出版社1996年版，第468页。
④ 王夫之：《莲峰志·形胜》，《船山全书》第11册，岳麓书社1988年版，第619页。

萝对歌，不改其度。后来余子，谁实能悟！"① "在宋中叶，天步已艰"，是说朱熹、张栻所处南宋中叶偏安江左的艰难局面；"孰俾哲人，于此投闲"是愤慨于朱、张等"哲人"有用世之志、经世之才而无用武之地，只能投闲逍遥于衡山；"扪萝对歌，不改其度"，是说朱、张"南岳酬唱"风度闲雅，不失雅人之深致；"后来余子，谁实能悟"，此言朱、张表面上逍遥于衡山，但实际上时刻未能忘情于"天步艰难"，后来之人，谁能领会二人之隐衷心曲？王夫之的这一则《总序》实际上是对朱、张南岳方广之游文化意义的诠释，也是《莲峰志》全书的宗旨义趣所在。

清代郭嵩焘对《莲峰志》的宗趣有所领会，在《光绪南岳志序》中有如下评论："国初，王船山先生蒐微洗邈，作《莲峰志》五卷，表章朱张二子方广之游，为兹峰独辟生面。……《莲峰志》载朱张祠、嘉会堂，船山经营成之。《莲峰志》之作，犹以朱张二先生也。"② 但郭嵩焘虽然看出《莲峰志》以朱张之游为中心，意在表彰先贤，但并没有看到王夫之在民族危难时刻与朱张二贤"异代同时"的精神感应与心灵共鸣。救民族于危难，拯生民于水火，"风雨如晦，鸡鸣不已"，这是历代儒生的共同志向，但对王夫之来说，剩水残山，只是一场难以接续的"残梦"，"与岳患难，唯岳知余。残梦不忘，我报灵墟。"③ 此梦真耶？幻耶？恰如王夫之的一首《西江月》所言："残梦当年欲续，草庵一枕偷闲。无端幻出苦邯郸，禁杀骑驴腐汉。几度刀兵臂血，十年孤寡辛酸。潭龙鼾睡太痴顽，欲续衰年已懒。"④

第三节　清末湖湘高僧南岳默庵法师年谱及法脉记

默庵法师，法名杲仁，字真源，晚号默庵。生年为清道光十八年（1838），卒年为清光绪二十八年（1902）。默庵法师是清末湖湘著名高僧，精通天台和唯识教义，长期在南岳祝圣寺讲学说法，培养了一大批湖

---

① 王夫之：《莲峰志·总序》，《船山全书》第 11 册，岳麓书社 1988 年版，第 685 页。
② 郭嵩焘：《光绪南岳志序》，载湖南省地方志编纂委员会编：《南岳志》第 12 篇《文献》，湖南出版社 1996 年版，第 468 页。
③ 王夫之：《莲峰志·总序》，《船山全书》第 11 册，岳麓书社 1988 年版，第 686 页。
④ 王夫之：《王船山诗文集·船山鼓棹二集》，中华书局 1962 年版，第 591 页。

湘籍的近代高僧，比较著名的有道阶法师、常西法师、佛乘法师、道亨法师等人，其中道阶法师曾长期担任北京法源寺住持和中华佛教会理事长，组织编撰《新续高僧传》四集，对于中国近代佛教的发展产生了关键性的影响。默庵法师不但培育僧才，还著书立说、兴修庙宇，为近代湖湘佛教乃至中国佛教事业的振兴作出了积极的贡献。太虚大师曾说："默庵法师乃湘僧近百年来最有学行者，尤善天台、慈恩宗义，慈恩宗义重光震旦，公（道阶法师）与默庵法师为力亦多也。默庵师范南岳祝圣寺，从学者常数百人，今湘中法师大都出其门下。"① 这段话极其明确地指出了默庵法师在近代湖湘佛教史上的重要地位。

　　溯源默庵法师的师承，清末郴州苏仙岭的法云海耀禅师是极为关键的人物。默庵法师在法系上继承的是禅宗法脉。他20岁时出家于南岳南峰寺，从普照禅师剃度。普照禅师继承的是南岳山中一个古老的禅宗支派"乘云宗"，按照默庵所撰《重修乘云宗谱》，普照禅师为"乘云宗"第三十四世，则默庵为"乘云宗"第三十五世。默庵21岁时又在南岳祝圣寺参学自量禅师，受其心印，为禅宗临济宗第四十代传人。考察默庵法师所继承的这两支法脉，都是禅宗法脉，与默庵法师擅长并由此而知名的"天台、慈恩宗义"并不相关。那么，要追溯默庵法师佛学成就的由来，就不得不联系到郴州法云禅师对他的教导。默庵在22岁时有一段关键性的学习经历，即在郴州从师于法云禅师，"深入教义，儒书亦由是贯穿"，极大地拓宽了知识范围，奠定了在儒、释、道各个领域内的知识基础。据默庵在《衡北大罗汉寺中兴记》中回忆说，法云禅师喜谈《周易》和老庄，可见他是一个儒释道兼通、知识极其渊博的僧人。默庵法师在天台学、唯识学方面的探索，最初应该就是在法云禅师的指导下起步的。不但如此，默庵在为学和为人气质方面也和法云禅师类似。默庵的为学并不局限于佛教经论之学，而是对儒道之学，乃至世间的"天文地理医算音韵之学"无不感兴趣。因此寄禅法师在给陈三立的信中说他深通"玄郭（西晋注《庄子》的郭象）幽旨"，而史学家李元度、文字学家吴锦章也都与他把臂交谈，谈文论道，缔结了深厚的友情。

---

　　① 太虚：《南岳道阶法师小传》，《太虚大师全书》第31卷，宗教文化出版社2004年版，第127页。

默庵法师的传记资料，有罗杰撰《南岳仁禅师传赞》，刊载于民国佛教期刊《海潮音》1922年的第3卷第9期。罗杰，生平不详，默庵著《楞严易知录》1919年刻本前有罗杰"序"，末尾署名为"民国八年岁次己未仲夏长沙罗杰谨叙"，则罗杰为长沙人。《七塔寺志》卷5有罗杰撰《前清敕赐七塔报恩寺方丈慈运大师塔铭》，作者署名为"前资政议员简任政事堂法制局参事罗杰撰文"，"资政议员"是清末新政时资政院的议员，"政事堂"则是民国三年（1914）到五年（1916）袁世凯专门设立的国务机构。由此可见，罗杰是清末到民国初年的长沙士绅和官僚，有佛教信仰，他与默庵的三传弟子空也法师十分熟悉，默庵法师的这份传记，就是由空也委托他撰写的，基本史料，则应该是空也提供的。

默庵的著作，有《教观纲宗释义纪》《楞严易知录》《续人天宝鉴》《阅藏日记》《唯识劝学篇》《法华便蒙解》《金刚经刊定记会本》《近僧纪略》（又名《清僧纪略》），其中大部分都已刊行。默庵还有一些单篇文字，大都刊载于《海潮音》，还有一些碑刻文字，现存于南岳和衡阳的岐山仁瑞寺等处。根据湖南省图书馆古籍研究所侯永慧研究员的收集整理①，这些单篇文字共有13篇，其中文12篇，诗1首。默庵著作的"序"都有具体年月，单篇文字也多数有著作年月，可以用以考订默庵的行年、事迹，是极为珍贵的原始史料。

此外，默庵同辈友人、弟子、徒孙等人的传记资料，如空也法师所撰《南岳淡云禅师传》《先师翁智嶅上人传》，善因法师撰《南岳天然法师》等，其中也有一些材料可以考订默庵的生平。默庵同时代人的著述，如八指头陀的《诗文集》，虚云禅师的《虚云自述年谱》等，以及李元度、吴锦章等人为南岳祝圣寺所做的碑文（现存南岳博物馆），也有一些蛛丝马迹，透露出默庵生平的丰富信息。

在此以罗杰的《南岳仁禅师传赞》为基础史料，并参考上述的各种材料，尝试为默庵法师编撰一部初步性的《年谱》和《法脉记》，以俟海内君子之教正。

年谱及法脉记首冠以《南岳仁禅师传赞》，以下为默庵法师行年事迹，每条下系以原始史料，并以"按"语考辨。

---

① 本文承湖南省图书馆古籍研究所侯永慧研究员收集整理资料，谨此表示感谢。

一　默庵法师年谱

《南岳仁禅师传赞》①：

　　南岳仁禅师，字真源，晚号默庵。湖南衡州周氏子，父为儒生，早卒。师幼而颖捷，读书目数行下。年十五，以文雄其侪辈。塾师期以远到。越二年，肄业雁峰寺，尝抄《金刚经》至"现、过、未三心不可得"，遂悠然有出世想。清之咸丰七年，母为授室有日矣，师潜赴南峰寺，从普照禅师剃度，命名上仁。明年，纳具足戒于福严寺翠庭上人，闻祝圣量禅师法席甚盛，往受心印，是为临济四十代法器。又明年，谒法云禅师郴州，深入教义，儒书亦由是贯穿，好学者多喜与游。师勇于向上，乃避居南岳之己恭岩，与淡云禅师互相策进，衲破瓢空，相妄苦受。

　　同治改元，师欲遍参当代尊宿，乃南之南海，金焦九华，北走五台西山京师。龙泉寺本生禅师，喜师根利，的当开示，师用是惧入顽钝，希入佛海矣。

　　返居福严，殚精三藏，再易寒暑，既而闭关于罗汉、龙泉，护关于紫云峰，都监于恒志，再造之岐山，榔栗所经，缁流失智。

　　光绪二年秋，师葺精舍于南岳祝圣，密修空观，忽然大悟，于是前日之粗解大凡者，用以圆澈。师既发慧，不惟内典罔不淹融，言天文地理医算音韵之学，皆一一了会。平江李布政元度，当代史家也，一晤倾倒。其地薄有时名者，多与莫逆。南岳大善寺，唐以上精蓝也，久鬻于邻，续而宇之，仿彻悟禅师遗矩，十方栖者，至不能容。

　　师戒律精严，性相澄贯，以天台一心三观为静虑之航，以弥陀净土为智身之归宿，自丙申以迄辛丑，宏扬之暇，初以每日念佛六万自课，久之，不念之念，几无间时。壬寅春，以寺务付上首，其藏书及冬服，皆以捐赠，且曰："吾将西归矣。"其冬，持念佛七，不餐段食，惟饮大悲水，旬有四日，定中见七宝池、八功德水。未几，示微

---

① 罗杰：《南岳仁禅师传赞》，《海潮音》⑥（1922年第三卷第7—12期），上海古籍出版社2003年版，第321—322页。

疾，却医药，一心念佛，令眷属轮念以助，或日诵大乘经二度。嘉平朔绝粒，已而绝饮，虽常常吉祥而卧，日必再起念佛，或（听）听诵经典。一日，睹阿弥陀佛，白光炯炯，遂向西端坐，命去棉衲。或以寒甚难之，师曰："吾将弃此易珍衣耳。"徐问何谓解脱，左右皆不契，师笑曰："不如学斋公斋婆，老实念佛去。"已而自吟："一腔菩萨愿，难与昧者言。"时木鱼声急，师令停击，但同念"南无阿弥陀佛"声一百五十六，合掌而寂。时光绪二十八年十二月十三日也。既数时矣，头竖热蒸，然竟体棉软。安骨于南岳山腰金鸡林，世寿六十有四，僧腊四十有五。

师历主罗汉、祝圣、大善诸寺，说经谈律，座无虚晷，四众知归，咸趋觉语。又以其间，循临川、娄山、宁波七塔之请，先后讲《弥陀疏抄》、《楞严》、《法华》诸经，听者叹为得未曾有。师为人外严毅而内宽和，循循善诱，无智愚贤否，俱得其理解而去。虽能为文，不屑自暴，且恒以非本分戒其徒众。其所著书，有《教观纲宗释义纪》、《楞严易知录》、《续人天宝鉴》、《阅藏日记》、《唯识劝学篇》、《法华便蒙解》、《金刚经刊定记会本》、《近僧纪略》诸目，前者以稍稍流行海内，不胜私淑之慕云。

赞曰：南岳为思大禅师及让祖、迁祖道场，代产贤眷。清康熙时，有频吉祥禅师者，以说法有声当世，其所著《法华授手》，实为一乘心灯。衰歇百有余岁矣，同光之际，师以悲愿中兴南岳，荆扬以南，饱濡甘露，游其门者，率一时龙象。明果、佛乘、德安、可良、自真、道阶、常西、梵宇、悟道、德堂之伦，或以说法见称，或以行解兼擅。空也大师以师本行征文于仆，其孙智嶰之再传高第也。衣衣相续，可谓难能也。

南岳杲仁禅师，字真源，晚号默庵。
清道光十八年（1838）生。湖南衡州人，姓周氏。

《南岳仁禅师传赞》："湖南衡州周氏子。父为儒生，早卒。"①

---

① 罗杰：《南岳仁禅师传赞》，《海潮音》⑥（1922年第三卷第7—12期），上海古籍出版社2003年版，第321页。

咸丰二年（1852），年十五。在私塾读书，自幼聪明颖悟，以文章见长，过于侪辈。

《南岳仁禅师传赞》："师幼而颖捷，读书目数行下。年十五，以文雄其侪辈。塾师期以远到。"①

咸丰四年（1854），年十七。在南岳雁峰寺读书肄业，因抄写《金刚经》而有出世之想。

《南岳仁禅师传赞》："越二年，肄业雁峰寺，尝抄《金刚经》至'现、过、未三心不可得'，遂悠然有出世想。"②

咸丰七年（1857），年二十。违背母亲安排的婚姻之命，潜赴南岳南峰寺出家。普照禅师为其剃度，命名为"上仁"。普照禅师名无量，字普照，俗姓朱氏，为清末有名之大禅师，《重修乘云宗谱》列为"乘云宗"三十四世。

《南岳仁禅师传赞》："清之咸丰七年，母为授室有日矣，师潜赴南峰寺，从普照禅师剃度，命名上仁。"③

《清僧纪略》云："释无量，字普照，姓朱氏，清泉人。礜龀茹素，志出尘劳，往辞父母不可，娶氏生子某，勤王有功绩。道光末，晤桀云应公，始遂厥衷。居邑之香炉山，蓬荜环堵，瓮无剩粟，学者往往不堪其苦。尊者善讲说，士大夫有叩其所学，辄聆其议论风生，仿佛坐人于三禅天中。洵接物有方，具大辩才者。"④

《重修乘云宗谱》："三十四世无量大师，字普照，姓朱氏。……

---

① 罗杰：《南岳仁禅师传赞》，《海潮音》⑥（1922年第三卷第7—12期），上海古籍出版社2003年版，第321页。
② 同上。
③ 同上。
④ 默庵：《清僧纪略》，《海潮音》⑥（1922年第三卷第7—12期），上海古籍出版社2003年版，第445页。

道光末谒贞一公，始遂厥衷。居香炉山，蓬苴环堵，瓮无余粮，学者不堪其苦，师怡如也。"①

咸丰八年（1858），年二十一。在南岳福严寺从翠庭上人纳具足戒。又往祝圣寺参学自量禅师，受其心印，为临济宗四十代传人。

《南岳仁禅师传赞》："明年，纳具足戒于福严寺翠庭上人，闻祝圣量禅师法席甚盛，往受心印，是为临济四十代法器。"②

《清僧纪略》："自船尊者。师，江右人，尝方丈衡岳祝圣寺。大小僧事，执之无难色。事成不伐，劳不署名。人或喻之，师曰：'夫名者，实之宾，实幻也。名从宾召，非幻乎其造物者，不可得也，吾何与焉？'寺僧往往称其说，以讽来学。其兄自量，多异迹。徒妙明、大彻、福堂，清白可纪。"③

按：《南岳仁禅师传赞》云"闻祝圣量禅师法席甚盛，往受心印"，此"祝圣量禅师"，当为《清僧纪略》中"自船尊者"之法兄"自量禅师"。

咸丰九年（1859），年二十二。往郴州谒见法云耀禅师，学习天台教观，并及儒家经典。

《南岳仁禅师传赞》："又明年，谒法云禅师郴州，深入教义，儒书亦由是贯穿，好学者多喜与游。"④

《清僧纪略》："法云禅师。禅师，郴州苏仙岭寺长老也，有至行。道光末，传律衡阳大罗汉寺，寺旧苦水，师指地为泉，清香甘

---

① 默庵：《重修乘云宗谱》，湖南图书馆藏手抄稿本。
② 罗杰：《南岳仁禅师传赞》，《海潮音》⑥1922年第三卷第7—12期，上海古籍出版社2003年版，第321页。
③ 默庵：《清僧纪略》，《海潮音》⑥1922年第三卷第7—12期，上海古籍出版社2003年版，第445页。
④ 罗杰：《南岳仁禅师传赞》，《海潮音》⑥（1922年第三卷第7—12期），上海古籍出版社2003年版，第321页。

洌,至今赖之。已而居州之普济,废兴坠举,颇复旧观。同治初,彝陵吴君锦章牧郴,适旱,师为祷雨辄应,称神僧焉。其徒自依、孙无碍,有克承先绪之风,详见《苏仙世系》。"①

按:默庵法师精通天台教义,有《教观纲宗释义纪》,在宁波七塔寺讲《法华经》,晚年专修天台教观与弥陀净土。默庵法师在郴州从法云禅师"深入教义",所习当为天台教义无疑。此外,法云耀禅师亦精通儒道经典,默庵《衡北大罗汉寺中兴记》云:"道咸间,海耀云、法空成两师出……云师善《周易》,喜谈《庄》、《老》",即指出法云禅师的这一特点。默庵从法云学习,"儒书亦由是贯穿",说明他在法云门下学习时,也注意到了儒家、道家经典的重要性。寄禅大师在《与陈伯严》书中说:"自到南岳,心意泰然。……与言道,则有默庵法师,实能达玄郭之宗,发挥幽旨,令世人闻所未闻。"寄禅大师说他在南岳与默庵法师论道,推许默庵法师"实能达玄郭之宗","玄郭"即西晋末年注释《庄子》的玄学家郭象。由此可见,默庵法师在法云禅师门下学习时,所涉及的领域是多方面的。法云禅师的教导,奠定了默庵法师在儒、释、道多个领域中的知识基础。

同治二年(1863),年二十五。与淡云禅师避居南岳己恭岩,策励精进。

《南岳仁禅师传赞》:"师勇于向上,乃避居南岳之己恭岩,与淡云禅师互相策进,衲破瓢空,相妄苦受。"②

《南岳淡云禅师传》:"同治癸亥,遇南峰道意上人,针芥相投,始遂厥志。是冬,纳具足戒于南岳祝圣寺妙禅律师。自是以戒为师。无何,与默公韬光晦彩于岳之己恭岩,苦行焚修,有古德食黄精、煨紫芋之风。既而翻然自改曰:际斯末法,众生刚强,业流湾环,无由

---

① 默庵:《清僧纪略》,《海潮音》⑥(1922年第三卷第7—12期),上海古籍出版社2003年版,第446页。

② 罗杰:《南岳仁禅师传赞》,《海潮音》⑥(1922年第三卷第7—12期),上海古籍出版社2003年版,第321页。

解脱，吾何忍独善其身哉？乃随默公作出山之云。"①

按："同治癸亥"即同治二年（1863），淡云禅师以是年冬纳具足戒于南岳祝圣寺，并与默庵法师共同在南岳己恭岩修炼苦行。

同治三年（1864），年二十六。离开南岳，游历南北，谒见当代尊宿。南至南海普陀、金山、焦山，北至五台山、西山、北京。

《南岳仁禅师传赞》："同治改元，师欲遍参当代尊宿，乃南之南海，金焦九华，北走五台西山京师。龙泉寺本生禅师，喜师根利，的当开示，师用是惧入顽钝，希入佛海矣。"②

按：《南岳仁禅师传赞》说"同治改元"，默庵游历南北，遍参尊宿。此"同治改元"当为误记。核之空也《南岳淡云禅师传》，淡云于同治二年（1863）冬始纳具足戒，随后与默庵法师"韬光晦彩"于南岳己恭岩。则二人于同治三年（1864）离开己恭岩较为合理。空也《南岳淡云禅师传》所记年份、时段比较详尽，可以采信。

同治五年（1866），年二十八。游历经过衡阳，见岐山仁瑞寺荒废，喜其地幽静，遂迎恒志禅师来此居住。

《岐山中兴恒志来和尚道状》："师讳无来，恒志其字也。……距紫云三十里有岐山，壁立万仞，俯瞰衡湘。上有仁瑞寺，为国初懒放禅师开辟。……咸丰间，粤寇起，托充军饷，遂占其业，寺以颓废。……有默庵法师阐化经此，喜其地幽深，人迹罕至，迎师来居，学者裹粮从之。"③

《功德碑》："岐山当清泉之胜，雁荡并焉，山旧有仁瑞寺，规模宏敞，朝暮梵呗之声响彻碧落，寺左右禅堂中可容四百指。咸丰初，

---

① 空也：《南岳淡云禅师传》，《海潮音》⑦（1923年第四卷第1—6期），上海古籍出版社2003年版，第239页。

② 罗杰：《南岳仁禅师传赞》，《海潮音》⑥（1922年第三卷第7—12期），上海古籍出版社2003年版，第321页。

③ 敬安：《八指头陀诗文集》，岳麓书社1984年版，第465—466页。

法门遭蠹，堂宇毁。同治丙寅夏，恒志诸上人中兴其间，寺为小振。"①（全文见《附录》）

《志老中兴碑》："寻阳西南多佳山水，唯岐为最。岐半蠹寺，曰仁瑞焉，有年矣。同治丙寅夏，山长恒志禅伯拟重修，率诸僧众募化。"②（全文见《附录》）

按：衡阳岐山仁瑞寺在咸丰初年由于太平天国战争的破坏而荒废，默庵法师经过其地，喜其幽深，招引恒志禅师来居，遂造成了仁瑞寺的"中兴"。据默庵后来为岐山仁瑞寺所撰《功德碑》《志老中兴碑》称，恒志禅师"中兴"仁瑞寺是在"同治丙寅"，即同治五年（1866），当时寺院情况有所好转，"寺为小振"。据此将此事系于同治五年（1866）。

同治六年（1867），年二十九。为岐山仁瑞寺作《胡君已亭赎归岐山庵田并清佃债缘起记》③。

同治十二年（1873），年三十五。为岐山仁瑞寺作《功德碑》④。

光绪元年（1875），年三十七。游镇江金山寺，与八指头陀话别于杨子江头。

（八指头陀）《寄南岳真源禅师》："自杨子江头一别，日月几何！忽惊两鬓萧疏，一身将老。"⑤

梅季编《八指头陀年表》："光绪元年（乙亥1875）二十五岁。春住湘阴祖寺。夏秋离开湖南，东游吴越。……在镇江金山寺结夏……"⑥

---

① 默庵：《功德碑》，石碑现存湖南省衡南县岐山仁瑞寺。文载释登瑞主编《岐山仁瑞寺志》，第七章第二节"牌匾碑刻"，中国书籍出版社2013年版，第175页。
② 默庵：《志老中兴碑》，石碑现存湖南省衡南县岐山仁瑞寺。文载释登瑞主编《岐山仁瑞寺志》，第七章第二节"牌匾碑刻"，中国书籍出版社2013年版，第176—177页。
③ 石碑现存湖南省衡南县岐山仁瑞寺。文载释登瑞主编《岐山仁瑞寺志》，第七章第二节"牌匾碑刻"，中国书籍出版社2013年版，第175页。
④ 同上。
⑤ 敬安：《八指头陀诗文集》，岳麓书社1984年版，第447页。
⑥ 梅季编：《八指头陀年表》，第547页。

按：八指头陀《寄南岳真源禅师》，《八指头陀诗文集》系于光绪六年（1880），则八指头陀所说"自杨子江头一别"当在光绪六年前。检《八指头陀年表》，八指头陀光绪元年离开湖南，东游吴越，是年在镇江金山寺结夏，是即所谓"杨子江头"，《诗文集》有光绪元年诗作《游金山江天寺》《金山题壁》可证。自光绪二年至光绪六年，八指头陀皆在浙江宁波一带，与"杨子江头"的地理位置不符。故可推断，光绪元年（1875）夏，默庵法师曾与八指头陀在镇江金山寺会晤，并话别于"杨子江头"。

光绪二年（1876），年三十八。在南岳祝圣寺，修空观而大悟。

《南岳仁禅师传赞》："光绪二年秋，师葺精舍于南岳祝圣，密修空观，忽然大悟，于是前日之粗解大凡者，用以圆澈。"①

光绪五年（1879），年四十一。东游靳江，为岐山仁瑞寺作《志老中兴碑》②。

光绪六年（1880），年四十二。南岳祝圣寺心月上人拓印常州天宁寺本《五百罗汉像》，嵌刻于祝圣寺墙壁间。湘军将领李元度与湖南衡永郴桂兵备道吴锦章应邀撰写《五百罗汉像记》，并在祝圣寺方丈听默庵法师讲《法华经》，为之赞叹不已。

《南岳仁禅师传赞》："师既发慧，不惟内典罔不淹融，言天文地理医算音韵之学，皆一一了会。平江李布政元度，当代史家也，一晤倾倒。其地薄有时名者，多与莫逆。"③

《增补南岳志》："默庵，号杲仁，衡阳周氏子。性恬淡，不慕荣利。祝发事南岳某某尊者，禅定功深，兼通理学。寺有藏经百函，师

---

① 罗杰：《南岳仁禅师传赞》，《海潮音》⑥（1922年第三卷第7—12期），上海古籍出版社2003年版，第321页。
② 石碑现存湖南省衡南县岐山仁瑞寺。文载释登瑞主编《岐山仁瑞寺志》，第七章第二节"牌匾碑刻"，中国书籍出版社2013年版，第176—177页。
③ 罗杰：《南岳仁禅师传赞》，《海潮音》⑥（1922年第三卷第7—12期），上海古籍出版社2003年版，第321页。

皆熟读，一字不忘。一日，平江李元度方伯、桂林吴锦章观察入方丈听讲《法华经》，钦挹之至。"①

《重修南岳志序》："自顷同治十二年，衡山庙殿毁于火，粤六年为光绪五年，平江李次青方伯独任修复之功，往返经营，又三年告成。乃历览其名胜古迹，研考方志与人文物产之丽于兹山者，重辑《南岳志》，编次为十四类，厘为二十六卷，体大而物博，例严而辞雅，衡山扶舆磅礴之蓄积以有待者至是尽洩其奇。"②

《湖北文征》："吴锦章。锦章，字云毂。兴山人。官至湖南衡永郴桂道。著有《守愚斋笔存》。"③

《续修四库全书总目提要》："《六书类纂》九卷，光绪十七年刻本。清吴锦章撰。锦章兴山人，尝官湖南。是书以类纂辑说解，专取原文其难晓者酌加案语。"④

《续修四库全书总目提要》："《偏旁溯源》二卷，家刻本。清吴锦章撰。锦章兴山人，尝宦于湘中，晤怀宁邓少白，数从讲问。少白故阳湖李申耆弟子，通汉学，工篆籀，于六书形声，辨考极严。故锦章与之研讨六书之学。"⑤

《续修四库全书总目提要》："《读篆臆存杂说》一卷，家刻本光绪二十年刊本。清吴锦章撰。锦章兴山人，尝官湖南。于许氏六书之学，致力颇笃。"⑥

按：李元度，字次青，一字笏庭，自号天岳山樵，晚年又号超然老人。李元度是湖南平江人，曾国藩早期幕僚，湘军重要将领，后因军败家居。晚年再起，官至贵州布政使。李元度同时还是清末著名的史学家和文

---

① 李元度修纂，王香余、欧阳谦增补，王香余续增，刘建平校点：《南岳志》，岳麓书社2013年版，第937页。

② 同上书，第5页。

③ 湖北省人民政府文史研究馆、湖北省博物馆整理：《湖北文征》，湖北人民出版社2014年版，第73页。

④ 中国科学院图书馆整理：《续修四库全书总目提要》（经部下册），中华书局1993年版，第1136页。

⑤ 同上书，第1158页。

⑥ 同上书，第1162页。

学家，著作有《国朝先正事略》《天岳山馆文抄》《天岳山馆诗集》等，另编撰地方志《平江县志》《南岳志》。李元度与南岳诸寺有密切关系。据《重修南岳志序》，他在光绪五年（1879）开始负责修复因火灾而毁弃的"衡山庙殿"，越三年而告成，又重修《南岳志》二十六卷，光绪九年（1883）刊刻。光绪六年（1880），南岳祝圣寺心月上人拓印常州天宁寺本《五百罗汉像》，嵌刻于祝圣寺墙壁间。李元度为之作《祝圣寺石锲五百阿罗汉像记》，并刻石上碑。此碑现存南岳博物馆，有拓印本，字为行书体，篇末云："光绪六年夏四月平江李元度记并书"，下方有两方印章，一为"元度印信"，一为"次青"。

吴锦章，字云谷，湖北兴山人。清末同治、光绪年间在湖南为官，官至衡永郴桂兵备道。据《湖北文征》、《续修四库全书总目提要》等书记载，吴锦章是一个文字学家，著作有《六书类纂》《偏旁溯源》《守愚斋笔存》等。光绪六年（1880），南岳祝圣寺心月上人拓印常州天宁寺本《五百罗汉像》，嵌刻于祝圣寺墙壁间，吴锦章亦为之作《记》，并刻石上碑。此碑现存南岳博物馆，有拓印本，字为行楷体，篇末云："光绪辛巳清明后五日郢西吴锦章书"，下方有两方印章，一为"吴锦章印"；一为"云谷手书"。

默庵法师与李元度、吴锦章等清末文人有很深的交谊。他"不惟内典罔不淹融，言天文地理医算音韵之学，皆一一了会"，故能与史学家李元度、文字学家吴锦章有共同语言，成为莫逆之交，这是清末僧人与文人交往的一个典型例子。《增补南岳志》记载，李元度、吴锦章曾在南岳听默庵法师讲《法华经》，为之赞叹，但《增补南岳志》并没有说明具体时间。光绪六年（1880），李元度、吴锦章为南岳祝圣寺撰《五百罗汉像记》，可能他们一起来过南岳，很可能就在此时听默庵法师讲《法华经》。依据以上推断，姑将此事系于本年。

光绪七年（1881），年四十三。往江西娄山讲《佛说阿弥陀经疏钞》，徒孙智嶓（唯持）随行。

《南岳仁禅师传赞》："师历主罗汉、祝圣、大善诸寺，……又以其间，循临川、娄山、宁波七塔之请，先后讲《弥陀疏抄》、《楞严》、《法华》诸经，听者叹为得未曾有。"①

（空也）《先师翁智嵋上人传》："光绪庚辰，投南岳祝圣寺礼高祖默老之上首颛西开士而披剃焉。是冬纳具于湖北归元寺。辛巳返岳，随侍高祖（默庵）之江西娄山，听讲《佛说阿弥陀经疏钞》，日依座下，咨决妙义，于念佛法门，深有心得，乃一志净土而力行之。"②

光绪九年（1883），年四十五。作《碧崖禅师略序》③（见《附录》）。

光绪十年（1884），年四十六。春二月，游长沙，湘东名僧少颠上人访于僧舍。

（默庵）《少颠上人书〈华严经〉叙》："光绪甲申春二月，余游长沙，少颠适阁笔来垣，访余于僧舍，顷之言别，余亦匆匆返棹。四月少颠遣楮子征经叙，余以赴衡阳讲经之请弗果。"④

四月赴衡阳讲经。是年应僧众之请，任衡阳大罗汉寺住持，并在衡阳大罗汉寺讲《四分律》《金刚经》。

（空也）《先师翁智嵋上人传》："甲申，高祖（按：即'默庵'，默庵于空也为高祖）主席衡州大罗汉寺。"⑤

（默庵）《衡北大罗汉寺中兴记》："（光绪）十年，诸执冈老生

---

① 罗杰：《南岳仁禅师传赞》，《海潮音》⑥（1922年第三卷第7—12期），上海古籍出版社2003年版，第321—322页。

② 空也：《先师翁智嵋上人传》，《海潮音》③（1921年第二卷第1—6期），上海古籍出版社2003年版，第369页。

③ 默庵《碧崖禅师略序》，原文刊载于1923年《海潮音》第四年第二期"文苑"，见《海潮音》⑦（1923年第四卷第1—6期），上海古籍出版社2003年版，第243—244页。

④ 默庵：《少颠上人书〈华严经〉叙》，《海潮音》⑦（1923年第四卷第1—6期），上海古籍出版社2003年版，第243页。

⑤ 空也：《先师翁智嵋上人传》，《海潮音》③（1921年第二卷第1—6期），上海古籍出版社2003年版，第369页。

憨顶，启余讲《四分律》、《金刚经》，固却不获，明年以疾辞。"①

作《福严寺长明灯记》②（见《附录》）。

光绪十一年（1885），年四十七。作《衡北大罗汉寺中兴记》《少颠上人书〈华严经〉叙》③（见《附录》）。

光绪十四年（1888），年五十。在南岳祝圣寺讲经弘法。

（空也）《先师翁智嶰上人传》："戊子，（高祖默庵）宏法祝圣寺。"④

在南岳与八指头陀论道，并及庄老玄学之幽旨。

（八指头陀）《与陈伯严书》："自到南岳，心意泰然。时与老僧三四，援萝附葛，穷险洞幽。云蒸霞蔚，山鸣谷应。情不及赏，目不及览，真有遗世独立之致。与言道，则有默庵法师，实能达玄郭之宗，发挥幽旨，令世人闻所未闻。矧此地为应真所宅圣道场地！贫道于此，淡然忘归，有终焉之志。不识岳神能与坐具地否？阴雨弥月，北望黄河，诵《瓠子》之讴，未尝不作化龙抗潮想也。近作《山行》一首，颇能生独往之怀，第以不胜石门道人之作为愧耳。特用娑罗树叶，缮呈元览，即希郢削。"（光绪十四年）⑤

---

① 默庵：《衡北大罗汉寺中兴记》，《海潮音》⑥（1922年第三卷第7—12期），上海古籍出版社2003年版，第603页。

② 默庵：《福严寺长明灯记》，原文刊载于1922年《海潮音》第三年第十一、十二期合刊"文苑"，见《海潮音》⑥（1922年第三卷第7—12期），上海古籍出版社2003年版，第604页。

③ 默庵：《衡北大罗汉寺中兴记》，原文刊载于1922年《海潮音》第三年第十一、十二期合刊"文苑"，见《海潮音》⑥（1922年第三卷第7—12期），上海古籍出版社2003年版，第603页。

默庵：《少颠上人书〈华严经〉叙》，原文刊载于1923年《海潮音》第四年第二期"文苑"，见《海潮音》⑦（1923年第四卷第1—6期），上海古籍出版社2003年版，第243页。

④ 空也：《先师翁智嶰上人传》，《海潮音》③（1921年第二卷第1—6期），上海古籍出版社2003年版，第369页。

⑤ 敬安：《八指头陀诗文集》，岳麓社1984年版，第452页。按：陈伯严即陈三立。

光绪十六年（1890），年五十二。淡云禅师与其弟子妙见等人发现了唐代高僧石头希迁的墓塔遗址以及唐宰相裴休所书《见相塔碑》，遂应请作《重修智海无际禅师见相塔铭并记》（见《附录》）。

《南岳淡云禅师传》："师上首妙见大师，苦行第一，于杀柴次，见一石塔埋荒草中，疑为迁祖塔，归白师，师始不以为然。光绪庚寅，四川马福臣君游南岳，问道默公与师。一日，自福严归大善，谓默公曰：'余游山次，遥见石塔，趋视无字，必古高僧塔，愿任修复。'乃与妙师荷锄而往，掘出一石碑，其上镌云'见相宝塔'，师方知真为迁祖塔也。"①

（默庵）《重修智海无际禅师见相塔铭并记》："光绪十六年，龙集上章摄提格无射月，蜀道江马公福臣，与大善寺僧知非、靖禅、庄严、缘熠、智嶦、浣哉，荷锹迹之，得唐宰相裴休所书《见相塔碑》，字书遒劲。"②

秋杪，游星沙，禅人卜安议修《乘云宗谱》，撰《重修乘云宗谱叙》。

（默庵）《重修乘云宗谱叙》："宗以乘云名，志处也。系济宗，讹也；系洞宗，讹也。夫慈悲与拔，宗不必五，必五殆自夷其宗也。按《回雁峰纪略》：弘宣与千岁宝掌和尚为友，同礼达磨得法，弘宣分化湘东，居雁峰乘云寺，为乘云初祖。二十一传而至理念，以其寺让云鹫德继居之，始辟洞宗。理念别建五林，以居其徒。夫济宗、洞宗肇自有唐，旧未有也，人以乘云始祖弘宣缪为义玄之徒，盖弗考耳。光绪庚寅（公元1890年）秋杪，余游星沙，禅人卜安议修乘云宗谱，恳余董其事，余着唯持恭照御藏《传法正宗记》及乘云旧谱编修，且订其讹，而正其宗传，以酬禅人之请。传乘云宗第三十五世

---

① 空也：《南岳淡云禅师传》，《海潮音》⑦（1923年第四卷第1—6期），上海古籍出版社2003年版，第239—240页。

② 默庵：《重修智海无际禅师见相塔铭并记》，石碑现存南岳，碑文由南岳佛教协会田彦先生提供。

默庵上仁识于南岳祝圣寺之万古不磨。"①

光绪二十一年（1895），年五十七。与淡云、宝池禅师共同募资重修南岳大善寺。

《南岳仁禅师传赞》："南岳大善寺，唐以上精蓝也，久鬻于邻，续而宇之，仿彻悟禅师遗矩，十方栖者，至不能容。"②

《募兴大善十方丛林记》："僧创伽蓝，弗私庇也，期福苍生也。玉帛之施，土木之役，胡足言福，召福者，心也。夫心也者，妙万有而言之也。大觉氏特惠其出入无时，靡知其乡，乃辟檀度之门，启信向之路，使之从因克果，越二死海，建三德岸而后已。衡霍为峰七十二，为伽蓝三千六伯有奇，大善其一也。大善为陈思禅师唱道之地，国初没于民。光绪建元，王君哲堂、饶君少甫，慨而赎兴之。二君为江右名望，梵行精纯，深入佛海，洵乘智愿力，现居士身，弘护佛法者也。谨按其捐施镌之贞石，以志其功德不朽。总经则默庵、淡云、宝池诸老也。经理则慈意、普惠、妙见、三智、悟真、双修、戒淑、修元、靖禅、庄严、缘熠、自真、牧云、妙果、道楷、道亨、德鉴、上乘、梵熠、圆镜、智观、士耀、金隆、朗静、福安、梵宇、华岳、颠西、庆堂、觉否、超灵、超果、超有、天申、果茂、惠政、智嶒、浣哉、僧晋、智业、僧旻、三善、道荫、智山、□律、清鉴、风叶诸师也。

一捐赎寺及装诸佛金身等项，计缗钱三伯串有奇。

一捐买海字十七区楼方冲额租壹伯零八硕，计缗钱壹仟叁伯二十八串，经淡云等禀请邑侯李公友兰立案，永禁典售及佃民私顶据耕等弊。

一捐修藏经阁、方丈、祖堂、功德堂、库房、厨房，计洋银四伯圆。

---

① 默庵：《重修乘云宗谱》，湖南省图书馆藏手抄稿本。
② 罗杰：《南岳仁禅师传赞》，《海潮音》⑥（1922年第三卷第7—12期），上海古籍出版社2003年版，第321页。

一自光绪庚寅至癸巳每年伙斋供及诸师衣单钱，计二伯串有奇。光绪二十一年孟冬月。释悦彬书石。"①

光绪二十二年（1896），年五十八。在南岳祝圣寺讲《楞严经》《生无生论》。

《南岳天然法师》："当光绪丙申之暮春也，诣上林寺樵道人前受具戒。旋逢默庵法师讲《楞严经》及《生无生论》于祝圣寺，师乃奋志深穷，豁然有悟。"②

是年在南岳结夏时讲《楞严经》，徒众请疏解补注，遂以四月十五日命笔，用三个月的时间撰成《楞严经易知录》。

《楞严经易知录序》："何处非如来藏也，人固迷之，此《大佛顶首楞严经》所由说也。一音演唱，理无通塞，人固昧之，此唯悫诸师疏解所由作也。夫台贤并美，性相双收，登群玉山头琳琅错杂，入万华谷里锦绣争妍，则又无尚文句矣。光绪丙申（公元1896年）结夏衡霍，与二三子提唱《楞严》。诸子以文句义详，而释经则点示而已，唱高和寡，徒咨彷羊，请以诸疏解补注，便初学也。余曰可以。四月十五日命笔，越三月而告成。辑草则澄空观师、道阶贱师，书简则佛乘圆师、怀虚皈师，正讹则悦彬文师、德安宗师。经言诸布施中法布施最为第一，则诸师之功德讵不大哉。南岳祝圣寺沙门释默庵撰于万古不磨之首楞严万行关中。"（后盖黑印章二枚，上"南岳祝圣"，下"默庵杲仁"）③

---

① 《募兴大善十方丛林记》，碑存南岳大善寺。
② 善因：《南岳天然法师传》，《海潮音》②（1921年第二卷第1—6期），上海古籍出版社2003年版，第104页。又见杨慧镜居士辑录：《近代往生传》，台中莲社1996年印行，第31页。
③ 默庵：《楞严易知录》，湖南省图书馆藏1919年刻本。《楞严易知录序》原文刊载于1920年《海潮音》第一卷第四期，见《海潮音》①（1920年第一卷第1—6期），上海古籍出版社2003年版，第599页。

南岳祝圣寺心月上人拓印常州天宁寺本《五百罗汉像》，嵌刻于祝圣寺墙壁间，为成而卒，其徒惠安续成其事，是年竣工。

作《二刻五百阿罗汉叙》①（见《附录》）。

（默庵）《二刻五百阿罗汉叙》："阿罗汉石碑，向刻奉常州天宁寺，遭发逆毁尽，湖南心月上人，以旧拓本初刻于衡岳祝圣寺，复拟刻供江浙名刹，无何，以疾卒。妙见大德以其志不可没，乃勉其徒惠安继而刻之。经始于光绪甲午（1894年）秋，越丙申（1896年）夏而工竣。"②

光绪二十三年（1897），年五十九。南岳祝圣寺海岸禅师示寂。作《海岸禅师塔铭并叙》③（见《附录》）。

光绪二十四年（1898），年六十。是年正月撰《续人天宝鉴》，五月完稿。

《续人天宝鉴跋》："心也者，妙万物而言之也。以其不有，故曰真空；以其不无，故曰妙有。然则出入有无，而无有无可得者，其惟大圣欤。后之学者，不滞有则胶无，求其割然神解、绝诸畛域者，盖寥寥也。苟妙悟诸心，在儒必为真儒，在释必为真释，在道必为真道，否则未免流入邪僻，指驴为马，唤鞍作阿爷颔矣。汉皋济生堂诸君，虑佛法陵夷，心宗失绪，思有以振之，属归元寺方丈心青、副寺昌宏遣僧来岳，勉辑《续人天宝鉴》。余方卧疾祝圣，却之不获，以戊戌（公元1898年）正月人日属草，越五月十八阁笔。缮校则宗印、慧明、寄云、道亨、凤禅、云朗、妙观、教演、慈愍、超海、觉圆、智嶝、智生诸子也。篇部可否，传记繁简，尚俟心、昌两公定

---

① 碑文现存于南岳祝圣寺罗汉堂墙壁。
② 默庵：《二刻五百阿罗汉叙》，现存南岳祝圣寺墙壁间。石刻碑文由南岳佛教协会田彦先生提供。
③ 默庵：《海岸禅师塔铭并叙》，原文刊载于1922年《海潮音》第三卷第九期，见《海潮音》⑥（1922年第三卷第7—12期），上海古籍出版社2003年版，第322页。又：海岸禅师墓塔地点在今南岳磨镜台上方一百余米，与怀让祖师最胜轮塔相邻。

之。夫不以心其心，而以佛为心，人寒我寒，人饥我饥，人病我使，人罪我陷，非荷灵山记莂，其孰能与此。余于济生诸君深有颂焉。光绪二十四年五月第十襃洒陀日南岳释默庵撰。"①

是年游宁波，为宁波七塔寺僧众讲《法华经》，虚云禅师为附讲。

《虚云和尚自述年谱》："光绪二十四年戊戌（一八九八年），五十九岁。春初，在阿育王寺。因宁波七塔寺铸大钟，归依老和尚本来和尚，请默庵法师讲《法华经》，来阿育王寺，请予附讲。遂往宁波七塔寺。经毕，往宜兴铜棺山，结茅蓬过年。"②

是年因年迈而生平著述尚未缮正，徒孙智嵑法师在湖北归元寺，乃命智嵑法师回南岳，任抄誊之责。

（空也）《先师翁智嵑上人传》："（光绪）戊戌，高祖（默庵）以年迈，不久尘世，而生平著述，尚未缮正。乃书召上人回岳。时归元僧众，再三坚留，上人以祖命不可违，如是别汉而湘矣。日为高祖抄誊诸稿，如《楞严易知录》、《教观纲宗释义纪》、《续人天宝鉴》，今得流通中外，皆上人之力也。"③

光绪二十八年（1902），年六十四。在大善寺。是年春，以寺务付上首，并捐赠藏书、冬服。入冬后，示微疾，一心念佛，绝去饮食，遂以十二月二十三日示寂。门人安骨于南岳山腰金鸡林。世寿64岁，僧腊45年。

《南岳仁禅师传赞》："壬寅春，以寺务付上首，其藏书及冬服，皆以捐赠，且曰：'吾将西归矣。'其冬，持念佛七，不餐段食，惟

---

① 默庵：《续人天宝鉴》，清光绪二十四年（1898）刻本；又抄本，藏湖南图书馆。
② 净慧主编：《虚云和尚全集》第五册《年谱》，中州古籍出版社2009年版，第29页。
③ 空也：《先师翁智嵑上人传》，《海潮音》③（1921年第二卷第1—6期），上海古籍出版社2003年版，第370页。

饮大悲水，旬有四日，定中见七宝池、八功德水。未几，示微疾，却医药，一心念佛，令眷属轮念以助，或日诵大乘经二度。嘉平朔绝粒，已而绝饮，虽常常吉祥而卧，日必再起念佛，或（听）听诵经典。一日，睹阿弥陀佛，白光炯炯，遂向西端坐，命去棉衲。或以寒甚难之，师曰：'吾将弃此易珍衣耳。'徐问何谓解脱，左右皆不契，师笑曰：'不如学斋公斋婆，老实念佛去。'已而自吟：'一腔菩萨愿，难与昧者言。'时木鱼声急，师令停击，但同念'南无阿弥陀佛'声一百五六十，合掌而寂。时光绪二十八年十二月十三日也。既数时矣，头竖热蒸，然竟体棉软。安骨于南岳山腰金鸡林，世寿六十有四，僧腊四十有五。"①

附：

默庵法师著述目录

著有《法华便蒙解》《楞严易知录》《教观纲宗释义纪》《金刚经刊定记会本》《唯识劝学篇》《续人天宝鉴》《阅藏日记》《近僧纪略》，诸书均已刊行。

1. 《楞严经易知录》十卷，1919年刻本。
2. 《教观纲宗释义纪》三卷，清光绪二十七年（1901）龙城邓在达刻本。
3. 《重修乘云宗谱》八卷，抄本，藏湖南图书馆。
4. 《续人天宝鉴》十卷，清光绪二十四年（1898）刻本；又抄本，藏湖南图书馆。
5. 《清僧纪略》。（1922年《海潮音》第三年第十期"传记"，第1—3页。）
6. 《法华便蒙解》
7. 《金刚经刊定记会本》

---

① 罗杰：《南岳仁禅师传赞》，《海潮音》⑥（1922年第三卷第7—12期），上海古籍出版社2003年版，第321页。

8. 《唯识劝学篇》

9. 《阅藏日记》

另有文 12 篇，诗 1 篇。（见《附录》）

二　法脉流传

《南岳仁禅师传赞》云："南岳为思大禅师及让祖、迁祖道场，代产贤眷。清康熙时，有频吉祥禅师者，以说法有声当世，其所著《法华授手》，实为一乘心灯。衰歇百有余岁矣，同光之际，师以悲愿中兴南岳，荆扬以南，饱濡甘露，游其门者，率一时龙象。明果、佛乘、德安、可良、自真、道阶、常西、梵宇、悟道、德堂之伦，或以说法见称，或以行解兼擅。空也大师以师本行征文于仆，其孙智崿之再传高第也。衣衣相续，可谓难能也。"①

太虚大师在为默庵弟子道阶法师所做的传记中也说："默庵法师乃湘僧近百年来最有学行者，尤善天台、慈恩宗义，慈恩宗义重光震旦，公（道阶法师）与默庵法师为力亦多也。默庵师范南岳祝圣寺，从学者常数百人，今湘中法师大都出其门下。"②

（一）有传记资料可查的弟子六人（一传）

1. 道阶法师

法名常践，字道阶，号晓钟，别号八不头陀。湖南衡山人，俗姓许。同治九年（1870）生。光绪十五年（1889）二十岁时出家。礼衡州东一堂智胜寺真际和尚为师，又从耒阳金钱山碧崖律师受具足戒。后移住岐山仁瑞寺，从八指头陀寄禅大师参禅，闭关二载而有悟。大约在光绪十九年（1893）左右，默庵法师寄书给他说："参禅与教观，皆宜深究。吾老矣，传未得人，俟汝出关，尽可传授。"遂至南岳从学于默庵法师。"遂从默公阅大藏经，学台、贤、慈并律、禅、净各宗奥旨。一日坐次，默公云：'今之山河大地，高下不平者，实是我心不平。若心平，一切山河大地皆平。'随默公语声，得大彻悟，回顾禅教诸宗典籍，廓然一贯，口有所

---

① 罗杰：《南岳仁禅师传赞》，《海潮音》⑥（1922 年第三卷第 7—12 期），上海古籍出版社 2003 年版，第 322 页。

② 太虚：《南岳道阶法师小传》，《太虚大师全书》第 31 卷，宗教文化出版社 2004 年版，第 127 页。

辩，如流水之莫御矣。"① 光绪二十一年（1895）二十六岁时，"遂开讲《法华经授手》于衡州西禅寺，学徒盈室，日讲不暇。旋在永兴县龙角山讲天台教观，并注《心经玄义》详略各一卷证之。默公呵之曰：'注书一事，谈何容易！古人数十年用心，只得一二部。……汝年未及，言不足法，……戒力不坚，龙天不护，即著书行世，亦是世间狂慧，与了生脱死，全无关属。……'师听毕，毛骨为悚，每日只静默看经，不敢他涉。"②

道阶法师在默庵法师门下系统学习经论，奠定了坚实的佛教义学基础。太虚大师在《南岳道阶法师小传》中说："公（道阶法师）既深入默庵之堂奥，复遍览大藏，咨参寄禅安诸名宿，道誉隆起。""佛历二九二八年，住持金钱山报恩寺，公（道阶法师）追溯源流，乃奉碧崖老人、默庵法师、寄禅安和尚为得法师。"道阶法师经过在南岳系统学习后，学力大进，其后讲经说法，无不纵横如意，为当时的僧俗二界所钦仰。"国中士大夫咸颂之曰晓钟，谓公（道阶法师）之说法，如破晓霜钟能惊觉人之甜梦也。"③ 自离开默庵门下后，道阶法师先后担任衡阳罗汉寺、雁峰寺、南岳上封寺等处教授师，并任耒阳金钱山住持，又受请至宁波天童寺、七塔寺等处讲《成唯识论》等经论，并迎请清乾隆《龙藏》大藏经到耒阳金钱山。期间还与寄禅法师等人共同组织"僧教育会"以保护庙产，并游历印度、南洋等地，迎请大量珍贵佛教法物回国。

道阶法师对中国近代佛教的复兴有重大贡献。民国元年（1912），道阶法师时任北京法源寺住持，恰逢寄禅大师组织成立"中华佛教总会"，总部机关即设立于北京法源寺，寄禅大师任总会长，道阶法师则任机关部理事长，二人共同为振兴中国佛教事业而奋斗。寄禅大师为佛教事业殉身后，道阶法师亲送灵骨回宁波天童寺安葬。民国二年（1913），与梁启超、严复等人发起组织"佛诞二千九百四十年纪念大会"。民国三年（1914），在北京法源寺创办"法师养成所"培养僧才。民国八年

---

① 邵章：《道阶法师行述》，载《七塔寺志》，《中国佛寺志汇刊》第一辑第15册，台湾明文书局1980年印行，第139页。
② 同上书，第139—140页。
③ 太虚：《南岳道阶法师小传》，《太虚大师全书》第31卷，宗教文化出版社2004年版，第126、127、128页。

（1919），在法源寺发起为欧战阵亡将士建三年普济水陆道场。民国十年（1921），任佛教赈济会总务长，为北方五省灾民募集赈济款项。民国十二年（1923），与熊希龄等人发起组织"佛诞二千九百五十年纪念大会"。民国十四年（1925），赴日本参加"东亚佛教大会"，被推举为副会长。民国十七年（1928），第二次赴印度、南洋等地游览考察，不幸于当年二月一日在南洋怡宝三宝洞去世。世寿六十有五，僧腊四十有六。

道阶法师一生的佛教事业中，除了"保教兴教"之外，最为人称道的是组织编撰《新续高僧传》。《新续高僧传》在体例上继承梁代慧皎撰《梁高僧传》、唐代道宣撰《续高僧传》、宋代赞宁撰《宋高僧传》，分为四集六十卷，由道阶法师倡议并组织修撰，衡阳人喻谦（号昧庵）具体主持修撰，约民国九年（1920）到十二年（1923）完成于北京法源寺。

道阶法师的传记资料，见《太虚大师全书》中的《南岳道阶法师小传》①，以及《七塔寺志》中邵章撰《道阶法师行述》②。

2. 常西法师

法名宏宗，字真如。湖南衡阳人，俗姓刘。年十九往衡山南峰寺出家，受具足戒于祝圣寺。时默庵法师在祝圣寺任教授师，对他十分器重，命他在寺中担任职事。常西法师后来游历各地，在宁波七塔寺受慈运长老心印，为报恩堂第四十二支正宗。在默庵法师的晚年时期，他随默庵法师驻锡大善寺，服役最勤，劳绩最著。民国初年，他被大善寺僧众推举为默庵法师的继承人，任大善寺住持。其后与道阶法师游历五台山，并由北京南下回到宁波七塔寺任住持。民国二十五年（1936）十二月十三日，示寂于宁波七塔寺。世寿六十有九，僧腊五十。

常西法师的传记资料，见《七塔寺志》中陈寥士撰《常西上人传》③。

3. 德堂法师

字天然。湖南清泉人，俗姓刘。生于清代同治年间，幼年聪颖，随叔

---

① 太虚：《南岳道阶法师小传》，《太虚大师全书》第31卷，宗教文化出版社2004年版，第126—131页。

② 邵章：《道阶法师行述》，载《七塔寺志》，《中国佛寺志汇刊》第一辑第15册，台湾明文书局1980年印行，第137—145页。

③ 陈寥士：《常西上人传》，载《七塔寺志》，《中国佛寺志汇刊》第一辑第15册，台湾明文书局1980年印行，第150—151页。

父读书于灵鹫寺。有出世之志。二十三岁时,随南岳磨镜台海岸长老出家。光绪二十二年(1896),默庵法师在南岳祝圣寺讲《楞严经》《生无生论》,德堂法师随众听讲,豁然有悟,遂以修"无生观"为常课。光绪三十一年(1905),游历浙江,在宁波阿育王寺、天童寺等地邂逅寄禅法师。光绪三十二年(1906)回到湖南,受点石尊美长老礼请为僧众开讲《四分律》等经论。光绪三十三年(1907)春,又往宁波礼拜舍利。一年后,南京毗卢寺聘为住持。"寻以民国光复,岳中禅德,再函请归,教育后进,宣扬佛化。师乃慨然归来,以生平所蕴蓄,尽力阐发,育我同人。"① 民国元年(1912)去世于南岳山中,世寿三十九,僧腊十八。

德堂法师的传记资料,有善因撰《南岳天然法师传》,刊载于1921年《海潮音》第2卷第1期"史传馆"②。

4. 明果法师

湖南湘阴人,俗姓不详。年二十六出家,从邑中达摩山东林长老剃度并纳具足戒。参礼恒志禅师和默庵法师,对佛教义理有了初步的理解。后游历扬州天宁寺,谒见青光禅师;又往浙江天目山,谒见晓游长老,在晓游长老的启发下确定了"禅净双修"的宗旨。后为镇江金山寺首座。返湘后为衡州西禅寺方丈,"师庄严百废,宏经善众,号为中兴"③。历主湘阴神鼎寺、长沙万福禅林等湘中名刹,晚年退居长沙白霞寺,专修净土。民国七年(1918)五月逝世,世寿六十有七,僧腊三十有九。

明果法师的传记资料,有罗杰撰《明果大师往生传》,刊载于1922年《海潮音》第3卷第9期"传记"④。

5. 佛乘法师

默庵门下著名弟子,义学精通,同辈称为"义虎"。佛乘法师是湖南桂阳人,俗姓彭。他童年时就在家乡的小庙出家,对佛教义理表现出过人

---

① 善因:《南岳天然法师传》,《海潮音》②(1921年第二卷第1—6期),上海古籍出版社2003年版,第105页。
② 同上书,第104—105页。
③ 罗杰:《明果大师往生传》,《海潮音》⑥(1922年第三卷第7—12期),上海古籍出版社2003年版,第323页。
④ 同上书,第322—323页。

的理解,"总角入道,岐嶷不凡,示以了义,辄能了解"①。稍微长大后,他听说衡阳岐山的"道风"很盛,遂离开家乡小庙往岐山求学。在衡阳时,他遇到了道阶法师,并在道阶法师的指引下前往南岳求师。"嗣道阶法师指往南岳,亲炙默庵老人。一见器之,除寻常教以经义外,又口授唯识。服勤数载,性相俱彻,同侪称为义虎。"② 佛乘法师在默庵法师的指导下,在佛教唯识学领域取得了一定成就。在默庵门下学成后,佛乘法师应各处寺院之请宣讲经义,随缘化导,居无定所。民国十一年(1922)年,佛乘法师受请住持南岳祝圣寺,在寺创办僧学及佛学讲习所等机构。民国十二年(1923),退居南岳福严寺,于当年十月十二日示寂。世寿五十一,僧腊四十。

佛乘法师的传记资料,见《近代往生传》中撄宁撰《南岳福严寺佛乘法师》③。

6. 道亨法师

名宏达,字道亨。湖南衡阳清泉县人,俗姓陈。弱冠时,投衡州东一堂智胜寺真际禅师出家,后在衡州罗汉寺从寄禅法师受具足戒。"出堂后,往南岳参默庵老法师,一见知非凡器,教以止观法门,复传曹溪微旨。自后芒鞋竹杖,周游名山,遍访宗匠。"④ 在宁波七塔寺参学慈运长老,受其厚遇。又在宁波天童寺参学寄禅法师,叩以禅机,深有所得。期间又返回南岳,在祝圣寺潜心自修。民国三年(1914),被选任为宁波七塔寺住持,在寺时"内肃清规,外严佛事,增造斋堂、云水堂、大寮等,建设殊多,功绩逾恒,一时称为法门特色"⑤。民国七年(1918),圆寂于宁波七塔寺。

道亨法师的传记资料,见《七塔寺志》中谛闻撰《道亨法师传》⑥。

---

① 撄宁:《南岳福严寺佛乘法师》,载杨慧镜居士辑录《近代往生传》,台中莲社1996年印行,第52页。

② 同上。

③ 同上书,第52—53页。

④ 谛闻:《道亨法师传》,载《七塔寺志》,《中国佛寺志汇刊》第一辑第15册,台湾明文书局1980年印行,第149页。

⑤ 同上书,第150页。

⑥ 同上书,第149—150页。

（二）有传记资料可查的徒孙三人（二传）

1. 僧晋法师名宏宾

字僧晋。湖南永兴县人，俗姓宋。三岁丧父，二十岁时经母亲同意，来到南岳极乐堂出家为僧。拜默庵法师的弟子觉否上人为师，默庵法师为其师祖。"默公以宏法名东南，门风高峻，师以失学故，艰于讲习。默公曰：'舍俗出家，或禅或教或苦行，尔宜自择其一。反是者，非吾徒也。'师毅然请以苦行自任。"① 受具足戒于祝圣寺淡云禅师，又参礼耒阳金钱山碧崖律师。光绪十七年（1891），朝礼普陀山，留居宁波七塔寺，辅佐慈运长老管理寺院，艰苦经营达四十余年。光绪二十四年（1898），兼任铜盆浦白龙庵住持，民国时改名为龙圣寺。

僧晋法师的传记资料，见《七塔寺志》中无住撰《僧晋首座禅行略》②。

2. 僧睐法师

名宏灿，字僧睐。《七塔寺志》称其为"湘省柳县人"，疑有误，应为湖南省永兴县人。他是僧晋法师的堂兄，二十四岁时，与僧晋法师一同出家，拜觉否上人为师，默庵法师为其师祖。僧睐法师与僧晋法师虽是默庵的徒孙，但他们都从默庵那里受到直接的教导，并协助默庵处理各种佛教事务。《七塔寺志》中的《僧睐老和尚传》称："（僧睐）亲近默庵老法师座下，为嫡亲师公。听讲经义，有所心得。募刊《楞严易知录》行世。祝圣、罗汉等诸大名刹，充当纲领要职，其为人刚正，处事严厉，时号'僧睐铁匠'。"③ 后参访长江一带名山大刹，朝礼普陀，辗转来到宁波七塔寺。在七塔寺，他受到了慈运长老的器重，协助慈运长老处理寺务。民国七年（1918），担任七塔寺住持，建造慈祖塔院，改修天王殿，寺院面貌焕然一新。晚年回到湖南，任衡阳岐山仁瑞寺住持。民国十一年（1922）五月去世，世寿五十九。

---

① 无住：《僧晋首座禅行略》，载《七塔寺志》，《中国佛寺志汇刊》第一辑第15册，台湾明文书局1980年印行，第131页。

② 同上书，第130—132页。

③ 溥常：《僧睐老和尚传》，载《七塔寺志》，《中国佛寺志汇刊》第一辑第15册，台湾明文书局1980年印行，第148页。

僧睃法师的传记资料，见《七塔寺志》中溥常撰《僧睃老和尚传》①。

3. 智嵣法师

名唯持，字智嵣。湖南衡山人，俗姓戴。咸丰八年（1858）生。喜读书，父母早丧，弃儒业工。光绪六年（1880）二十三岁时投南岳祝圣寺出家，拜巅西上人为师。巅西上人是默庵法师的弟子，他由此而成为默庵的法孙。智嵣法师也受到了默庵法师的直接指导。智嵣的弟子空也在《先师翁智嵣上人传》中说："光绪庚辰，投南岳祝圣寺礼高祖默老之上首巅西开士而披剃焉。是冬纳具于湖北归元寺。辛巳返岳，随侍高祖（默庵）之江西娄山，听讲《佛说阿弥陀经疏钞》，日侍座下，咨决妙义，于念佛法门，深有心得，乃一志净土而力行之。"② 智嵣法师长期辅佐默庵法师，在默庵法师住持衡阳大罗汉寺和弘法南岳祝圣寺期间，随侍左右，尽心尽力。"（光绪）甲寅，高祖（默庵）主席衡州大罗汉寺；戊子，宏法祝圣寺，与夫中兴大善寺；上人皆竭力侍之。高祖机锋敏捷，规矩森严，间有违犯，必痛责之，上人无不顺受。"③ 智嵣法师后来去湖北归元寺任书记，光绪二十四年（1898），默庵法师因年老，乃命智嵣法师返回南岳，负责整理、缮写自己的生平著作。光绪二十八年（1902）默庵去世时，智嵣随侍左右，为其念诵佛经。光绪三十年（1904）五月，因心气痛病在南岳去世。世寿四十七，僧腊二十五。生平著作有《弥陀疏钞演义会本》《列祖警训》《珍林摘要》等。弟子有空也等人。

智嵣法师的传记资料，见空也撰《先师翁智嵣上人传》，刊载于1921年《海潮音》第2卷第3期"史传馆"④。

（三）有传记资料可查的第三代弟子1人（三传）

1. 空也法师

空也（1885—1946），俗姓向，湖南衡山白莲乡人。幼年随母亲出

---

① 溥常：《僧睃老和尚传》，载《七塔寺志》，《中国佛寺志汇刊》第一辑第15册，台湾明文书局1980年印行，第147—149页。

② 空也：《先师翁智嵣上人传》，《海潮音》③（1921年第二卷第1—6期），上海古籍出版社2003年版，第369页。

③ 同上。

④ 同上书，第369—370页。

家。据《南岳仁禅师传赞》说："空也大师以师（默庵）本行征文于仆，其孙智嵝之再传高第也。衣衣相续，可谓难能也。"① 则空也为智嵝的弟子，智嵝则是默庵的法孙，故空也于默庵为三传弟子。空也在《先师翁智嵝上人传》中说："光绪庚辰，投南岳祝圣寺礼高祖默老之上首颛西开士而披剃焉"②，则智嵝之师为颛西。根据以上文献梳理，可知从默庵到空也的世系为"默庵—颛西—智嵝—空也"。

空也虽是默庵的三传弟子，但他与默庵的关系也十分密切。空也去世之后，南岳各界为悼念空也所做的《南岳空也老法师行状》中说："太师祖默庵，精娴儒释，缔交李方伯次青，呼誉义虎。师（空也）之琢磨锤炼，胥默老人力多也。"③ 由此可见，默庵是空也的"太师祖"，而空也就是在这位"太师祖"的"琢磨锤炼"之下成长起来的。

空也在默庵的教育和指导下，迅速成长为中国近代佛教界的著名高僧。宣统三年（1911）辛亥革命前后，空也在南岳祝圣寺创办天台宗学校，亲主校事。民国十一年（1922），太虚大师创办武昌佛学院，空也应聘为都讲。民国十三年（1924），任北平弘慈佛学院主讲。在北平期间，曾任法源寺住持。民国二十二年，在长沙居士林讲《楞严经》，并编成讲义。次年移驻湘潭，著《金刚经密义解注》。民国二十四年（1935），在衡山清凉寺传律，受戒者三百余人，轰动一时。民国二十五年（1936），任南岳祝圣寺住持。抗战期间，与太虚大师、虚云禅师等人共同艰苦维持佛教，并屡次拒绝日本侵略者的"慰问"，维护了民族气节。民国三十三年（1944），被湖南省政府任命为"南岳忠烈祠保管"，历经艰苦，保存了南岳忠烈祠的文献。抗战胜利后，在南岳福严寺为死难将士建"七七大悲无碍法会"。因积劳成疾，于民国三十五年（1946）二月去世。世寿六十一岁。著作有《首楞严经讲义》《金刚波罗蜜经讲义》《盂兰盆会讲义》等，另有诗文多篇，散见于《海潮音》

---

① 罗杰：《南岳仁禅师传赞》，《海潮音》⑥（1922年第三卷第7—12期），上海古籍出版社2003年版，第322页。

② 空也：《先师翁智嵝上人传》，《海潮音》③（1921年第二卷第1—6期），上海古籍出版社2003年版，第369页。

③ "南岳各界追悼空也法师筹备委员会"刊印：《南岳空也老法师行状》，《海潮音》㊵（1946年第27卷第1—12期），上海古籍出版社2003年版，第405页。

杂志。

空也法师的传记资料，见"南岳各界追悼空也法师筹备委员会"刊印的《南岳空也老法师行状》，刊载于1946年《海潮音》第27卷第5期①。

三　默庵法师生平及贡献

依据以上所编年谱，可以比较清晰地了解默庵法师一生的行年事迹和他对中国近代佛教事业所做出的贡献。默庵法师的生平，可以大致分为以下几个阶段：

（一）在家生活阶段

这一阶段从默庵出生到20岁出家为止。时间是从清道光十八年（1838）到咸丰六年（1856）。默庵法师出生在衡阳县一户周姓的儒生家庭中，不幸父亲早亡，由母亲抚养长大。他从小就表现出过人的天赋，在私塾读书时，以文章见长，私塾老师对他有很高的期望。但他17岁在南岳雁峰寺抄写《金刚经》时，就对佛教义理有了朦胧的兴趣，开始有出家为僧的愿望。

（二）出家学习阶段

这一阶段从默庵出家到离开南岳为止。时间段是从咸丰七年（1857）到同治二年（1863），默庵20岁到25岁。默庵出家后，先后投拜三位师父，分别是南岳南峰寺的普照禅师、南岳祝圣寺的自量禅师和郴州苏仙岭的法云禅师，其中以法云禅师对他的影响最大，他在法云门下"深入教义，儒书亦以贯通"②，极大地拓展了知识范围，为成长为一代名僧奠定了基础。这一时期，他还和淡云禅师一起隐居在南岳己恭岩修炼苦行，锻炼身心。

（三）游历参学阶段

同治三年（1864），默庵结束在南岳己恭岩的苦行修炼，北上至山西五台、北京龙泉寺，南下到南海普陀、镇江金山、焦山等地，参访名

---

① "南岳各界追悼空也法师筹备委员会"刊印：《南岳空也老法师行状》，《海潮音》㊵（1946年第27卷第1—12期），上海古籍出版社2003年版，第405页。

② 罗杰：《南岳仁禅师传赞》，《海潮音》⑥（1922年第三卷第7—12期），上海古籍出版社2003年版，第321页。

宿，朝礼圣迹。在这段游历活动结束以后，他返回南岳福严寺阅读三藏，同治五年（1866），他经过衡阳的岐山仁瑞寺，并迎请恒志禅师住持仁瑞寺。在同治五年（1866）前后，他似乎在衡阳的罗汉寺、龙泉寺紫云峰、岐山仁瑞寺等处修行了很长一段时期，《南岳仁禅师传赞》云："返居福严，殚精三藏，再易寒暑，既而闭关于罗汉、龙泉，护关于紫云峰，都监于恒志，再造之岐山，榔栗所经，缁流失智。"① 但具体年月已无法确定。光绪元年（1875），他再次出游，在"扬子江头"（镇江金山）邂逅著名诗僧八指头陀，次年返回南岳。默庵法师的这段游方和参学经历，无疑开阔了他的视野，也增进了他对佛教历史和现状的了解。

（四）南岳弘法阶段

从光绪二年（1876）到他生命的最后时期（1902），是默庵法师一生中最有光彩的阶段。默庵法师自光绪二年（1876）回到南岳后，在祝圣寺修"空观"而大悟，由此对佛教义理和世间学问的理解无不冻解冰释，融洽自如。所谓"空观"，应是指天台宗的"一心三观"，即由一念心而同时修"空、假、妄"三观。默庵法师晚年专讲天台学，应是以此为肇始。在这一阶段，默庵有时也应请去江西娄山、宁波七塔寺等地讲经，还短时期地在衡阳大罗汉寺担任过住持，但大部分时间都在南岳祝圣寺讲经弘法，培养湖湘僧才。太虚大师说："默庵师范南岳祝圣寺，从学者常数百人，今湘中法师大都出其门下。"可见默庵"南岳弘法"对湖湘近代佛教的重要作用。默庵的著作，也大都完成于这一时期。

（五）默庵法师的贡献

从默庵的生平经历来看，他对湖湘佛教的重要贡献主要有三点：

首先，他主持并倡议兴修了一批寺院，这些寺院先后成为湖湘佛教的重镇。众所周知，默庵生活于清代道咸到同光时期，这一时期正是太平天国运动兴起和衰落的年代，太平天国战争对湖湘佛教造成了很大破坏。八指头陀说，衡阳的岐山仁瑞寺"寺田千余亩，土豪觊觎之。咸丰间，粤

---

① 罗杰：《南岳仁禅师传赞》，《海潮音》⑥（1922年第三卷第7—12期），上海古籍出版社2003年版，第321页。

寇起，托充军饷，遂占其业，寺以颓废"①。默庵经过岐山仁瑞寺时，因其环境幽静，遂请恒志禅师居之，寺以中兴。岐山仁瑞寺的"中兴"，默庵法师是有首倡之功的。其后他又与淡云禅师等人倡修南台寺、大善寺等寺院，使这些千年古刹重放异彩，奠定了近代湖湘佛教得以再次振兴的基础。

其次，他培养了大批僧才，其中一些人成长为近代中国佛教的领袖人物。默庵法师在中年以后，长期在南岳祝圣寺讲经。他深入经藏，尤长于天台教观和唯识法义，在他的熏陶培育下，南岳僧人中出现了许多近代佛教的"龙象"之才。他门下最著名的弟子是道阶法师，道阶法师曾长期担任北京法源寺住持，和寄禅法师一起组织"中华佛教总会"，并组织大型佛教活动，推动国际佛教交流，主持编撰《新续高僧传》，在近代中国疾风劲雨的时代危机中维护佛教地位，推动佛教进步和发展，对近代中国佛教事业有极为重要的贡献。他的三传弟子空也，早年也得到过默庵的指导，在民国年间成长为一代高僧和佛教领袖，创办南岳天台宗学校，住持北京法源寺，对近代天台学的复兴有重要贡献。此外，默庵法师还有一批弟子、法孙和宁波七塔寺和密切关系，如他的弟子常西、道亨，法孙僧睃等人，都先后担任过宁波七塔寺的住持，他们的传记也都保存在《七塔寺志》中。默庵法师的法脉，有一支是流传到了宁波七塔寺，这对浙江宁波一带的佛教有很大影响。

最后，他撰写了一大批著作，影响和推动了近代中国佛教"天台宗"和"唯识宗"的重兴。默庵法师精通三藏，博学多能，但他晚年最为注重的则是天台教观。他不但以天台宗的"一心三观"为修行指南，同时还著书立说，大力弘扬天台教义。在他的著作中，《教观纲宗释义纪》是阐释明代"四大高僧"之一蕅益智旭的《教观纲宗》，内容则是概述天台宗的教义；《唯识劝学篇》则是关于佛教"唯识宗"（也称"慈恩宗"）的教义阐述。太虚大师说："默庵法师乃湘僧近百年来最有学行者，尤善天台、慈恩宗义，慈恩宗义重光震旦，公（道阶法师）与默庵法师为力

---

① 敬安：《八指头陀诗文集》，岳麓书社1984年版，第465页。

亦多也。"① 东初老人在《中国佛教近代史》中也说："默庵法师乃湘僧中之硕德，精于天台、慈恩，慈恩宗义，重光中土，道公（道阶）与默老（默庵）功德最大。"② 在默庵的传人中，他的三传弟子空也法师是近代中国佛教"天台宗"复兴的重要人物。"现代佛教学术丛刊"主编张曼涛先生曾说："（近代天台宗）初则由谛闲法师开讲法筵于观宗，继则有空也法师弘讲四教于南岳，谛师门下出人甚多，且分灯于青岛，流脉于香江，台湾一地谈天台者，亦来自谛师一脉。空师门下出人虽不若谛师之多，然南（湖南）北（北平）两地之天台，可谓都由空师之倡导而来。"③ 按照张曼涛的观察，近代中国的天台宗有两支：一支是谛闲法师的"观宗寺"一脉，另一支就是空也法师的"南岳"一脉。空也在辛亥革命期间就在南岳办过"天台宗学校"，他对近代天台宗的提倡、复兴之功，与默庵对他早年的教导是分不开的。

默庵一生殚精竭虑，在清末湖湘佛教遭受重创、极为衰落的时期，努力兴修寺院，培养僧才，为近代湖湘佛教的振兴积蓄力量，储备人才，贡献可谓巨大。他的弟子后学，影响更辐射全国，演化出中国近代佛教中的"湘系佛教"一支。关于近代中国"湘系佛教"的重要性，黄夏年先生曾指出："中国佛教里面，湖南的湘系佛教是最重要的一支力量。不说远的唐宋时代跑江（西）湖（南）的佛教，就说近代以来，自从曾国藩率军攻打太平天国之后，湖南的佛教开始大规模的向外传播，先后影响了北方的北京与南方的江浙一带，……湘系佛教已经在全国范围内产生了重要影响。"④ "湘系佛教"是一个极为重要的概念，有助于考察近代湖南佛教和中国佛教的发展轨迹。关于默庵法师和近代湖南"湘系佛教"的内在关联，将有待于我们的进一步研究。

---

① 太虚：《南岳道阶法师小传》，《太虚大师全书》第31卷，宗教文化出版社2004年版，第127页。

② 释东初：《中国佛教近代史》，中华佛教文化馆1974年印行，第826页。

③ 张曼涛：《编辑旨趣》，载《天台典籍研究》，《现代佛教学术丛刊》第58册，大乘文化出版社1979年版，序第1页。

④ 黄夏年：《民国时期明真法师著作资料收集浅议——兼论近代湖南与南岳的佛教地位》，《佛学研究》2013年总第22期。

附录

默庵法师文 12 篇诗 1 首①

胡君已亭赎归岐山庵田并清佃债缘起记②

胡君已亭，蜀之安定人（《天下利病》："安定名筠达，四川州府属。"），性施廉。岁已丑，莅南省临蒸钱漕事，与缁氏古风大和尚善。明年尚遇恒志方外避迹岐山（岐山□），胡君概出箧三百金赎典清税。予闻至地不幸，得人则兴，岐山百有余年来，晨星寥落，一期饭虚，生所谓阿那含七十祖道得以源源不绝者，感胡君粒也。许玄度来，何慕昔日。浮图今如故，殆亦有前因存乎其间也哉。岁强圉单（于）孟冬月前布萨之五日，南岳真源谨述识其缘起于慕莲池。

同治六年十月二十六日，十方僧众公立。

本寺首座利贞捐花边贰佰元正。

功德碑③

岐山当清泉之胜，雁荡并焉，山旧有仁瑞寺，规模宏敞，朝暮梵呗之声响彻碧落，寺左右禅堂中可容四百指。咸丰初，法门遭蠹，堂宇毁。同治丙寅夏，恒志诸上人中兴其间，寺为小振。越四年，庚午，诸上善人以事星□无供，紫轩谭司马，楚之须达拏（梵语须达拏，唐言给孤独长者）也，概出金五百五十贯，为伊蒲馔。诸上人赖以相安。又越四年，癸卯，诸上人拓旧址构禅堂，司马偕霭卿、琴生两少君，复捐金一百五十贯为□。诸上人走书索言于余，因为之□其事。

同治十有二年六月十八日，南岳真源训于首楞严万行精舍。

---

① 《附录》部分的"默庵法师文 12 篇诗 1 首"，由湖南省图书馆古籍研究所侯永慧研究员收集整理，南岳佛教协会田彦先生提供了部分资料。

② 该文作于 1867 年。石碑现存湖南省衡南县岐山仁瑞寺。文载释登瑞主编《岐山仁瑞寺志》，第七章第二节"牌匾碑刻"，中国书籍出版社 2013 年版，第 175 页。

③ 石碑现存湖南省衡南县岐山仁瑞寺。文载释登瑞主编《岐山仁瑞寺志》，第七章第二节"牌匾碑刻"，中国书籍出版社 2013 年版，第 175 页。

方丈恒志、都监寿相、监院庆云、副寺清洁、知客道和、灵虚、库司诚意、普润、德清，十方诸师同刊石。

志老中兴碑①

寻阳西南多佳山水，唯岐为最。岐半蠹寺，曰仁瑞焉，有年矣。同治丙寅夏，山长恒志禅伯拟重修，率诸僧众募化。越九年，当光绪建元乙亥，而大殿、禅、斋堂、两槛各僧舍，此地告成，仿佛有弥勒楼阁之观。春三月，武安暗灯长老摄方丈事。秋九月，禅伯托钵武陵，遽尔示寂，盖杖头有眼，预知时至也。十一月，灯长老与同人再加募化，可谓皮穿更著辣□，添置芳冲庵、田竹山，岁获息作伊蒲馔。四年戊寅春，复化长沙黄明果居士，置大水江侧，弓塘、荷叶塘田种七十二亩，岁赋谷百有余石。秋，又与缁侪辈同走五羊，化金近二千，以偿旧债，期鬻版斋钟，不致□然居。僧无少长，弗知有人我相；安禅结夏，有伽兰陀之风。五年己卯春，余东游靳江，灯长老嘱余记之。余曰：是山也，法鼓将沉而更震，梵莲已落而重开，华皮许多，吐吞日月，香台千尺，摩荡云烟，赤霞起而百川注，济济多僧，蔚然而求进止者，岂非禅伯之乘愿智力中兴祖道，大启玄猷也。顾其导物也，总亭毒以镜心，一去来以悟体，邈然殊域，初不见其取舍。嗟嗟，禅伯往矣，余不复见也。公少践大方，研（究）竺（坟），独拔言象之表，妙契希夷之境，杰出南国。方今善继禅伯之志者，竟嘱余以实事记之，为将来棒喝。余固不敢辞，忆公尝曰：吾无物也，故物以之息，惠而不费，惠莫之广，物将自适其适也。□曰：四摄而可□，是以功高而不仁，明逾日月而弥昏，泊乎而莫之自知，复何绎乎，化之所及，此为之至化。余于是雅然而为之记。

光绪五年己卯三月南岳真源盥手撰。

两序十方僧众立石。

重修智海无际禅师见相塔铭并记②

案《一统志》："师，姓陈氏，端州高要人。"《传灯录》："母初孕，

---

① 石碑现存湖南省衡南县岐山仁瑞寺。文载释登瑞主编《岐山仁瑞寺志》，第七章第二节"牌匾碑刻"，中国书籍出版社2013年版，第176—177页。

② 该文作于1890年。石碑现存南岳，碑文由南岳佛教协会田彦提供。

辄不茹荤，及生岐嶷，虽在孩提，不烦母保。既冠，然诺自许，未尝以气色忤人。乡民多杀牛祀鬼神，师数毁祠夺牛归，岁盈数十，父老不能禁。后造曹溪得度，见青原得法。天宝初，之衡山南寺，寺东有石状如台，结庵其上，时号石头和尚。南岳鬼神多显迹听法，师皆与授戒。一日，偶见负米登山者，问之，曰送供米。师慭之，明日即移庵下梁端。贞元六年庚午十二月二十五日顺化，春秋九十一，僧腊六十三。门人拓其址建塔。塔成三十载，国子博士刘轲素明元理，钦尚祖风，为碑纪德。长庆中谥无际大师，塔曰见相。"国朝雍正十二年，加封智海无际禅师，遣有司致祭。乾隆间，僧某见塔阤落，葺之。后毁于樵牧，不复可识。光绪十六年，龙集上章摄提格无射月，蜀道江马公福臣，与大善寺僧知非、靖禅、庄严、缘熠、智嵋、浣哉，荷锹迹之，得唐宰相裴休所书《见相塔碑》，字书遒劲。公喜曰：殆神授也！亟缗钱若干，属沙门妙见新之。妙见白师苒祝圣方丈淡云募金，商现祝圣方丈遇舟、首座是吾督工。工竣，索余铭。余曰：高低岳渎，萦青驶白，倏忽凝眸，气象万千，孰非师之无缝塔，铭也铭，毋疣铭乎？讵师之真慈，实不可泯，期昭昭以告人耶。

铭曰：

大教欲隳兮圣人生，愍斯民昧兮宅南得，开佛知见兮心宗宏，俄为告逝兮法苑倾，朔风兴悲兮草木失荣。于戏！重修窣堵波兮，期与兹岳而靡更。

光绪十六年秋九月谷旦，南岳默庵仁和南敬撰。

邑人戴魁文韵甫薰沐敬书。

二刻五百阿罗汉叙[①]

大觉世尊以悲愿力，敕诸阿罗汉应供人间，不得入灭，将使无边众生结无上胜缘，出生死海而后已。阿罗汉石碑，向刻奉常州天宁寺，遭发逆毁尽，湖南心月上人，以旧拓本初刻于衡岳祝圣寺，复拟刻供江浙名刹，无何，以疾卒。妙见大德以其志不可没，乃勉其徒惠安继而刻之。经始于光绪甲午秋，越丙申夏而工竣。噫！其勠继之功，实有不可得而思议也与。因摭其缘起，书而传之。南岳默庵谨撰。

---

① 该文作于1896年。石碑现存于南岳祝圣寺罗汉堂墙壁，碑文由南岳佛教协会田彦提供。

碧崖禅师略序①

师字慧溪,清泉人。其祖福严自公,初见师,即曰:"骨鲠塞谔,有舜老夫之风,他日当作一株大树盖覆天下人去。"乃授以手卷。同治甲子,掩关国清。甲戌,掌教衡阳大罗汉寺,建地藏殿、安养境,集僧念佛,远近响化。光绪戊寅,迁衡山清凉寺,重修观音阁,并募额租三百石有奇,邑侯刘彦臣详请道府立案。癸未,师弟子菩树,督修家乘,属余虚其实。师曰:"胡叙吾也?叙吾者适昧吾也。抑叙之者,即吾叙吾,离吾叙吾耶?即吾叙吾,吾且已叙矣;离吾叙吾,安得仿佛吾也?昔智者大师讲《金光明经》,鄂岳罢渔业者五,邑将弗书其为功也。赞尧者辱尧,功禹者訾禹。且日月之明,未足语其明,江河之注,未足语其注,雷霆风雨,其幻智也。矧此琐琐事为,乃往者往矣。曲蠖奔走,焉知其步骤之不可得也。故曰实际地里,不受一尘,万行门头,不舍一法;降伏镜里魔军,大作梦中佛事。夫何叙为,期已之。"余撝其言如此,以酬树师之请。

海岸禅师塔铭并叙②

后五百年,五浊盛极,居此盛极之世,而能察察自洁,不胶于物者,余于海岸禅师见之矣。师,姓王氏,湘乡人。咸丰十年,遇禅老策发,悟世无常,趋衡岳晤妙明老宿,针芥相投,因税驾焉。时普明律师大阐律学,师曰:"苦海无垠,识浪稽天,将达彼岸,毗尼未可忽也。"乃从之受具。已而遍参江浙明德。越五年,返棹福严。尝曰:"夫生非有生也,人以生为生,殆昧之矣。吾将以吾之解,而解生者之惑。"乃为学者讲《四十二章经》。光绪十三年,受寺启为七众传戒,十方仰止,称湘南一镫。无何,退隐祝圣,著《楞严》、《起信》、《弥陀》诸疏。晚年志慕净土,念佛行道,兼修法华三昧。尝为偈曰:"行道五百遍,念佛一千声。六时常如此,西方定可生。"二十三年五月十七日寅初,命其徒高唱佛

---

① 该文作于1883年。石碑现存南岳。1923年《海潮音》第四年第二期"文苑",第1、2页。

② 该文作于1897年。石碑现存南岳。1922年《海潮音》第三年第九期"传记",第2页。又,海岸禅师墓塔地点在今南岳磨镜台上方一百余米,与怀让祖师最胜轮塔相邻。

名，怡然坐脱。世寿五十有七，戒腊三十有八。塔于天下法源坤山艮兼申寅。衡阳彭刚直、巴陵谢维藩、仪征严玉森，贻诗见《南岳志》。于戏！不黏于物，而与物为则者，讵非乘智愿力，现比丘身也耶。

铭曰：

三界扰扰兮，法幢久摧。矧后五百年兮，魔吼如雷。师以大愿兮，示生五浊。说无生法兮，欲人大觉。与物作则兮，不胶于物。芥石可尽兮，窣堵屹屹。

光绪丁酉八月第十六布萨之前六日祝圣沙门释默庵拜撰，法徒释悦彬敬书。

少颠上人书《华严经》叙[①]（1885年）

上人为湘东名僧，长十方堂方丈，有成绩，无何引去，居慈度日，课书《华严经》。光绪甲申春二月，余游长沙，少颠适阁笔来垣，访余于僧舍，顷之言别，余亦匆匆返棹。四月，少颠遣楮子征经叙，余以赴衡阳讲经之请弗果。裁越明年乙酉秋朔，偶于贝囊中拾出，乃赘以语曰：上人字清净，少颠其名也。昔人访大颠曰："子以大颠名，亦有说乎？"曰："财色之于人，譬诸小儿舐刀刃之密，不足一餐之美，则有截舌之患也。人固决之，吾则毁形坏色，逃之方外，人视吾为颠，吾亦视人为颠，非大家颠邪，吾故名大颠。"少颠之为颠也，则复奇于是，其奇盖在《华严》。夫《华严》之为经也，不离一切，故尘者、山者、海者、熙者、泳者、青青者、溜溜者，皆毗卢遮那也。其毗卢遮那之身，吾不知其极也。其毗卢遮那之微尘相好，吾不知其数也。其处尘也、山也、海也、熙也、泳也、青青也、溜溜也，亦不迫狭，所谓微尘不大，佛刹众生刹亦不小，互相摄入，身土不二，十玄六相，固章章可观。《经》言："破一微尘，出大千经卷。"乃为颠语，少颠从而又书之。非大家颠邪？名大颠可也，以少自名者，巽大颠也。书成八十一卷，将亦使夫睅睅者从而礼之诵之，向笔端处慕，忽豁开顶门正眼，则不离当处，而身遍无尽刹海，一、一丨一ノ一\。风动幡动，经声鱼声，何处非广长舌顿说十信、十住、十行、十回向、十地，因该果海，果彻因源耶？厥功峻哉！

[①] 该文作于1885年。1923年《海潮音》第四年第二期"文苑"，第1页。

南岳释杲仁识于祝圣寺之首楞严轩中。

祝圣寺建地藏殿记①

天地仁也，体天地之仁，且引而张之，大士也。大士拔物，固先于苦处，方今狼烟初息，磷火正狂，而碧血黄沙，堪怜秋夜，乃大士之感激有苦，毗岚悟空，莫之能遏。此地藏殿所由建也。殿建祝圣寺阴，虬松揖拱，深閴悷人。为广高若干丈，屋广若干丈，阁寮各若干。前砌石磴凡百武，遇天雨泞淖，便往还。殿中供地藏像，左施簨悬钟，简寺僧之耆旧，从日午逮子为祝而击之。噫，彼锄骨裂身之徒，未必弗恃以解脱一切苦厄而适其自适也欤！其大士之仁，讵不皇哉？因为之记。

福严寺长明灯记②

佛灯心灯，曾未尝晦也，而云长明者，盖缘会耳。按，福严寺长明灯，其捐肇自释氏福堂，姓刘氏，江右庐陵人，先法师祝圣船公之高弟也。光绪甲申夏四月越朔八日，戒其徒曰："人生天地间，适过客也。吾将行矣，留此阿堵物何为？"亟判施之，遂酌宝垣、烦忍、显应、海岸、淡云、从德，提钱一百二十缗，与福严寺为长明灯之赀。余闻之昔人言："夫钱役人者，人不如其钱之害己也。人役钱者，钱得其主也。得其主则其为福也广，其远害也大。"福堂殆不为钱役而能役钱者，佛灯心灯，由是益著其不晦，其为福远害又乌足言？寺僧祥光属余为记，谨捃其缘起如此。

衡北大罗汉寺中兴记③

大罗汉寺，在郡城北五里许，梁名建兴寺。案《开元释教录·译经记·贤首疏》："梁元帝承圣三年，三藏法师波罗末陀，此云真谛，优禅尼国人也。怀宝本邦，来适斯土，属梁室纠纷，不果宣述，遽反棹广州，过此乩林泉清胜，嗟曰：是可憩也。遂与月氏国婆首那王子、沙门智恺、惠显、惠旻、昙振、黄钺大将军太保萧勃，结制，译《大乘起信论》"云

---

① 1922 年《海潮音》第三年第十一、十二期合刊"文苑"，第 2 页。
② 该文作于 1884 年。1922 年《海潮音》第三年第十一、十二期合刊"文苑"，第 2 页。
③ 该文作于 1885 年。1922 年《海潮音》第三年第十一、十二期合刊"文苑"，第 1—2 页。

云。宋敕改为光孝报恩寺，宣义大师梦英，率其徒居之，禅讲之余，工篆法，有《偏旁字源》，及《十八体篆书》诸刻行世。乾德五年，召至京，赐紫衣。《岳志》："陶谷、吕端诸公，贻英师诗甚富。"明为祝圣寺，《衡阳志》弗逮焉。夫《志》例纪人物，《志》之弗逮，岂事迹不传采耶？国朝顺治十年，释性灵塑大罗汉寺睡像奉之，因署今名。无何燔于兵火，于荒烟蔓草中，拾其余，构破屋三椽，仅庇睡像，俗因呼为罗汉厂。道咸间，海耀云、法空成两师出，葺佛殿，缀僧寮，拓寺右旧址，创弥勒楼阁，兼置水口诸庄田。云师善《周易》，喜谈《庄》、《老》。成师精苦行，而于忍辱尤急。人争趋事之，聿振宗风，称十方一大丛林也。其后了然、古风、刚直、妙明、普明、恒忍、碧崖、最善诸长老，次第出世，废者兴，坠者举，秋菊春兰，各擅其美，其增置殿田，均有碑详。光绪五年，湘阴东林公继起，将有重修大佛殿之役。公老矣，汔观厥成者，盖得□□诸执之力。丹刻翚飞，轮奂杂立，洵兴祇园并称庄严佛土欤。十年，诸执闵老生憨顸，启余讲《四分律》、《金刚经》，固却不获，明年以疾辞，诸执金以寺中兴，不可无记，丐余记之。余惟法生无生灭，穿生灭者惑也，奚以中兴记为？夫称无生灭者，匪灭却生灭，然后为无生灭也，是必于生灭法中，识无生灭，方名彻无生灭人也。余颇，彻生灭者，其唯大阿罗汉耶，梵语阿罗汉，华言无生灭，标大者，简等觉，及前三教极果也。是寺额大罗汉，岂以所奉之人而额能奉之寺，则抑可以所奉之人而额能奉之侍者，则亦抑可以所奉之人而额能奉之华香灯涂果乐、园林池沼、幢幡宝盖、优婆塞馔及种种供具。然则是寺，地当孔道，东陡吴楚，南极越粤，西接滇黔，北通并燕，每当天宇澄清，平烟幂野，蒸湘之水，前后萦溯，石鼓岣嵝，俯仰左右，倘尔飞禽垂影，倘尔虹雨明灭，极目千里，宛坐莲华幢世界，不知几千百重香水海，尽在脚跟下。是胡不可以所奉之人而额也，抑胡不可以所奉之人而额寺执也、寺僧也？矧其戒之察察，其行之皦皦，实际地里，不受一尘，万行门头，不舍一法，则不可说不可说佛刹，山川人物，殆一无为法耶。夫无为法中，岂有物我依正去来之朕，而可求哉？诸上善人，当于是生灭法中彻证无生灭法，与大阿罗汉，同一鼻孔撩天可也，则中兴孰息焉，记抑奚为哉？诸上善人勉旃。

光绪十一年，龙集旃蒙，作噩，林钟，越朔之六日，释杲仁默庵氏撰于南岳万古不磨之西庑。

清僧纪略①

能志禅师

释能志，字自成，姓伍氏，清泉人。逸辩绝伦，台贤诸宗，靡不综贯，人多之。咸丰戊午，方丈衡岳福严寺，有起色。尝为论数万言。庚申示寂。门人建窣堵波于掷钵峰下。

元应尊者

释元应，字贞一，姓胡氏，清泉人。苦节忘身，逮老弗忽。成公中兴大罗汉寺，盖多得其力也。尝诲学徒曰："先哲有言，搅海宜及早，迟疑堕荒草。尔辈有志，努力行之，莫中蹶也。"咸丰庚申示寂。谨识其言行如此，用警不及。

无量尊者

释无量，字普照，姓朱氏，清泉人。髡毗茹素，志出尘劳，往辞父母不可，娶氏生子某，勤王有功绩。道光末，晤桀云应公，始遂厥衷。居邑之香炉山，蓬荜环堵，瓮无剩粟，学者往往不堪其苦。尊者善讲说，士大夫有叩其所学，辄聆其议论风生，仿佛坐人于三禅天中。泂接物有方，具大辩才者。

元成尊者

释元成，字法空，姓萧氏，衡阳人。性慈忍，人眦之无愠色。道咸间，中兴郡北大罗汉寺，克己惠物，远近向化。湘东佛法，自乾嘉而降，废弛已极，逮是知有宗律可娴、净土可阶者，皆尊者振之也。同治壬戌，退隐云峰。冬不裘，夏不扇。人贻之物，必回作佛事，盖未尝淑诸己。其精行老而弥笃如此。乙丑示寂，创塔别天峰下。

心明尊者

释心明，姓颜氏，清泉人。其父尝苦足疾，尊者讽以念佛，未几疾革。已而晨夕必炷香，胡跽西向，高声唱名，逾数载。一日，忽谓尊者言："吾其行矣。"书偈曰："白纸糊窗，外照内光，有人点破，手生华香。"掷笔而逝。咸丰丁巳，尊者方丈雁峰，颇有纲纪。同治初，退闲紫云。日课弥陀三万声，盖取则于东林善导诸老云。

---

① 1922年《海潮音》第三年第十期"传记"，第1—3页。

自船尊者

师，江右人，尝方丈衡岳祝圣寺。大小僧事，执之无难色。事成不伐，劳不署名。人或喻之，师曰："夫名者，实之宾，实幻也。名从宾召，非幻乎其造物者，不可得也，吾何与焉？"寺僧往往称其说，以讽来学。其兄自量，多异迹。徒妙明、大彻、福堂，清白可纪。

无漏尊者

师，清泉陈氏，名百燠。家饶富，乐善不倦，有给孤独之风。道光间，修衡阳青草桥，复创培元寺，置田三百亩，有奇行者投止，朝梵夕呗，发人深省，为湘东一大丛林也。已而决其妻孥曰："是身不净，咋此枯骨头何为？"遂剃染为僧，领寺事。寺在白石峰下，树木茂密，葱翠可挹。

法云禅师

禅师，郴州苏仙岭寺长老也，有至行。道光末，传律衡阳大罗汉寺，寺旧苦水，师指地为泉，清香甘洌，至今赖之。已而居州之普济，废兴坠举，颇复旧观。同治初，彝陵吴君锦章牧郴，适旱，师为祷雨辄应，称神僧焉。其徒自依、孙无碍，有克承先绪之风，详见《苏仙世系》。

恒志禅师

释恒志，姓谭氏，衡山人。貌古神爽，谅直不怂，人绐之，辄唯唯，加以苦行遗身，遇僧事辄攘袂为之，不校直，不矜功。祝圣、福严、培元、大罗汉诸刹，多被其力。同治丙寅夏，郡守张士宽征主岐山方丈。山在郡西南百二十里，文殊、观音诸峰，揖拱左右，而雨华映带，林树苍莽，不减天台、雁荡气象。初寺田三百亩有奇，自嘉道而降，禅律纪弛，田为豪强剽劫，法堂前草深一丈，至是百废具兴，十方景仰，称当代巨刹。光绪乙亥，却寺事，东游江陵，以其年九月示寂，其执某迎全身瘗石塔于嬾公之右。

玉成上人

释玉成，不详氏族，清泉人。白云智慧公，其落发祖也。公为当代高僧，性简夷，乘戒俱急，玉成多取则焉。同治初，居衡阳云峰佛国寺。寺为频吉祥禅师说法处，旧藏《华严》、《法华》诸经为蠹损不可检阅。玉成伤之曰："夫经人天眼目也，恣其疽疡可乎？"竭钵资，越三寒暑，遂成完帙，厥功俊哉。同治癸亥，卒于衡山龙泉寺。

精一上人

精一，长沙人，未详氏族。弱冠师事洪世庵章公头陀。律身不非时食，一瓶一钵，萧然无长物。同治丙寅秋，谒岐山志公契旨。一日，公谓曰："流通佛法，是什么人？"精一出作礼。公鸣犍椎集僧，以席命之。精一弗可，曰："夫佛法大海蜗啜，奚尽其底？大丈夫当生活居学地，岂有闲工夫弄改辣棒？"癸酉，检《十疑论》，及文殊、普贤诸愿文，愕曰："彼大士者，雅尚净土，吾何蔑视也？"遂日课佛名若干。光绪乙亥，其友邀之四明瞻礼如来舍利，涕泗交颐，感生之晚也，乃然指供养，以征厥矢。明年丙子，僦居杭州某寺，听讲《法华》，无何以疾卒。在田携其骨归葬岳麓景德寺。湘阴寄师吊以诗曰："一度伤师一断魂，不堪凭吊向孤村。至今破布袈裟上，犹有双林旧泪痕。"其标致高简，令人哀慕若此。

乐道上人

释乐道，姓周氏，其先清泉人。父商贵州，生乐道。乐道性简夷，慕出世法。年二十，忽逸去，师南峰博济公。公为罗汉成公高弟。沉静寡言，人雅重之。同治丁卯，乐道掩关龙泉寺，关房唯施一榻一瓶一钵，无长物。由是益奋厉日切，参叩忽有悭。戊辰刺血书《金刚般若经》，已而背然塔香供养。庚午秋八月，偕雪琳进谒甬东之补陀。雪琳亦僧中高行者。道经毗陵憩钟楼寺，告同人曰："浮生若梦，吾其觉矣。"遂趺坐而逝。湘阴寄师，为诗吊之曰："闻道西归信，临风欲断魂。写经曾刺血，然塔记伤痕。柳栗悲空在，芒鞋想尚存。心香怀一瓣，泪洒夕阳村。"辛未，雪琳以疾谋归湖南，舟次吴之阊门，竟不起。论曰："苗而秀，秀而实，二子之谓欤？然人生患无行耳，二子之行，则有过人者，夫死乌足悼？"

志善尊者

尊者，姓周氏，衡阳人。杜多清修，食不非时，夜不枕席。居郡南佛见寺，破瓦颓垣，怡如也。后辟地邑之庐山，持《金刚般若经》，多著灵验。尝咒跛者曰："汝其行矣！"跛者遂能行。其征应若有阴相之者，不一而足。其孙朗然，亦以苦行律身，改建大士林，劳绩可则。

一周大师

释一周，姓罗氏，衡阳人。庐山志之高弟也。傀偟有奇气，不立门庭，遇有求度者，悉遣之去。尝教授邑北培元寺，循循善诱，人多感之。

卒葬新街庞公寺之左。

元初上人

师清泉陈氏子，志崇信向，年五十，始师事五通微妙公。衣不蔽形，居无求安，遇食之精粗，略不知味。尝为人转经，得物辄施。光绪初，诵《金刚般若经》，未终，轴木鱼声俱寂，视之已坐逝矣。越三日，神色不变，熙怡如生。

源初大师

释源初，未详氏族，湘潭人。神韵孤调，胁不沾席者，几三十年。同治戊辰，中兴邑南唐兴寺，谦退自洁，不尸其位，盖近代之高蹈者也。卒创塔地藏庵。

题妙香主人释竺圆五古三十四韵[①]

觉海性澄圆，寂湛无与比。皎皎自摇动，倏然有念起。
三细逐六粗，幢幢弗可止。譬如人鼾时，梦漱华池水。
花雨落缤纷，红紫拾桃李。觉来兮有无，此呼岂称理。
吾人一念放，不觉为物使。才放便囿物，精华成糠秕。
弊絮遭棘途，百怒无一喜。本体既云变，境即生恶美。
舍贱而趋贵，举世金尔尔。不解王与侯，大梦堪比拟。
奇哉佛陀耶，妙香室主人。哀此不觉者，来现将军身。
将军有威慈，无等无伦匹。霜甲耀冰河，红云涌初日。
角响万弦齐，气壮长鲸失。转此雄猛姿，斋头勤课佛。
因探河洛数，便窥孔孟传。忽而憬然起，大笑泄飞泉。
语默动静间，殆无有遗璇。既能通三藏，又复资玩研。
医解八种术，足征起死生。良哉大耆域，救劫苏群氓。
广示如梦行，诸子可解不。可解复不觉，乃复告梦游。
事详袁君歌，真趣堪索拶。能梦既妙性，所梦起林丘。
能所两俱寂，尘根何可求。止观非生灭，问取水上沤。
十方豁达空，是空梦中得。觉后空亦无，超要证三德。
祇树觇苍莽，说是无生国。请君披图看，天然飞妙色。

[①]《海潮音》第三年第十一、十二期合刊"文苑"，第8页。

后 记

佛教史研究是中国历史研究的一部分，佛教的义理、思想则与中国哲学史的关系更为密切。我在从事中国哲学史研究的过程中，对此有极为深切的感受。早年在苏州大学求学期间，业师潘桂明先生是著名的中国佛教史学者，他曾经多次对我提示这一点。尽管资质愚钝，不能完全领会，但潘先生不厌其烦的教诲还是给我留下了极为深刻的印象。毕业之后，在湖南工作八年，期间有幸与湖南社会科学院哲学研究所原所长万里先生做了一段时间同事，在他的指导下从事研究工作。万里先生于佛教史研究亦有专长，成果斐然。他的研究方式是注重考据，在大量占有资料的基础上"竭泽而渔"，以求还原历史场景。这一研究方法也给予了我深刻的影响。此外，湖南社会科学院的王兴国先生、徐孙铭先生亦在佛教史研究方面给了我很多教益。

本书是我历年以来研究中国佛教史的心得体会和成果总结，虽然成绩不大，深度不够，但是敝帚自珍，其中或有一得之愚，可以提供给学术界同仁参考，共同推进中国佛教史学术的繁荣和进步。本书中的一些篇章，曾经在一些学术研讨会中发布，也有一些在刊物或公开出版的论文集上发表过。其中《唐宋寺院的茶会、茶筵和茶汤礼》发表于《湖南城市学院学报》2012年第1期；《胡适的禅宗史研究》发表于《中华读书报》（2010年11月17日第13版《文化周刊》，笔名孔周）；《王夫之莲峰志补证、发微》，发表于《湘学研究》2014年第2辑；《沩山禅系与禅学》，发表于《湘学研究》2016年第1辑；《罗含更生论与南北朝佛教"形神之辩"》《何承天与南朝佛教史上的"衡阳辩论"》《宗炳"结宇衡山"与明佛论》三篇，则发表于朱汉民先生主编的《湖湘文化通史》。本次成书出版的过程中，上述论文均经过补订修正，并与其他论文形成一个整体，以展示作者对中国佛教史的认识和探究。

  感谢潘桂明、万里、王兴国、徐孙铭诸位先生对我的提携帮助！也感谢湖南科技学院的张京华教授以及中国社会科学出版社提供此次出版机会，使这本小书得以面世！更希望此书的出版，能够得到广大学界同仁的批评教正！

周建刚

二〇一七年元旦于湖南科技学院国学院